高等职业教育航空运输类专业系列教材

空乘口语与播音

（第二版）

主　编　齐　英　范安健

副主编　蔡梓淇　张筱慧

科学出版社

北　京

内 容 简 介

　　本书紧密围绕空乘口语与播音的特点，详细介绍了空乘服务与沟通、有声语言（播音）、客舱语言专项技能训练、副语言的作用、空乘服务沟通内在素质的训练等方面的内容。本书本着"广泛认知、多点透视"的理念，在跨行业的结合中撷英取华，吸收有益的观点、材料，丰富航空服务学科的内涵，促进航空服务学科的成长。在这一理念的指引下，本书注重教学的适用性与专业性，行文不拘一格、深入浅出、案例典型、自成体系，数字资源丰富、声像结合，力争做到各章节之间既相对独立又有机结合。

　　本书既可作为航空运输类相关专业的教材，也可作为空乘人员、空中媒体专兼职人员、轨道交通乘务人员的培训用书。

图书在版编目（CIP）数据

空乘口语与播音/齐英，范安健主编. —2 版. —北京：科学出版社，2023.3
　（高等职业教育航空运输类专业系列教材）
　ISBN 978-7-03-067892-8

　Ⅰ．①空…　Ⅱ．①齐…②范…　Ⅲ．①民用航空－乘务人员－口语－语言艺术－高等职业教育－教材　②民用航空－乘务人员－播音－语言艺术－高等职业教育－教材　Ⅳ．① F560.9

中国版本图书馆 CIP 数据核字（2020）第 271284 号

责任编辑：高立凤/责任校对：王万红
责任印制：吕春珉/封面设计：艺和天下

科 学 出 版 社 出版
北京东黄城根北街16号
邮政编码：100717
http://www.sciencep.com

天津市新科印刷有限公司 印刷
科学出版社发行　　各地新华书店经销

*

2016 年 2 月第　一　版　　开本：787×1092 1/16
2023 年 3 月第　二　版　　印张：11 3/4　插页：1
2023 年 3 月第四次印刷　　字数：257 000

定价：49.00 元
（如有印装质量问题，我社负责调换〈新科〉）

销售部电话 010-62136230　编辑部电话 010-62135763-2052（VZ22）

序

民用航空业（以下简称"民航业"）是我国经济社会发展的重要战略产业，"十三五"期间，民航业基本实现了由运输大国向运输强国的历史性跨越。按照"十四五"时期"一二三三四"民航总体工作思路，坚持安全发展底线和智慧民航建设主线，以绿色化、国际化、市场化、法治化发展为导向，更加注重创新驱动、质量效益、产业协同，加快构建更为安全、更高质量、更加公平、更加持续的现代民航体系，更好服务国家发展战略，更好满足人民群众对美好生活的需求，为实现由单一民航运输强国向多领域民航强国跨越奠定坚定基础。"十四五"民用航空发展规划明确指出，完善人才多元化供给格局。鼓励引导更多社会资源按照民航人才培养标准开展教育培训，持续完善"院校＋企业＋社会培训机构"民航人才供给格局，为民航发展提供强大人才支撑。

高职教育的培养目标是培养合格的高技能人才，即从事生产、建设、管理、服务第一线工作的高素质技能型人才。我国高职教育在借鉴世界职业教育先进国家的教育经验特别是对德国职教理念进行了较为深入的研究后，走上了一条具有中国特色的改革之路。改革的主导思想是：以岗位工作的各项要素为基础，以典型工作任务为整合能力目标和知识点组织教学内容，注重学生知识运用、解决问题和自我发展能力的培养；以任务驱动、项目导向的教学方式，替代原有的以课堂知识讲授引领的教学形式；强调学生职业岗位工作任务的胜任度。

依据这个主导思想，我们组织民航专家和相关院校的教师编写了全国高等职业教育航空服务类专业教材系列。这套教材自 2011 年出版以来，受到用书院校的不断好评，也提出了一些很好的建议。为满足民航行业的高速发展对专业人才的迫切需要以及适应教育部新版高职（专科）专业目录的实施需要，我们组织民航专家和相关院校的教师对航空服务类专业教材系列进行了修订和补充，更名为"高等职业教育航空运输类专业系列教材"。

未来的 20 年是中国民航业前所未有的黄金时代，也是民航教育大发展的黄金时代。现在，人才短缺问题依然是制约民航业发展的瓶颈之一，从今后长期的发展来看，民航业对各类人才的需求还将持续一个相当长的时期。

我们重新修订出版的本套教材紧密围绕民航专业人才的教育培养目标，遵循职业教育教学规律，以满足行业发展对高素质技能型人才的需求为出发点，做到"实用、适用"；其内容选取对接企业实际工作任务中知识、能力、素质要求，涵盖了民航运输类专业必修的专业基础课程和专业技能课程；课程内容与行业从业标准相对接，在结构、内容及方法等方面进行了改革及创新，提升了精准服务民航企事业单位的能力。

本套教材不但注重学生专业技能的培养，更注重职业素养的养成，同时关注行业先进技术在社会各领域中的应用，包括《民航基础》《民用航空法基础》《民航服务心理》《民航服务与人际沟通》《民航英语基础教程》《民航客运英语教程》《民航乘务英语教程》《民航国内客票销售》《民航货物运输》《民航旅客运输》《服务礼仪》《空乘职业技能与训练》《机场服务》《航线地理》《形体塑造与展示》《职业形象塑造》《空乘口语与播音》《饮食营养与卫生》《航空服务营销实务》《航空港概论》《航空服务面试技巧》《民航商务运输基础》《民航运输生产组织》《客舱安全与应急处置》《民航应用文写作》《民航旅客订座实训教程》《民用航空法案例教程》《航空保健与急救》《民航旅客离港系统实训教程》《民航法规基础教程》《民航乘务情景英语教程》。

本套教材体现以工作过程为导向，符合高技能、应用型人才培养的目标和相关专业领域的职业岗位（群）的任职要求；内容设置科学、实用，突出了针对性、适用性和创新性，为学生的一专多能和可持续发展奠定了良好的基础；在此基础上，把学生职业能力的培养和素质养成放在重要位置来考虑，满足了职业性、实践性和开放性的教学要求。

本套教材设计独树一帜，目标定位准确；每本教材专业课程的内容以真实岗位工作任务为基础设计教学单元；每个单元中均设计了综合性的实训任务，以任务实施为主，配合知识要点，穿插知识拓展、课堂练习。有关部分配备了可供教师扩展发挥的教学提示，以利于开展定制化教育培训服务，供不同专业教师选用、参考。

科学出版社先后多次召开有民航业资深专家、参编学校骨干教师、企业代表参加的审纲会，对本套教材的内容以及编写体例进行了充分论证。本套教材的编者，既有在职教战线工作多年、直接参与高职教育改革且具有丰富经验的资深教师，也有具备企业专业技术背景和丰富教学经验的双师素质教师。来自行业、企业的领导和专家也对本套教材进行了指导。因此，本套教材融合了教育界的改革成果和企业界的专业技术，紧密结合行业标准和工作实际，与国家职业资格考试制度接轨，充分反映了目前高职教育改革的阶段性成果，是编者经验和各个高职院校教学改革成果的结晶。

本套教材体现了目前高职航空运输类课程教改思想和理念，与空中乘务、机场运行等民航运输服务的工作内容相连接，既符合高端服务领域——空中乘务的技术规范，又为相关各拓展领域专业的教学提供参考。

本套教材能够较好地满足高职院校航空运输专业课程的教学需要，也可作为中职学校航空服务类课程教学和企业专项技能培训的参考书。

高等职业教育航空运输类专业系列教材编写指导委员会
2022 年 12 月

第二版前言

《空乘口语与播音》(第二版)是融合了语言课程大纲、以空乘服务沟通为主要内容的全新教材,借鉴了现代教学理论和播音学对语言认知和课堂教学的规律,借助播音专业知识以提升和拓展空乘人员的专业空间和知识结构。它体现了新的指导思想和编写原则,在教材的设计及编排上打破了传统的单线模式,以提高客舱服务语言表达能力为导入,强调学生输入与输出能力均衡发展,突出了实用性、针对性和功效性。

基于对教材严谨性要求的考虑,本书在第一版的基础上重新修订,通过不断修订使学生接收到更加精准的概念,并从更加准确的碎片修整中完善知识体系。航空服务专业是发展的,是多侧面、多层次的,与播音学科的结合也是航空公司服务发展的方式之一,因此,这种融合并非是简单相加,而是互相融通、互相改进和发展。这也正是再版此书的用心所在。

本书结合时代的发展,提出了刚性播音与柔性播音的新理念。通过力学原理的启发,对普通话难点音矫正进行了分析与阐述。

全书共由五章构成,学生通过完成每章中的工作任务、模拟训练来掌握航空服务沟通与技巧,形成"教、学、做"理论与实践相结合的教学模式。

本书由齐英、范安健任主编。蔡梓淇、张筱慧任副主编。牛园、刘超参与编写。具体编写分工为:第一、第四章由齐英、牛园、蔡梓淇编写;第二章由范安健、牛园编写;第三章由范安健、张筱慧编写;第五章由刘超、蔡梓淇编写。制图由范安健完成,全书由齐英拟定大纲并统稿。

本书在编写过程中,参考了国内外相关书籍、论文及网站资料,由于篇幅有限,未能一一列出,在此一并向相关作者表示由衷的感谢!

尽管我们在编写内容、特色等方面做了很多努力,但不当之处在所难免,恳请读者、同行与专家批评指正。

编　者
2022 年 9 月

第一版前言

航空服务质量的提高一直是旅客关注的焦点，最能体现航空公司服务质量的是客舱服务；当前各大院校空乘专业纷纷开设了空乘礼仪与训练、乘务员基础知识等相关技能与训练的专业课程，但作为客舱服务的重要一环，客舱沟通、语言技术表达训练方面的教材几乎还是空白。针对这一需求现状，为了提升未来空乘人员的专业水平，使其增强语言能力，重塑形象，成为一支特殊的国内营销团队和国际外交团队，成为航空公司名副其实的名片，编者提出航空服务专业应当拥有跟行业有关、符合自身学历层次的教材理念，并据此编写了本书。本书是空乘服务沟通和语言课程大纲相互融合的全新教材，借鉴了现代教学理论和播音学对语言认知及课堂教学的规律，借助播音专业知识提升和拓展空乘人员的专业空间和知识结构。书中体现了新的指导思想和编写原则，在内容设计及体例编排上打破传统的单线模式，以客舱服务语言表达能力导入，强调学生输入与输出能力均衡发展，突出了实用性、针对性和功效性。本书的创新之处在于它是一本实训教材，在空乘人员客舱交流和播音训练这一空白领域进行了初步的探索和有益的尝试。

航空服务专业的发展是多侧面、多层次的，与播音学科的结合也是航空公司服务发展的方式之一。本书将宏观和微观相结合，体现了学科的前沿性；结合时代的发展，提出了刚性播音与柔性播音的新理念；通过力学原理的启发，对普通话难点音矫正进行了分析与阐述。

全书共有五章，学生通过完成每章中的练习、思考题来掌握航空服务沟通技巧，形成"教、学、做"理论与实践相结合的教学模式。

本书由齐英任主编，范安健任副主编，刘超、牛园参编。具体编写分工为：第一、第四章由齐英、牛园共同编写，第二章由范安健、牛园共同编写，第三章由范安健编写，第五章由刘超编写，制图由范安健等完成，全书由齐英统稿。本书配有录音资料，中文范读由范安健、张阳完成，英文范读由张阳完成，录音技术由姜康亮负责。需要配套录音资源的读者请发邮件至 gaolf@abook.cn 索取。

本书编者参考了国内外相关书籍、论文及网站资料，在此一并向相关作者表示由衷的感谢！

尽管编者在编写内容、特色方面做了很多努力，但由于能力和水平有限及时间仓促，难免有不足之处，恳请读者批评指正。

编　者

2015 年 6 月

目　录

第四章　副语言的作用 ·· 98

第一章 空乘服务与沟通

优质的空乘服务离不开乘务员熟练的服务技能、服务技巧，更离不开乘务员与旅客之间的良好沟通。沟通是空乘服务非常重要的环节。空乘服务要直接面对旅客，这需要通过沟通来完成。乘务员在为旅客服务时或遇到特殊问题时要铭记以旅客为中心，理解旅客，关心旅客，运用良好的沟通技巧来保证旅客的生命安全和服务质量。

知识目标

- 了解空乘职业要求的各项标准。
- 了解客舱服务的各项技能。
- 了解影响客舱沟通的因素。
- 感受空中播音的特殊氛围。
- 掌握播音技巧在空乘服务中的有效运用。

能力目标

- 努力达到空乘职业对个人的总体要求。
- 熟练掌握客舱沟通的艺术、原则与技巧。
- 运用发声技巧适应空中播音的特殊性。
- 能够自如调整气息进行播音。

第一节 空乘服务

一、空乘职业要求

安全、快捷、舒适是航空运输的集中表现，空中乘务工作是航空运输中直接面对旅客服务的窗口，它直接代表着各航空公司的形象，空中乘务员服务质量的好坏与航空公司经济效益密切相关。乘务员在飞机上不但要为旅客提供热情周到的服务，更重要的是提供机上安全的保证，在特殊情况下，尽力减少旅客不必要的伤亡，这是乘务工作的一个重要特点。

乘务工作的服务对象是不同国家、不同地区、不同文化层次、不同职业、不同年龄、不同地位、不同风俗习惯的旅客，所以有其服务的特殊性。为了满足国内外不同旅客的服务要求，乘务员必须提升自己的文化修养，掌握丰富的专业知识和服务技能，努力学习和掌握不同旅客的服务需求及心理特点，做好乘务工作。

空乘服务的职业要求有以下几点。

1．强烈的服务意识

服务意识是服务人员自觉主动做好服务工作的一种观念和愿望，是服务人员必须做到的一些基本要求，是职业道德的反映，表现为对旅客的要求有求必应、不厌其烦、爱岗敬业、忠于职守。

正确的服务意识有四个要点：①自知之明——量力而行，恪尽职守；②善解人意——了解人，尊重人，了解服务对象；③无微不至——小处决定素质，细节决定成败；④不厌其烦——满足要求，有始有终。

只有树立了较强的服务意识，发自内心地为旅客提供服务，才能满足不同旅客的不同需求。

2．良好的思想品质

良好的思想品质包括空中乘务这一特定行业的职业道德品质、服务意识、职业兴趣、职业态度；良好的思想品质必须与企业文化所倡导的企业价值观一致，如诚信敬业、认真负责、忠诚求实等。

良好的思想品质应包括正确的世界观、人生观和价值观，把劳动和对社会的服务奉献作为人生追求的价值尺度。

由此，空中乘务员应具备过硬的政治素质、思想素质，高尚的道德修养，较强的法律意识、诚信意识，突出的团队意识。

3．高超的服务技能

空乘服务对乘务员的服务技能要求非常高，空乘服务环境特殊，对事、对物、对人的要求也特殊。飞行器在飞行中，不同阶段有不同的特征，要求服务过程必须符合技术规范要求；客舱中的各种设施设备都与安全密切相关，操作过程严谨、规范，服务涉及的范围广泛，每个过程与环节均有技术规范要求，这就要求客舱服务人员掌握以下服务技能。

（1）在专业知识方面，必须掌握民航法规、民用航空及航空公司概况、客舱服务职责、航线知识及各种机型的设备使用、紧急设备的使用和各类安全规定、航空旅客心理需求、人文艺术知识。

（2）在职业技能方面，必须掌握服务礼仪、医疗救护、人际交往、组织纪律、应急和受挫能力、自我学习能力、组织协调和团队合作能力、外语对话等实际技能。

4．良好的形象与气质

乘务员应有良好的形象与气质。形象由人的五官、皮肤、身材、体形组成，在选拔空乘人员时都有严格的标准。

良好的形象要求包括良好的行为与习惯，整洁的着装，恰到好处地运用神态、姿态、手势等。

气质是指人的风格、气度，相对稳定的个性特点（如活泼、直爽、沉静等），是高级神经活动在人的行为上的表现。气质高于形象，表现在举手投足、谈吐修养中。一个人的气质与形象就是品格和素养的外化，是一个人的内在美的外在表现。

5．全面的综合素质

乘务员要勇于到实践中去提高自己的综合素质，坚持实践第一的观点，让自己在实践中经风雨、见世面、长才干，不断增强社会适应能力。在工作和学习中乘务员要善于用辩证唯物主义的观点看问题，全面地分析问题的原因，破除思想障碍，以平和的心态去待人接物，在条件艰苦和复杂环境中空乘人员要增强自己克服实际困难、解决复杂问题的能力，造就自己健康崇高的人格。空中乘务员的综合素质包含以下几点。

1）情绪控制能力

情绪控制能力应包括两个方面的内容：其一，准确认识和表达自身情绪的能力；其二，有效地调节和管理情绪的能力。

当飞行延误时，有的乘务员不急不躁，用沉稳冷静的心态去面对旅客的问题和不良情绪，保证有效且良好的沟通从而得到旅客的谅解，有效地控制客舱的安全。有的乘务员心理承受能力弱，惊慌失措，思绪混乱，顾此失彼，语调失控，原本比较稳定的旅客情绪被其不良的状态影响得不稳定，甚至引起旅客的情绪失控，从而引发不安全事件。

情绪控制能力的不良表现还常常体现在以下几个方面。

（1）将生活中的不良情绪带到工作当中。

（2）对机组的配合不满意，产生敌对情绪。

（3）对自身的工作能力过于自信。

无论什么情况，乘务员都要保持冷静平和的情绪，因为激动和消极的情绪都会直接影响飞行安全。

2）沟通协调能力

乘务员和飞行员、本班组的其他成员、地面单位、旅客都有交流，其交流水平决定了沟通和协调的能力。一个性格内向、孤僻、古怪、冷漠、敏感的人在这方面往往比开朗、无私、大度、坦诚、友善的人要差得多。一旦遭遇紧急情况，若地面单位无法和机组有效沟通协调、机组无法和乘务组有效沟通协调、乘务组无法和旅客有效沟通协调，就会很难保证飞行安全。

3）应变适应能力

工作中随时可能会遇到突发性特殊情况，如飞机劫机、发动机停车、起落架卡阻、座舱失密、无线电失效等。乘务员除了要调节好自己的情绪外，还得沉着冷静、随机应变，既要组织正常飞行，又要有力妥善地处置特情，不能因循守旧，而要具体情况具体对待，有变通性、适应性，且要在有限时间内建立立体思维。

4）语言表达能力

语言表达能力对于空中乘务员来说是至关重要的，乘务员和旅客更好的沟通关键就在于此，有了良好的沟通才能为旅客提供更好的服务。乘务员不一定是演说家，但一定要有较强的语言表达能力，只有具备真诚友善的态度和良好的语言表达能力，依据谈话的内容和沟通对象来确定所用的语气和语调，才能产生吸引旅客、打动旅客、说服旅客、给旅客以好感的作用。所以，好的语言表达能力是每位空乘人员必须具备的。

乘务员还应该具有独立、坚强、干练、果断等基本素质，注意刚与柔的适度。乘务员要看到自己的长处，增强自信心；要进一步解放思想，更新观念，摒弃循规蹈矩的思想，牢固树立开放意识，勇于接受新的事物，接受不同的意见，多方位提高自己，树立发展意识；要不断适应社会环境、工作环境、生活环境甚至人为环境，增强社会责任感。

二、客舱服务技能

1．迎客

（1）站姿：双腿并拢，与机门呈 45° 角。

（2）眼睛：平视旅客的眼睛。

（3）鞠躬：上身前倾 15°。

（4）手势：运用礼仪引导手势引导旅客。

（5）表情：面带微笑。

（6）语言：使用问候语。

2．书报杂志服务

1）摆法

相同的报纸可以摆在一起；杂志要单本排列，扇形展开。

2）拿法

（1）左手四指并拢，手心朝上托住报纸或杂志的底部，大拇指在里侧。

（2）右手四指并拢，手心朝上，大拇指扶在报纸、杂志的右上角。

3）送法

（1）最外面的直接拿。

（2）中间的和里面的，右手拇指和食指捏住报纸的一边，沿着边缘至右上角，翻手掌抽出，刊头在上朝向旅客。

3．端、拿、倒、送、放、收、推、拉的技巧

1）端

(1) 双手端盘，大小臂呈 90° 夹角。

(2) 端盘子的后半部。

(3) 四指并拢托住盘子的下部，拇指扶在盘子的外沿。

(4) 转身时，身体转，盘子不转。

2）拿

(1) 拿杯子、酒瓶等，应拿下 1/3 处。

(2) 拿空盘子时，竖着拿，盘面朝里，自然垂直在身体的一侧。

3）倒

(1) 饮料倒至杯子的七成。

(2) 带气的酒或饮料，杯子倾斜 45° 角，以免泡沫溢出。

(3) 给幼小旅客倒饮料时倒至杯子的五成，倒好后放在桌子中间，并告诉其家人。

(4) 倒白酒和红酒，同型号的杯子分别倒满杯子的 1/3 和 2/3。

4）送

(1) 原则：从前至后，先里后外，先 ABC 座位后 DEF 座位，先女旅客后男旅客。

(2) 送礼品的方法：用大托盘，要求摆放整齐美观，航徽或标记正面对着旅客。

(3) 送饮料的方法：用大托盘时，每盘摆 15 杯；用水车送时，按标准摆放。

注：如果全是大桶饮料摆放时，以摆放安全、方便美观为宜，标签朝外；杯子的高度以不超过车上最高的瓶子为准；水车上要铺上餐巾布。

(4) 送果仁的方法：放在筐内或小托盘上；标签正向对着旅客；拇指不能进入筐内或盘内；递送和旅客自取均可；饮料送完即送果仁。

(5) 送餐盘的方法：餐车门在厨房内打开；从上至下抽取餐盘；热食要靠近旅客，放在盘子正中；注意随时刹车；一般情况下，餐车不能离开人。

(6) 送热饮的方法：一手拿壶，一手拿小托盘给旅客送热饮（短航线适用）；水车上的冷热饮嘴壶不要对着旅客，壶内的热饮不要太满（长航线适用）。

5）放

放东西的原则：轻、稳、准。无论是在客舱还是在厨房均要遵守这项原则。

6）收

(1) 收杯子（先外后里，与送的顺序相反）：空杯子用盘子收；背向旅客的乘务员收杯子时，左边的旅客用右手收，右边的旅客用左手收，将杯子由里向外摆放，高度最多不能超过 5 个。

(2) 收餐盘：用空餐车收；餐车顶部放 2 个大托盘，用来放空杯子或空桶；用过的餐盘从上往下逐格摆放。

7）推、拉

（1）推餐车：手扶在车上方两侧。

（2）拉餐车：手放在车的凹槽内。

客舱服务的服务技能不仅仅是这些，如灯光的调节等在这里不做详细介绍，在后面我们将着重学习服务技巧。

服务包括关注、体察、诚意、效益、适度、应变。"人性化服务"和"个性化服务"是最高层次、最高境界的服务。熟练掌握服务技能是提高服务技巧的前提。

练　习

服务技能的练习：以4人为一组，1人为乘务员，另3人为旅客，示范进行端、拿、倒、放、送、收、推、拉的服务动作和沟通的练习。

小　结

本节的学习重点在于让学生认识和了解空中乘务员应该具备的素质和职业素养，掌握初步的航空服务技能和技巧。通过提高服务意识，提升思想品质，熟练掌握服务技能，重塑职业形象与气质，全面提升综合素质，成为一名合格的乘务员。

思考题

1．怎样理解航空服务？

2．空中乘务员应该具备的素质和职业素养有哪些？

3．客舱服务技能有哪些内容？

第二节　客舱沟通

旅客是我们的衣食父母，是民航企业生存的基础，我们要爱我们的旅客，服务好我们的旅客。因此，客舱服务应该用合作甚至适当迁就的态度进行沟通。

沟通在客舱服务中是极为重要的，沟通是人与人之间交往的方法。沟通具有一定的目的性，是为了表达自己的情感，说明自己的需求，达到自己的目的，等等。现代管理之父彼得·德鲁克曾说过这样一句话："一个人必须知道该说什么，一个人必须知道什么时候说，一个人必须知道对谁说，一个人必须知道怎么说。"这句话里涵盖了达成有效沟通的几个关键点：话题的定位、时机的掌握、沟通主体的确立及应变技巧的运用。客舱服务中处理和解决一些问题时，如果能做到以上几个关键点，那么可能就会达到事半功倍的效果。在客舱服务中，沟通有助于让乘务员了解旅客的需求和困难，并有机会帮助他们，更能有针对性地帮助他们，从而得到旅客们的认可，乘务员也在实际锻炼中增长了自己的知识，提高了服务的能力。沟通也有助于改善乘务员与旅客的关系。

一、影响客舱沟通的因素

影响客舱沟通的因素有很多。语言方面：语音差异、语义不明、专业术语；习惯方面：十里不同风、百里不同俗；角色方面：场合不同、角色不同；个性方面：气质、性格、能力、兴趣；心理方面：认知不当、情感失控、态度、性别等。

影响客舱沟通的因素有以下四个方面。

1. 个人因素

1）乘务员的问题

（1）表达能力不足产生的障碍：用词错误、词不达意；咬文嚼字、过于啰唆；不善言辞、口齿不清；态度不端正；乘务员本身的文化修养不够，词不达意，导致和旅客的沟通有障碍。例如，有一位乘务长写出了自己的亲身感受：

"欢迎登机"vs"欢迎乘机"

我注意到这一个字的差别，源于一次航班延误。我搭乘同事执行的航班，在登机过程中同事在登机门迎接旅客："您好，欢迎登机！"已经饱受等待煎熬的旅客没好气地回了一句："登机，登基，做皇帝呀！延误这么久！"紧随其后的我无奈地笑了。之后又一次搭乘其他公司的航班，乘务长说："您好，欢迎乘机！"顿感新鲜，一个字的改变，听者的感受却不同。登机只是一瞬间，乘机却是整个航班的旅途，体验的感觉是不一样的。

如果思想会影响语言，那么语言也会改变思想。我们所说的每一句话，都有可能成为我们与他人之间沟通的藩篱，也可能成为我们与别人之间沟通的桥梁。

（2）传递形式障碍：接收方反应不灵敏，对接收方的情况不了解等，这些都是乘务员传递信息的障碍。例如：

在一次重庆到广州的航班上，客舱乘务员提供饮料时用普通话温柔地问一位抱着挎包的老大爷："大爷您好，我们为您提供了咖啡、茶、矿泉水、可乐、雪碧、橙汁、猕猴桃汁、番茄汁等饮料，请问您需要喝哪一种？"这时大爷看了一眼餐车上的饮料，什么话都没说。乘务员用同样的话语加大了音量又说了两遍，大爷仍未说明需要什么饮料。回到服务间，她想：难道我的态度有问题？还是大爷听不懂我在说什么？服务员再次来到大爷的面前，用四川话说："大爷您好，飞机上免费为您提供了咖啡、茶、矿泉水、可乐、雪碧、橙汁、猕猴桃汁、番茄汁等饮料，请问您需要喝哪一种？"大爷一听，笑着用四川话说道："我要喝可乐。""好的，马上送来。"

由此案例来看，传递的形式出现了障碍，对方听不懂我们的言语，达不到沟通的目的，就不能完成为每位旅客提供优质服务的目标。因此只有了解各种旅客的特点，了解他们的心理状态，才能达到沟通和服务的目的。

2) 旅客的障碍

(1) 过滤。例如,总经理讲了 100%,副总只讲 80%,到经理那里只剩下 60%,到主管那里 40%,最后员工就得到了 20%,大部分信息都被过滤掉了,真正到执行时效率低于 20%。可见,信息的传递和过滤随着传达者和接收者的不同理解产生不完整的信息接收,从而造成顾客对服务人员的服务不满意,旅客和乘务员之间也存在类似问题。

① 发送者信息过滤。故意简化信息,使之更容易接收。当沿着组织层次向上传递信息时,为避免高层人员信息超载,发送者需要对信息加以筛选,而筛选信息的过程受到信息发送者个人兴趣和对哪些信息更重要的认识的影响,因而也就造成了信息沟通中的过滤现象。

② 过度加工。接收者在信息交流过程中,有时会按照自己的主观意愿对信息进行过滤和添加,从而导致信息的模糊和失真。

③ 心理障碍。由于接收者在人际沟通或信息交流过程中曾经受到过伤害,有过不良的情感体验,造成"一朝被蛇咬,十年怕井绳"的心理定式,对乘务员心存疑虑、怀有敌意,或由于内心恐惧、忐忑不安,就会拒绝接收乘务员传递的信息甚至抵制参与信息交流。

(2) 理解能力障碍。理解能力障碍包括语言和语义问题、接收者的接受能力、信息交流的长度、信息传播的方式与渠道、地位的影响、思想偏差。

① 首因效应(第一印象)。首因效应又称第一印象,是指人们在首次接触某种事物时所形成的印象。

② 晕轮效应(光环效应)。旅客的情绪不佳,对乘务员传递的信息不能完整地理解,也没有注意言外之意,这就是晕轮效应(光环效应)。它由对象的某种特征推及对象的整体特征,就像月晕一样,由于光环的虚幻作用,人们看不清其真实面貌。晕轮效应可能从对象的某种特征推及出美化或丑化、夸大或缩小整体特征。

③ 刻板印象(选择性倾听偏见)。它是指对人或事物所持有的呆板、机械、没有变通的印象。刻板印象不是一种个体现象,而是一种群体现象,是对某一群体的共同看法和印象。社会刻板效应是经过两个途径形成的:一是直接与某人、某群体接触,将其特点固定化;二是由他人间接信息影响形成。同样的词汇,同样的意思,不同年龄、教育背景、文化背景的人会有不同的理解。

人们一般认为工人豪爽,农民质朴,军人雷厉风行,知识分子文质彬彬,商人较为精明,诸如此类都是类化的看法,都是人脑中形成的刻板、固定印象。此外,性别、年龄等因素,亦可成为刻板效应对人分类的标准。例如,按年龄归类,认为年轻人上进心强,敢说敢干,而老年人则墨守成规,缺乏进取心;按性别归类,认为男人总是独立性强,竞争心强,自信和有抱负,而女性则是依赖性强,起居洁净,讲究容貌,细心软弱。由于刻板效应的作用,人们在认知某人时会先将他的一些特别的特征归属为某类成员,又把属于这类成员所具有的典型特征归属到他的身上,再以此为依据去认知他。

④ 不同文化背景的沟通。它是指拥有不同文化背景的人们之间的沟通,是完美的沟

通，应是信息经过传递之后，接收者所认知的想法或思想恰好与发送者发出的信息完全一致。

(3) 选择性知觉。人们根据自己的兴趣、经验和态度有选择地解释所看到或听到的信息（兼听则明，偏听则暗）。

知觉偏差：接收者的个人特征，诸如个性特点、认知水平、价值标准、权力地位、社会阶层、文化修养、智商、情商等将直接影响到对信息的正确认识。

(4) 情绪。接收者的感觉也会影响到他对信息的解释，旅客的情绪好坏在很大程度上决定了信息接收得完整与否，也直接影响到服务质量。

某航班延误，旅客在地面等了几个小时后终于上机了，乘务员歉意地问候道："您好！让您久等了。"旅客接口回道："好什么好，你们还知道我们等得时间长啊，怎么补偿我，你们必须给个解决方案！"可以说这种问候是存有问题的：首先，"您好"这个词出现在上面的语境里，容易让旅客感受到乘务员的问候是没有诚意的，是置身于其外的程序化的问候，易招反感；其次，"久"字的出现又强化了旅客可能本已淡去的时间感，触动了早已蓄势待发且敏感的神经，易让旅客压抑较久的不满情绪借题发挥出来。这样的场景中，怎样的问候较适宜呢？编者在特殊情况下的实践中做过尝试，"十分抱歉""谢谢您的等候""您辛苦啦""感谢您的乘坐""谢谢您的理解和支持""小朋友的表现好乖呀""小朋友好可爱呀"等这样的问候语，旅客好像更能接受些，尤其针对一些父母，他们发脾气的原因常常是觉得自己的小孩子受苦了，所以此时将用词的关注点放在孩子身上可能更好些，可以缓解甚至消除旅客对延误登机的不满情绪。

2. 环境因素

1) 物理环境

物理环境包括客舱的光线、温度、噪声、整洁度、隐蔽性等。舒适安全、安静整洁的环境，有利于与旅客沟通；反之，则不利于沟通。

2) 社会环境

社会环境包括旅客周围的气氛、人际关系、沟通的距离等。良好的人际关系、融洽的氛围、适当的交往距离等会促进沟通的顺利进行；反之不然。

3. 情绪因素

客舱服务过程中乘务员处于情绪不稳定状态（如压力大、愤怒、兴奋）时，可能词不达意，非语言行为过多，从而影响沟通效果。

4. 表达技巧

不恰当的表达会影响沟通。如改变话题，给旅客一种不愿与之沟通的感觉；主观判断或匆忙下结论常常会使沟通中断；虚假、不当的安慰，针对性不强的解释会给旅客一种敷衍了事、不负责任的感觉。

为了更好地完成和旅客的沟通，应克服以下障碍。

（1）克服沟通中的语言障碍。克服由于语言不同、语音差异、语义不明以及不良的语言习惯造成的沟通障碍。

（2）克服沟通中的习俗障碍。在沟通前对沟通对象的风俗习惯有所了解，从而避免触犯对方的禁忌。

（3）克服沟通中的角色障碍。在沟通前应明确自身的角色，意识到双方角色的差异。

（4）克服沟通中的个性障碍。通过对对方言谈举止的敏锐观察，来判断对方各方面的特点，并找出双方的共同点，以此来促进沟通顺畅。

（5）克服沟通中的心理障碍。要想使沟通取得满意的效果，必须克服沟通中的个人认知差异和情感冲突。

（6）克服沟通中的环境障碍。沟通的环境也会影响到沟通的效果，所以环境因素不容忽视。

二、沟通艺术与服务技巧

客舱服务技巧的掌握与沟通艺术密不可分。沟通不仅是一种技巧，更是一门艺术，艺术贵在精，精存于心，懂得沟通才能懂得如何更好地进行服务。只有掌握了必要的沟通技巧，具备积极的服务意识，才能打开和谐的关系之门。乘务员要在服务过程中不断改进服务技巧，形成良好的沟通形式，尽可能地为旅客提供最优质的服务，让旅客感到舒心和满意。

乘务员在面对旅客时代表着航空公司，因此应有大局意识，注意维护公司的正面形象。在回答问题、处理问题时，严禁推卸责任，或暴露公司内部衔接上的不足；做到应对谨慎，对于敏感事件，不应擅自与旅客交流、讨论；严禁使用不文明语言；严禁在工作岗位上评论旅客的肤色、外形、衣着、装扮等。

客舱服务技巧包括沟通艺术、服务灵活性、洞察旅客需求、解决实际问题的技巧。

1．沟通艺术

1）沟通的目的

（1）说明事物、传递信息。由发讯者陈述一些事实，以便影响受讯者的看法、想法。

（2）表达感情和建立关系。由发讯者将自己的感觉、态度表达出来，使受讯者得到感应，使彼此间建立和谐甚至信赖的关系。

（3）请求或说服对方完成任务。为了使工作顺利推展，或者达成工作中某个目标。

2）与旅客沟通的艺术

飞机上的旅客来自各个阶层，物质生活水平在提高、旅客综合素质在提高，旅客的需求目标也在提高。如何满足不断变化着的旅客需求，提高和研究具有时代特点的新服务，乘务员必须掌握与旅客的沟通技巧与艺术。与旅客的沟通又分为语言沟通和非语言沟通两种。

（1）语言沟通。它是指运用语言、文字来传达信息的活动，包括书面沟通和口语沟通。客舱服务中主要体现为口语沟通。

（2）非语言沟通。它是指借用非语言媒体实现的沟通，如利用人的姿态、声调、语调、面部表情、肢体动作、气质、外貌、衣着、个人距离等来传达某种信息。除了身体语言外，其他环境因素，如沟通环境内的物理因素、家具摆设、当事人对时间的感知及文化背景等也可用来进行沟通。

在非语言沟通中，眼神居首位，其次是微笑和点头。

非语言沟通中身体语言有如下特点：

——人人都具有运用身体语言沟通的能力。

——身体语言的沟通是一个不停息、不间断的过程。

——身体语言有私密特征，在特定情境中具有别人难以理解的特殊含义。

——身体语言的速度，可以自己掌握，可快可慢。

——身体语言可以实现跨文化的沟通。

——身体语言很容易学习，口语学习则不然。

——身体语言具有简化沟通的特殊功能。

美国普林斯顿大学对一万名调研对象进行分析的结果显示，"智慧""专业技术""经验"只占成功因素的25%，而成功因素的75%取决于良好的人际沟通。

据哈佛大学就业指导小组调查结果显示，在调查的500名被解职的人员中，因沟通造成人际关系不良而导致工作不称职者占82%。

由此可见，沟通对于一个人的事业发展是何等的重要。

2．服务灵活性

空乘的服务灵活性，实际上体现的是一种服务意识，让旅客感到舒心自在，同时也体现出旅客对于乘务员工作的满意度。服务的灵活性往往表现在一些服务细节方面。例如：

在一次执行深圳到成都飞行任务的航班上，机上有一部分旅客是香港客人，当乘务员给一位70多岁的香港女士提供饮料时说："您好老太太，我们为您提供了正餐，有牛肉米饭、鸡肉米饭、猪肉面条，请问您需要哪一种？"连续问了三遍后，那位女士都板着脸不做回答。乘务员快快地回到服务间问乘务长："难道是我的态度有问题？"这时乘务长带着乘务员来到客舱对这位女士说："您好小姐，我们为您提供了正餐，请问您需要哪一种？"只见这位女士满脸笑容地对乘务长说："谢谢，我需要一份鸡肉米饭。"乘务员百思不得其解。

从以上案例分析可知，在为不同的旅客提供服务时应根据文化的不同、习俗特点的不同来完成个性化服务。在我国，老年人喜欢被尊称为"女士"，而受西方教育的老年人不服老，喜欢被尊称为"小姐"。案例也使我们认识到服务的灵活巧妙无处不在，也充分体现了个性化服务的重要性。

3. 洞察旅客需求

洞察旅客需求，准确地说可以理解为乘务员要掌握旅客的各种心理状态，观察每位旅客的眼神、表情，根据每一位旅客的特点给予恰到好处的服务。学会运用服务语言和倾听旅客的要求，及时发现旅客微小的变化，用心体贴，善解人意，急旅客之所急，想旅客之所想，在旅客还未明确表达他所需要的服务时，就把服务及时送到他的身边，这样与旅客求得心灵上的沟通，带给旅客满意和温馨的感受。

如中国老年人登机时，希望得到乘务员的尊重、关注和帮助，这时乘务员可以帮老年旅客拿行李，带他到座位旁，告诉他飞机上设备的使用方法等；而国外的老年旅客则认为自己还年轻，各方面不需要特别的帮助，这时我们以尊重旅客的意愿为前提来进行服务即可。

总之，要通过细心观察旅客的一言一行来为旅客提供高质量的服务。

4. 解决实际问题

进行有效的沟通是乘务员必备的素质之一，在现代乘务员的招聘过程中，也越来越注重乘务员沟通素质的考核，一般通过情景测试、性格分析等方式来选择那些善于沟通、举止大方的人员进入乘务岗位。

在执行飞行任务时，乘务员会碰到各种实际情况，主要归纳为以下几种。

（1）面对飞行中突发情况。在飞机遇到突发情况时，乘务员不仅自己要保持冷静，还要维护客舱的秩序、安抚旅客的不安情绪；要多与旅客沟通，及时了解旅客的思想动态，并积极指导，尽量使旅客的情绪稳定。

（2）面对特殊旅客。乘务员在为特殊旅客服务时，应特别注意这类人群的特殊性，充分了解他们的心理需求，特别注意保护他们的隐私、尊重他们的意见，了解他们的有关情况及特殊要求，不能让特殊旅客有被轻视、被忽视的感觉，要在服务沟通中注意细节方面的处理，力求做到让旅客缓解紧张的情绪，感觉旅行是轻松愉快的。

（3）面对旅客难以满足的要求。由于飞机空间较小，资源有限，而我们要满足各种各样的要求，难免会出现某些旅客的要求难以满足的情况。在面对这一部分旅客时，乘务员不能产生负面情绪，要有耐心并采用适当的方式为旅客解释，站在旅客的角度尽可能多地提供解决方案。

在某次航班提供航餐时，发到最后一位旅客时发现少了一份餐食，乘务员想到头等舱还有多余的餐食，就拿来一份并热情地给这位旅客解释道："不好意思，先生，由于我们的疏忽，今天的餐食少配了一份，正好头等舱还剩了一份，请您慢用。"旅客听完马上就发火了："你们什么意思？头等舱吃剩的拿来给我吃？"乘务员的解释，实际上是没有掌握好说话的技巧，反而取得了不好的效果。如果她换一种沟通方式，可以这样进行解释："不好意思，这位先生，由于我们的午餐少了一份，我特地去头等舱给您拿了一份过来，希望您能喜欢。"对比前面的说话方式，后面的解释明显更加妥当，会让旅客觉得乘务员很有心，弥补了服务疏忽的缺陷，服务很到位，从而会愉快地接受服务。由此可见，说话的技巧非常重要。

（4）面对航班延迟或取消时旅客的不良情绪。由于航班延迟或被取消是不可逆的因素，旅客们因为自己有急事等原因产生不良情绪也是情理之中，这个时候就要求我们乘务员服务好每一位旅客，尽一切努力为旅客排忧解难。针对那些有急事的旅客，采取为其更改航班的方式，保证这些旅客的需求；对于其他旅客，要采取适当的方式解释航班延迟或取消的原因，尽可能地获得旅客的理解；对于那些仍不能理解的旅客，可以为他们提供一些解决的方案，如更改航班或者全额退票，从而使旅客的不良情绪降到最低。

掌握解决实际问题的技巧，不仅需要乘务员有相关的专业知识、较强的应变能力和较强的心理素质，还要懂得运用团队力量，相辅相助，使民航服务让旅客满意。

三、客舱沟通原则及技巧

沟通的原则即客我双方思想一致，产生共识，减少摩擦与意见分歧，疏导旅客不良情绪，消除旅客心理困扰，使乘务员洞悉真相，排除误解，增进彼此的了解，为旅客提供优质的服务。

1. 客舱沟通的原则

（1）规范性。民航乘务工作有着非常严格的服务程序与规范，乘务员必须严格执行，并且要通过沟通使旅客了解并理解，以保证每一次航班飞行的顺利完成。

（2）明确性。乘务员要明确自己的首要工作是保证旅客安全，因为安全是乘坐飞机的旅客最关心的问题。因此，乘务员关于必要的机舱设施设备的使用和讲解要清晰、明确。

（3）尊重性。旅客乘坐飞机的票价往往高于其他交通工具，飞机的便捷性和舒适性也是尊重旅客的体现。服务中的沟通应更人性化，让旅客感到物有所值。

（4）合作性。合作性是乘务员在沟通中要遵循的重要原则，它要求交际者在沟通过程中要尽量配合对方，根据交际目的和交际对象，选择合适的语言积极配合。

（5）得体性。得体性是指在沟通中话语内容得当，表现方式（包括语言的、非语言的各种要素）得体。根据语言环境和交际目的等，充分运用此时、此景，以最佳的方式来传递最适当的信息。在沟通中，既要考虑自己，又要考虑交际对象等诸多因素，说话要把握分寸，表达清晰。这样让旅客感觉跟乘务员的沟通是轻松自如的。

（6）幽默性。狭小空间里的磕磕碰碰在所难免，乘务员若具备幽默的沟通能力和技巧，可起到调节气氛的作用，让旅途充满快乐。

2. 客舱沟通的技巧

客舱沟通的技巧在现代服务行业中变得越来越重要，运用适当的沟通技巧会让沟通进行得有效顺畅；相反，若没有很好地运用沟通技巧，沟通的效果往往会适得其反。乘务员运用沟通技巧进行沟通时，除了要使用恰当的语言进行沟通之外，还应该用心观察，分析旅客的需求和意见。运用这些沟通技巧既能体现出民航的服务水准，又能提高旅客对民航服务的印象。如何在民航服务过程中运用这些沟通技巧，提高乘务员的沟通能力，应注意以下几点。

1）尊重和理解旅客的需要，创造亲和效应

在人际交往和认知过程中人们往往存在一种倾向，即对于自己亲近的对象，会更乐于亲近。对乘务员来说，为了使自己热情周到的服务得到旅客的认可，有必要在服务过程中积极创造轻松、愉快、舒心、温馨的客舱氛围，努力形成双方的共同语言，沟通中要处处体现对旅客的尊重，切忌讲损害旅客自尊的话。例如，多与旅客沟通，保持真诚服务、微笑服务、细节服务等。

针对旅客在乘务员讲解示范客舱安全须知时可能会注意力不集中，深圳航空公司推出了由两名小朋友分别扮演女乘务员和男乘务员角色的视频，形象可爱甜美，具有强大的吸引力，旅客往往忍不住内心的好奇而看完安全须知。如此的亲和效应，达到了航空公司的预期目标。

2）掌握必要的语言技巧

语言是我们平时交流最基本的方式。通过语言可以迅速传递我们的信息，收到对方的反馈，合理地运用语言交流能有效地帮助旅客形成对航空公司的信任；反之，若交流不当则可能引起误会，破坏信任，从而影响旅客对航空公司的良好印象。因此，乘务员在和旅客的交流中要注意语言的真实委婉，说话时要富有情感，切忌生硬呆板、敷衍应对。沟通时语调要柔和，语速要适中，声音要清脆，富有亲和力。良好的语言表达，能使旅客感到亲切温暖，拉近服务者和旅客之间的关系。沟通时使用文明用语，切记不要直接向旅客说"不""不知道""不清楚"之类的话语敷衍了事，应用委婉的语气表达否定意思。在拒绝旅客时，使用否定句的影响是强烈的，会给旅客留下不愉快的印象，要使用委婉的语句。例如，"请不要在这儿吸烟"与"对不起，这儿是不能抽烟的"这两句话，表达的内容虽然相同，但后者的语气显得更柔和一些。又如，把"等一下"改为"您能等我一下吗"，等等。

另外，乘务员与旅客交流时，尽量避免使用外来语和专业用语，所讲语言要力求易懂。这一点应引起注意。例如，乘务员告诉旅客"请从 R1 门下飞机"，旅客显然不知道他该从什么地方下飞机，乘务员应该说"请从前舱右边门下飞机"，这样旅客才能理解你的意思，达到服务的目的。

3）学会用心倾听

人们每天 80% 左右的时间都在倾听，所以，沟通中语言的有效性并不仅仅取决于如何表达，而更多的是取决于人们如何倾听。

倾听，就是用心地聆听对方的声音，倾听旅客的诉求，能使旅客对乘务员产生信赖和好感，使旅客愉悦地接受服务、获得帮助。倾听时，乘务员要保持神情专注，表达赞同时，轻轻地点头或者轻声地说"嗯""是"，倾听时不要随意打断对方的讲话，要让对方把话说完。耐心地倾听旅客陈述事实，分析出旅客的真正需求，从而提出有针对性的建议和解决方法。例如，遇到航班延误或取消，大部分是客观原因造成的，但在现实中避免不了有些旅客的情绪难以控制，引起矛盾和躁动。这时候乘务员更应该保持冷静，切忌冲动；要时刻站在旅客的角度去思考，充分理解旅客的心情和需求。通过耐心的倾听和有效的沟通，尽可能使旅客理解航班不正常的原因，从而获得旅客的谅解。

4）精确的提问技巧

理解对方的谈话内容，提问前要理解对方的谈话内容及理解对方传达的情感，甚至要准确把握对方的言外之意。

（1）思考要提出的问题。明确自己的谈话目的，巧妙地提出问题。

（2）提问的时机要恰当。在对方充分表达完后，再提出自己的问题。

（3）提问的内容要适度。结合对方的谈话内容提出问题。

（4）提问的数量要适度。提出的问题不可过多。

（5）提问的速度要适度。既要保证对方能听清楚，又要依据场所和情境确定快慢。

（6）提问的语气要适度。提问的语气要和想要表达的感情相吻合。

（7）提问的方式要适度。依据具体需要和时间安排来确定提问的方式。

提问过后应保持适当的沉默，给对方充分的思考时间。

5）适当的肢体语言

（1）保持目光交流。眼睛是心灵的窗户，目光的接触能有效传达一些无法用语言来表达的信息，把信息通过眼神表达出来。

（2）表现恰当的面部表情。面部表情是人类的普遍"语言"。乘务员的表情传递他们的心境，乘务员的不良面孔和姿态，最终会影响旅客对航空公司的印象。实践证明，愉快的旅途氛围，对任何旅客来说都是一种享受。

（3）表现恰当的身体姿势。形体语言虽然无声，但也是一种信息的传达。乘务员不仅要通过一杯水、一杯茶为旅客进行服务，还要通过一举一动、一言一行进行思想沟通。手势受说话者的情绪驱动，在使用的数量和幅度上都要恰当。注意身体其他部位的姿势，站有站相，坐有坐相。

（4）尊重并且适应旅客的特殊习惯。为了能够使沟通顺利进行，并取得一定的沟通效果，必须适应对方的谈话习惯。用真诚的目光和其他肢体语言鼓励对方把话说完或者表达清楚，以利于有效交流。

我们还要正确地倾听对方的"话外之音"，判断语言信息与非语言信息是否一致，进行全身心的倾听，以捕捉语言信息外的其他有用的信息。肢体语言往往比语言更能真正表现对方的真实感受，我们可以全面搜集非语言信息，并综合这些信息来准确判断对方的真正意图与感受。

6）迅速解决问题

乘务员在飞机上经常会碰到一些突发的情况，这通常是由超出自己所能控制的原因造成的。例如，旅客座位重号、飞机故障、天气原因等会给旅客造成不满和不愉快的情绪，这时乘务员应根据他们讲话时所用的语气、声调、音量及面部表情等语言或非语言的线索判定旅客所处的情形。这时，正确的沟通和处理是非常重要的，以简洁而冷静的态度解释情况，迅速帮助旅客解决问题，最后证实旅客是否满意自己的服务。

7）学会换位思考

乘务员在处理一些棘手的问题时，一定要学会换位思考，想旅客之所想，让旅客感到航空公司的服务是贴心的、舒心的。例如：

某一次航班上，乘务员在客舱巡视时注意到一排座位坐着一家三口，一家三口旁边还有一位旅客，那个婴儿已经熟睡在母亲的怀抱里。乘务员想如果把坐在旁边的那位旅客调开，孩子就可以平躺下来，这样不仅孩子能更好地休息，母亲也不用那么劳累了。于是乘务员走上前跟旁边的这位旅客客气地协商："先生，您看，这位母亲抱着孩子太辛苦了，今天航班中还有空座位，我帮您调换一下，可以吗？"没想到这个建议竟然被旅客断然拒绝："我只喜欢坐自己的座位。"乘务员愕然，悻悻地想："怎么遇到这样不知道体谅别人的旅客啊，真自私！"乘务员却没想到是自己的沟通有问题。同样的场景，另一个乘务员却是这样说的："先生，旁边这位母亲抱着孩子，你们坐得都比较挤，今天航班中还有空座位，我帮您调换一下，您可能会休息得更好些，您愿意吗？"这位旅客不仅欣然同意，还称赞乘务员想得真周到，而那位母亲也不禁向乘务员致谢。

两个乘务员面对的是一样的问题，但仅仅因为其中一个乘务员在问题的处理中多了一些换位思考，将沟通的需求主体由母亲换成了旁边的这位旅客，结果就完全不一样了。

8）保持良好的服务心态

情绪是人对客观事物的一种关系反映。良好的情绪能让人产生好感，赢得信任。客舱服务的过程其实也就是旅客和乘务员之间情绪交流的过程，乘务员为旅客提供服务时，只有保持良好的情绪和心态才有利于客舱服务的顺利进行。但是在客舱服务过程中，乘务员和旅客之间难免会产生矛盾或误解。这个时候，乘务员首先要保持冷静，不要急于辩解。要控制好自己的思想情绪，或者设法转移注意力来推迟情绪升温，设想情绪化后果的严重性，以提醒自己调整心情。对待旅客要富有包容心，遇事既不冲动也不消极，要真诚有耐心，不计较旅客不友好的语气和表情。

练 习 一

1. 情绪的控制。练习控制好自己的情绪，不要情绪反应过度（如打岔、反驳），要静心听完全部的内容。

模拟情景。4人一组，1人扮演乘务员，3人扮演刁难旅客，角色对换，练习乘务员应对特殊旅客服务的情绪控制。

处理方法。深呼吸，从1数到15或深呼吸3次；找出一些和对方意见一致之处；回想一件快乐的事；提升自己的涵养（心平气和、冷静客观）。

2．察觉非语言的信息。要察言观色，倾听的同时要注意对方的身体语言、姿势、表情。

处理方法。用心倾听，做到"四心"（耐心、专心、用心、欢喜心），做一位好听众。

3．以同桌为单位，互相练习在微笑中赞美与沟通。

练 习 二

1．航班延误。

各岗位口径一致，避免旅客误解。如果在客舱内，请机长广播可以增强说服力，发放饮料、报纸，播放视频可以缓解旅客的焦虑情绪。旅客有时态度恶劣只是借机发泄自己的不满情绪，此时不必急于表达或和旅客争吵，道歉和聆听会更有效。注意对现场气氛的掌控，避免因有人煽动其他人的情绪而让乘务员陷入被动，可以邀请情绪过于激动的旅客去其他合适的区域单独交谈。

问：航班延误为什么不事先通知我们？

答：（4 小时以上）航班延误这么长时间，我代表公司向您表示道歉。现在，您乘坐的航班预计起飞时间是 ××××，我们为您安排了……您看还有什么可以帮您的？

（4 小时以内）非常抱歉，您乘坐的航班是由于 ×× 原因临时延误的，来不及通知各位，请您原谅。这次航班的预计起飞时间是 ××××，我们为您安排了……您看还有什么可以帮您的？

问：飞机什么时候能修好？

答：很抱歉耽误您的行程。我们的机务维修人员正在努力检修，预计 ×× 时间能够排除故障。您看我还能为您做些什么？

很抱歉耽误您的行程。我们的机务维修人员正在努力检修，但暂时还不能估计出维修所需的时间，一旦有了新的情况，我们会立即通知各位。您看我还能为您做些什么？

问：停机坪还有好几架飞机呢，为什么不换一架？

答：真对不起，耽误了您的行程。我们已经考虑过调换飞机的方法，并且已经核实过，现在停机坪上的飞机都已经安排有各自的任务了。我们公司正在尽力维修您乘坐的飞机，同时还在想办法采取措施安排各位尽早成行。

问：为什么要将我们合并到晚 2 个多小时的 A 航班上？

答：很抱歉，由于执行您的航班任务的飞机因为故障（或 ×× 原因）会导致 2 个多小时以上的延误，为了确保您能够尽快成行，我们为您安排了目前我公司最早的一班航班。您看我还能为您做点什么？

问：你们说今天的航班延误是由于天气原因造成的，但是这里和到达站的天气都很好，你们是不是欺骗我们？

答：您的心情我们能够理解，但是今天的情况属于航路被雷雨覆盖，为了您的安全，我们必须严格按标准放行，一旦天气好转，我们会马上安排起飞的。

问：为什么你们的延误时间没个准，一拖再拖？

答：先生（小姐），很抱歉，没能一次性向您提供最确切的信息。我知道您一定有很要紧的事，我们也很着急，而且有义务将真实情况通知大家，请相信我们。这样吧，我现在再询问一下机长（或调度部门），看有没有最新情况好吗？

问：如果你不能解决问题，把你们领导叫出来！

答：很抱歉，今天延误的航班比较多，我们经理正在协调处理……，暂时不能过来。事实上，对于各类问题我们公司有统一的规定，即便叫领导来也是同样的解决方法，再次向您表示歉意。

2．超售或更改机型。

及时、主动为旅客提供不能成行时的解决方案，避免给旅客带来被欺骗的感觉。在提供解决方案时应注意在一些细节上给旅客可选择的余地。

问：我确认订好了座位，并买好了机票，为什么我不能成行？

答：很抱歉，由于今天的××航班满员（超售），我们不能给您在这个航班上提供座位了，但我们已经给您安排了××时间的××航班，并同时给您……的补偿，请您原谅。

问：航空公司怎么可以把200个座位卖给210个旅客，这样是不是不正当销售？

答：很抱歉，由于航班超售给您带来了不便。超售这种方式并不是只有我公司在采用，这在国际上十分普遍，是被国际航空运输协会认可的。当然，尽管如此，超售给您带来了不便，我们很抱歉。我们已经给您安排了××时间的××航班，这是最早的一班，您看可以吗？后续还有A、B等航班，时间是××和××，您看希望选择哪个？

问：为什么不能给我预订好的座位？

答：很抱歉，由于飞机临时更改了机型，您的预留座位不能提供给您了。不过我们根据您的要求重新为您安排了比较类似的座位，是×排×座，您看行吗？如果不行，我再重新为您换一个。

3．旅客行李晚到或者破损。

出现任何行李运输的不正常，道歉是首要环节。对于事先有预报的晚到行李，采取主动的态度告知旅客，并同时告知旅客解决方案。

问：我的行李没有拿到，请问到什么时候可以给我消息？

答：很抱歉没有让您及时拿到行李。我们会以最快的速度为您查询，不管是否找到行李，我们都会在24小时内和您联系，告知您最新的情况。

问：没有领到行李，航空公司是否会给予一定的赔偿？

答：很抱歉没有让您及时拿到行李，我们将尽力为您查询。考虑到您拿不到行李可能给您的生活带来一些不便，我们将按规定向您提供临时的生活补助费，以购置生活必需用品。

4．个别旅客未及时登机导致不满。

将事实告诉旅客。在客舱里安抚旅客情绪，做好适当的解释和沟通。如等待时间超过

10～20分钟，为旅客提供报纸、饮料等服务。

问：登机这么长时间了，飞机为什么还不关舱门起飞？

答：先生（小姐），由于目前还有几位旅客没有登机，但是他们已经办过登机手续，请您在座位上等待一段时间，一有消息我会及时通知您。您看现在我可以为您做点什么？

先生（小姐），由于目前还有几位已经办理过登机手续的旅客没有按时登机，他们的行李已经进入行李舱，现在我们正在查找，一有消息我们会及时通知您，对于给您造成的不便深表歉意。如果有需要我们帮助的地方，请您随时告诉我们，我们十分乐意为您服务。

5．机上娱乐设备故障。

首先，航前的设备检查很重要，如果娱乐系统存在保留故障，旅客登机前，乘务组应该有应对的心理准备。空中娱乐系统临时发生的故障有些可以通过重置的方式解决。若确实无法修复，向旅客道歉，利用机上资源弥补，如报纸、杂志、扑克牌等，还可以多与旅客沟通，尽量化解其不满。

问：这么长的航班居然没有电影可看，你让我怎么过？

答：先生（小姐），请您稍等，我来检查一下。

先生（小姐），真的很抱歉，今天飞机上的娱乐系统发生了故障，一时难以修复。我为您找些书报杂志来看好吗？或者我们可以为您提供扑克牌供您消遣，这就给您拿来好吗？

6．饮料不小心溅到旅客身上。

首先要道歉，根据情况征得旅客同意后帮助旅客擦洗。擦洗后与其沟通，征求旅客意见。如果旅客觉得可以，再次向其道歉，小心服务；如果旅客不能谅解，询问其意见，在可接受范围内尽量满足。

问：怎么搞的，咖啡洒到我身上了！

答：先生（小姐），对不起！我马上帮您擦拭。

先生（小姐），我已尽量把它擦干净了，您看这样可以吗？由于我的失误给您带来了麻烦，我真的很抱歉。

先生（小姐），我很抱歉由于我的失误给您带来了麻烦，不能让您满意我很遗憾。您看您还有什么需要我做的？

7．引导旅客合理使用洗手间。

告诉旅客如何确定机上洗手间的方位以及如何查看洗手间是否有人，同时婉言告知，遇到颠簸或飞机起降时洗手间是不能用的，长时间站在过道上可能存在不安全因素，因此不如及早去空的洗手间。

发现经济舱旅客有使用头等公务洗手间的意向时，不妨主动迎上前询问其是否需要帮忙，然后自然地将其引导到相应的洗手间。

原则上经济舱旅客不应使用头等公务洗手间，但如果旅客已经进去，就不必再阻止了。

问：我要用洗手间！

答：先生（小姐），这里有很多人等着呢，您不妨到那边的洗手间，那边现在是空着的。

先生（小姐），这里要等很长时间，万一颠簸了挺不安全的，洗手间也要暂停使用，不如您去那边的洗手间吧，稍走几步就到了。

您需要帮忙吗？去洗手间请一直往前走。

8. 旅客对机上餐食不满。

表示歉意，尽可能利用机上现有条件和资源调配餐食，期望能使旅客满意。充分表达对旅客意见的重视，如果旅客对餐食品质有详细的描述，不妨一边听取旅客描述一边用纸笔记录，细节上的礼貌和周到会改变旅客的印象。另外，要感谢旅客的意见，表示会将意见向有关部门反馈。

问： ×× 航的餐食是我目前吃到的最难吃的餐食！

答： 先生（小姐），真抱歉，我们提供的餐食没能让您满意；您看这样好不好，我再去其他舱位看看是否能调配一份适合您口味的餐食，请您稍等一下。

先生（小姐），真抱歉，我们提供的餐食没能让您满意，我们对您的意见很重视。如果您愿意，能否把意见告诉我，由我记录下来反馈到公司有关部门，您看可以吗？

问： 我想吃面条，怎么会发完了呢？

答： 先生（小姐），请您稍等一下，我去别的舱位看看有没有面条。

先生（小姐），实在不好意思，我和各舱联系过了，面条已经全部送完。我可以提供您 ××，您看可以吗？

练 习 三

聆听技能测试（几乎都是——5分；常见——4分；偶尔——3分；很少——2分；几乎从不——1分）。

态度

（1）你喜欢听别人说话吗？

（2）你不喜欢的人在说话时，你也注意听吗？

（3）无论说话者是男是女、年长年幼，你都注意听吗？

（4）朋友、熟人、陌生人说话，你都愿意听吗？

（5）你会鼓励别人说话吗？

行为

（6）你是否会目中无人或心不在焉？

（7）你是否注视听话者？

（8）你是否忽略了足以使你分心的事物？

（9）你是否微笑、点头以及使用不同的方式鼓励他人说话？

（10）你是否深入考虑说话者所讲的话？

（11）你是否试着指出说话者所表达的意思？

（12）你是否试着指出说话者为何说那些话？

（13）你是否让说话者说完他们的话？

（14）当说话者犹豫时你是否鼓励他继续讲完他／她想说的话？

（15）你是否重复说话者的话，弄清楚后再发问？

（16）在说话者讲完之前，你是否避免批评他／她？

（17）无论说话者的态度与用词如何，你都注意听吗？

（18）若你事先知道说话者要说什么，你也注意听吗？

（19）你是否询问说话者有关他所用字词的意思？

（20）为了使说话者更完整解释他／她的意思，你是否询问？

将所得分加起来，测试结果如下。

90～100 分，你是一个优秀的聆听者；

80～89 分，你是一个很好的聆听者；

65～79 分，你是一个勇于进取、表现良好的聆听者；

50～64 分，在聆听方面，你确实需要再训练；

50 分以下，你注意聆听了吗？

案例分析

案例一

一次在执行由深圳飞往重庆的航班上，乘务员拉着餐车背向旅客推着供应饮料时不小心碰到了一位正在睡觉的男士的脚。在乘务员五次诚恳道歉的情况下，男士依然有将其绊倒的意思。这时，有几位旅客为乘务员抱不平，指责男士的行为，为了不扩大事态的发展和影响其他旅客的旅行，乘务员立即再次向男士道歉，希望可以得到他的谅解，并马上向乘务长申请调到前舱服务，缓解了客舱紧张的气氛，避免了矛盾的深化，男士也由此谅解了该乘务员的失误。

分析：在解决实际问题时，一定要灵活应变，根据旅客个性提供服务和解决问题，保证航空公司的利益和形象。乘务员在为旅客提供服务、解决问题时，不仅要理解旅客的想法和心态，满足旅客的不同需求，还必须学会必要的沟通技巧，恰当地控制情绪，保持微笑，而且要学会恰当、及时、准确地进行服务补救，只有协调好这三者的关系，才能将我们的优质服务进行到底。

案例二

乘务员小李刚给 15C 的旅客加好茶水，放在小桌板上，没想到就被 14C 那位旅客重重放下的座椅靠背碰倒了，这杯水一个侧翻直接洒在 15C 旅客的大腿上，弄湿了他的裤腿，而 14C 旅客还不知道身后发生的事情，所以依旧安然地休息着，15C 旅客十分生气，伸手就准备去推椅背，要和前一排的旅客进行理论，这一幕恰好被小李尽收眼底，她及时阻挡了一下15C旅客的手，并赶紧将手中的小毛巾递过去帮着擦拭，同时说道："这位先生，怎么称呼您？在这里，我可要沾沾您的福气了！中国古语称水为财，您看这可是空中飞来的财啊，真是一个好兆头，看来您今年一定会发大财的！"旅客听后不禁称赞道："你可真会说话啊！"小李接着说："俗话说'百年修得同船渡'，咱们这一飞机的人可都是有缘人啊，所以这杯水只是大水冲了龙王庙，您千万别往心里去了，还带有备用裤子吗？我引导您去卫生间更换一下吧。"这位旅客听完后连忙说："我没事，没事，麻烦你啦。"最后还在意见本上对小李的服务提出表扬，而14C旅客也听到了这番对话，知道跟自己有关，于是不好意思地向15C旅客道歉。

分析：乘务员的巧语应变就这样为无意惹出事端的旅客搭设了一个台阶，不仅使一场干戈化为了玉帛，而且赢得了皆大欢喜的局面。

案例三

某航班由于航空管制原因，旅客已经在闷热的客舱里待了很长时间，这时，坐在紧急出口旁的一名男性年轻旅客突然按响呼唤铃，把乘务员叫过去，并大声嚷道："再不起飞，我就把这个门打开，从这里跳下去了。"当时在场的乘务员恰好是个正处在带飞阶段的男学员，他很郑重地告知旅客紧急门的重要性并强调此门绝对不能打开，当他正对旅客说教时，教员赶到身边了，轻轻拍拍他说："烦你先去给这位先生倒杯冰水吧，这个门的重要性，这位大哥早就清楚了，因为他坐飞机的次数可能比你飞行的次数还要多得多！是吧，大哥？""大姐，您可别这样叫我，我应该比您小。"乘务员迅速找到突破口，微微一笑，"以为我想这样叫你呀，可我没有办法啊，因为如果你把这个门打开，我面临的就是丢掉工作，像我这个年龄再找工作，你知道有多难吗？所以为了不失业，我必须得叫你大哥。大哥，就请帮我一个忙把这个门看管好，可以吗？"众旅客听了都哈哈大笑起来，小伙子也有些不好意思了，当学员送水过来时，听到的竟是小伙子拍着胸脯在说："大姐，您放心，我在，门就在；即使我不在，门一定还在！"到服务间，学员崇拜地对教员说："师傅，您真厉害啊！"乘务长莞尔一笑说："这都是沟通应变的魅力啊！"

分析：在客舱服务过程中，我们经常会遇到来自旅客各种各样的问题和咨询，尤其是出现一些特殊情况，如航班延误、超售、行李不正常、机上娱乐设施故障等，旅客的问题往往伴随着期待、焦虑、失望甚至过分激动的情绪，如何得体、合理、有技巧地做出回答，不但直接影响到旅客的感受，而且关系到旅客对公司形象和声誉的评价。

小　结

客舱服务仅仅靠足够的专业知识而缺乏周到的服务态度和有效的沟通技巧是达不到优质服务要求的。例如，为旅客端上一杯牛奶只能算是基本服务，同时再递上一张餐巾纸算是周到的、用心的服务。沟通是一门学问，更是一门艺术，懂得沟通才能懂得如何更好地进行服务。

我们的空乘人员只有掌握了必要的沟通技巧，具备积极的服务意识，才能打开和谐的关系之门。只有在服务过程中不断改进，掌握有效的服务技巧，形成良好的沟通形式，才能为旅客提供优质的服务，让旅客感到舒心和满意。

思 考 题

1．客舱沟通技巧有哪些？

2．身体语言沟通的内容是什么？

3．民航服务中有哪些沟通障碍？

4．如何提高民航服务沟通的技巧？

5．优质服务应该是怎样的一种服务？

6．飞行中，一位旅客向乘务员要一条毛毯，乘务员发现毛毯已经发完了，但该旅客态度非常强硬，乘务员该怎么办？

第三节　空乘服务与播音

一、客舱表达基本用语

客舱表达，通常指在服务过程中，乘务人员借助一定的词语、语气、语调、一系列身体语言表达思想、感情、意愿，与旅客进行交往的一种比较规范并能反映一定文明程度而又比较灵活的沟通方式。

服务语言是旅客对服务质量评价的重要标志之一，在服务的过程中，服务语言应得体、清晰，声音应纯正悦耳，这样就会使旅客有愉快、亲切之感，对服务工作产生良好印象。反之，服务语言"不中听、生硬、唐突、刺耳"，旅客会难以接受。强烈、粗暴的语言刺激，会引起旅客的不满与投诉，严重影响航空公司的信誉。

对于以语言表达为主要服务方式的乘务员来说，服务用语是关系服务质量、服务态度的大问题。因此，乘务员认真掌握优质的服务语言，是提高服务质量的关键之一。

1．称谓基本用语

（1）对男乘客，称呼"先生"。

（2）对女乘客，称呼"女士""太太"。

（3）对头等舱乘客，提供姓氏称呼服务。

（4）对重要乘客，称呼"首长"或其职务。

（5）对企业家，称呼姓氏＋"经理"/"老板"/"总"。

（6）对老年乘客，尤其是上岁数的人，称呼"老奶奶""老爷爷"，但对西方老年乘客，避免使用"老"字。

2．常见基本用语

1）登机迎客服务用语

（1）您好，欢迎登机，请往这边走。

（2）请当心脚下。

（3）您好，欢迎登机，请对号入座。

（4）我可以帮助您吗？请跟我来。

（5）请问您的座位号是多少？

（6）请您稍微侧一下身。

（7）我帮您把衣服挂起来，好吗？

（8）我帮您把行李放在那边，好吗？

（9）麻烦您往里站一下，让后面的旅客先过去，谢谢。

2）头等、公务舱迎客服务用语

（1）请用毛巾。

（2）请问您喝点什么饮料？

（3）这是您要的饮料，请慢用。

（4）请用橙汁，请用果仁，请用 ××。

（5）我可以收回毛巾吗？

（6）我可以给您更换一下位置吗？

3）安全检查服务用语

（1）请系好安全带。

（2）请扣好小桌板。

（3）对不起，请您收起脚蹬。

（4）请调直您的座椅靠背。

（5）麻烦您打开遮光板。

（6）请确认您的手机已经关机。

（7）谢谢合作。

4）送报纸及其他物品服务用语

（1）这是我们为您准备的报纸，请您阅读。

（2）对不起，您要的报纸已送完了，您需要别的报纸吗？

（3）这是我们为您准备的牙具包、拖鞋……

5）餐饮服务用语

（1）这是今天的餐谱，请选择您喜欢的热主菜。

（2）我们马上就要提供正餐（点心），现在我为您铺上桌布好吗？

（3）今天午（晚）餐提供的热主菜有牛排配 ××、鸡肉配 ××、海鲜配 ××，您喜欢哪一种？

（4）今天我们的午（晚）餐有××和××，请问您需要哪一种呢？

（5）今天为您准备了饮料和酒类，欢迎您选用。

（6）今天为您提供的热面包有××，请您随意选用。

（7）您预订的牛排要几成熟？

（8）这是您预订的××，请您选用，祝您好胃口。

（9）现在我们为您提供××芝士，您喜欢哪种芝士？需要加哪些配料？您需要红葡萄酒吗？

（10）现在我们为您准备了××水果，请您品尝。

（11）我们还为您准备了××甜品，请您品尝。

（12）请问您用餐结束了吗？我可以收走吗？您还需要添加其他饮料吗？

（13）今天的餐食合您的胃口吗？

（14）我们为您准备了××，请问您需要喝点什么饮料？

（15）请问您的可乐需要加冰吗？

6）巡视客舱服务用语

（1）请问我能为您做些什么吗？

（2）我去确认一下，马上给您答复。

（3）谢谢您对××航的关爱，我会向我的主管转达您的建议。

（4）谢谢您的建议，我会在以后的工作中加以改进。

（5）非常抱歉，给您带来不便，请您谅解。

7）客舱值班服务用语

（1）我可以把窗帘拉下吗？谢谢！

（2）我们为您准备了××，请问您需要喝点什么饮料？

（3）请问您需要茶水（矿泉水）吗？

（4）请把您的杯子递给我好吗？

（5）您的咖啡（茶水）请拿好，当心烫。

8）落地前工作服务用语

（1）祝您旅途愉快，谢谢您乘坐××航空的班机。

（2）请您调直座椅靠背。

（3）请您打开遮光板，好吗？

（4）请您关闭手提电脑，谢谢配合。

9）落地后工作服务用语

（1）这是我们为您保管的××，请您检查并收好，谢谢！

（2）感谢您乘坐××航空班机，欢迎您再次选乘。

（3）等飞机停稳后，请您带好全部手提物品从前登机门（或后登机门）下机。

（4）谢谢，下次旅行再会。

10）娱乐片（电影）播放服务用语

（1）先生/女士，我们马上为您播放娱乐片，请您使用座椅前口袋里的耳机，选择××频道收听。

（2）让我来帮您调试好吗？

（3）很抱歉，您座椅上的音频系统有故障，您是否愿意换座位？

3. 特殊情况基本用语

（1）对不起，让您久等了。

（2）对不起，请您稍等，我会尽力为您解决。

（3）对不起，您需要的××供应完了，请问您可否品尝一下××吗？这种味道也不错。

（4）对不起，热食每位旅客仅配一盒，您看给您提供些××可以吗？

（5）很抱歉，航班由于天气原因延误了，我们会及时提供最新消息。

（6）很抱歉，为了保证安全，我们必须更换零件，机务人员会以最快的速度完成。

（7）请跟我做（学）。

（8）服从我的命令。

（9）您必须这样。

（10）请听从指挥。

（11）请动作快点。

（12）请到这边来。

4. 客舱内禁止使用的服务用语

（1）没有了。

（2）供应完了。

（3）没办法。

（4）这不关我的事。

（5）这是地面的事。

（6）这是其他部门的事，与我们无关。

（7）不能放这儿。

（8）你去投诉好了。

（9）找我们乘务长。

（10）我不知道。

（11）我忙不过来。

（12）你想干什么？

（13）等一会儿。

（14）没准备那么多。

（15）你不能这么做。

二、客舱广播的特殊性

客舱广播是指在航班上，按照航空公司的规定，适时向旅客进行有关航班信息、乘机安全须知、餐食供应等相关方面内容的语音信息传递。在进行客舱广播时，要求吐字发音清楚明晰；语音语调柔和、亲切、热情；正确使用播音设备，发音音量适度；播音速度不宜过快；对乘机安全须知的播报，应同时配以行动演示。

生活中说话一般是对一个或几个人就互相关心的问题发表个人见解，边想边说，句子短，停顿长，有环境的衬托，有手势表情的辅助，对方不明白或说错了还可以重复。但客舱广播的播音与日常谈话有很大不同。客舱广播在大多数情况下要依据客舱实际情况与天气的现状进行播音，并在尽可能短的时间内向旅客传递出有效信息。因此，客舱广播语言的结构比口语严谨，感情更加沉稳而细致。客舱广播语言是经过加工的口语，更是书面语的口头形式。客舱广播语言活动方式的特殊性，以及广播作为一种传播媒介在民航中所处的特殊地位，决定了对客舱广播具有更高的要求。

对负责播音的乘务员，要求：①应根据《乘务员广播词》进行广播，应熟练掌握广播词基本内容，发音清晰，语调温柔，速度、音量适中；②应通过广播员考试，具备良好的语言表达能力和较高的外语水平；③广播语种应以中文为先，英文居后进行，若有所需可以添加小语种及地方性语言的播报；④早班、夜航应酌情减少广播；⑤乘务长监督航班播报质量，若遇紧急情况应由乘务长负责广播。

以下围绕中文广播的特点，分析客舱广播的特殊性。

1. 语言活动方式不同于一般口语

日常谈话过程中，听的人就在面前。广播语言有交际性能，却没有实在的交际对象。客舱播音员不能根据听众的多少、距离、反应来调整自己的发音方式。为了使各种类型的听众都能听清楚，必须提高语言的清晰度。声音是播音员唯一影响听众的手段。口语中环境、身势语等辅助表达手段在这里都不起作用。为了告知旅客，达到影响旅客的需要，字音要求准确、清晰度比口语高。声音色彩也必须根据客舱状况富于变化，如音高的变化，一般谈话音高幅度不超过一个八度音，而播音员如果只在这个幅度内变化，语言就太平淡了，要根据客舱内的现状进行适当调整。

2. 语言负载的信息量比口语大

广播语言是书面语言的口头方式，既具有书面语言精练简洁的特点，又基本排除了口语中的赞语、拖腔、空白、重复的特点。尤其是空中客舱广播，具有时效性特点，要求在较短的时间内传播较多的信息。广播语言负载的信息量大于口语是毋庸置疑的。加上汉语单音节词较多的特点，若广播中一字听不清，会影响整句甚至整个客舱信息发布的理解。

这就要求客舱播音员吐字要准确、清晰，重要的和易混淆的词句更要高度清晰。

3. 传播工具和传播方式具有特殊性

广播，要通过发送、无线电波传播、收音等多道程序才能输入到听众的耳中。客舱广播更是在狭小的空间，通过无线电波将声音传递到现场的旅客耳中。广播语言在传播的过程中，每一道声音流都会使声音有所损失并混入噪声或干扰。这就可能会削弱声音的清晰度，甚至使声音发生畸变或失真，如遇到短波的衰落现象。为了使旅客能听清楚，客舱播音员就必须通过加强言语清晰度的方式给予弥补。在遇到气流颠簸等情况时，需要改善音质以弥补讯号转换时的声音损失。客舱广播往往是在现场实况或紧急情况下进行的，这就要求播音员要提高言语的清晰度和穿透力。

4. 客舱广播语言的审美要求

客舱广播关系到乘务组工作、旅客安全、正常飞行等每个细节。随着民航业的飞速发展，旅客不但要从客舱广播中获得信息，还要从中获得美的享受。我国古典戏曲、说唱艺术造诣很高，长期以来，在吐字发音方面积累了丰富的经验。客舱广播可以借鉴古典戏曲的丰富经验。例如，北宋科学家沈括在《梦溪笔谈》中就曾提出"声中无字，字中有声"，明代王骥德在《典律》中提出了"字字轻圆，悉融入声中，令转换处无垒块"等要求；明代朱权在其声乐理论著作《词林须知》中指出"唱若游云之飞太空，上下无碍，悠悠扬扬，出其自然"等。这种历史形成的传统审美观点，影响到人们对播音员发音吐字的审美要求，即不仅要求"字清"，而且要求"玉润珠圆""如珠走盘"等。

5. 客舱广播具有特殊的作用

客舱广播在民用航空飞行过程中的作用不可小觑。某些特殊紧急情况下，播音员的字音，甚至发音方式都会给旅客、客舱、机组人员以至社会带来重大影响。因此，社会也同样要求客舱播音员成为本民族语言的典范，即字音准确、语音规范、吐字清晰、声音圆润、感染力强、优美动听。

三、客舱播音技巧

客舱广播就是飞行中乘务员针对客舱旅客进行的广播，它是客舱沟通的重要内容，面向全体旅客，播报需要大家知晓的事项，包括欢迎词、安全演示解说词，以及发放耳机、提供食宿、起飞及降落广播词等。此外，一些突发情况如遇到颠簸或水上、陆地紧急迫降等都有相应的广播词，根据场景不同，会使用不同的语气、语调进行表达，即使服务相同也要视服务对象的不同而有所区别。

1. 科学的物理发声是改进客舱播音的重要技巧

公元前六世纪的古希腊数学家、哲学家毕达哥拉斯研究了乐器上琴弦长度之间的关系，即在一定张力下，一根弦的频率与其长度成反比：琴弦越长，频率越低；琴弦越短，频率越高。所以，要使声音和谐完美，弦长与频率必须呈简单的数字比关系。生活中，我们能听到声音是由于物体振动，引起了周围介质的振动（固体、液体、气体都成为介质），然后这种振动逐步传播开去，传到人耳处，引起人耳耳膜的振动，再通过神经传递给大脑。人就听到声音了。

声音，是由振动着的物质在可传播振动扰动的介质中激发一系列压力波而产生的。声音一般具有音高、音强、音色、音长四个物理特性。

1）音高

音高，也称音调，指声音的高低，取决于发声体的振动频率。单位时间内振动次数多，频率高，声音就高；振动次数少，频率低，声音就低。频率的单位是赫兹（Hertz），通常写作 Hz，1Hz＝1 次 / 秒。一般来说，频率增加一倍，音高增加一个八度音阶。不同年龄段的人听力有所差异，一般小孩和年轻人听力较强，高频可以听到 18 000Hz，成年人高频可以听到 13 000～15 000Hz，而老年人高频只能听到 8 000～10 000Hz。

一般未经训练的普通人，音域范围为一个半到两个八度音，叫作自然音域，在自然音域中，除了发得不自如的最低及最高的两三个音以外，中间一段是自如声区。播音员的自如声区以能达到一个半八度以上为好，尤其是偏低的部分运用最多，要练扎实。

汉语是声调语言，每个字音都有其固有的升降曲直的音高变化形式，而其音高的变化幅度却是相对的、可以变化的。在言语流中，每个句子还有语调的音高变化。因而在播音发声中，就需要处理好字调与语调的关系。一般来讲，字调的音高变化幅度要符合语调升降的要求，句重音的声调跨度可以大一些，其他非重音部分则相对小一些。如果为了字调的清晰而不适当地夸大了音高变化幅度，就会使语调的变化变得不明显，从而削弱语言的表达能力。

2）音强

音强，也称音量、响度，指声音的强弱，即单位时间内通过垂直于传播方向上单位面积的声音的能量。一定频率的声波的强度依赖于它的振幅。振幅越大，声音越强；振幅越小，声音越弱，而振幅的大小是由使声音体振动的外力大小决定的。声波强度随着它离开声源的距离而逐渐减小，即离振源越远，声波越弱，声音越小。播音发声的音强运用要求，可以概括为如下三点。

（1）强度不高。播音员面对话筒播音，话筒与嘴的距离不超过 0.33 米，不用刻意扩大音量。客舱播音员基本在日常谈话的音量幅度内播音，以利于控制，利于做强度方面细微的调整。有经验的播音员大都有这种体会：不扩大音量更有利于自如地驾驭自己的声音，由于排除了扩大音量的负担，也较容易进入广播内容要求的情绪状态。当然，播音的音量也不能过小，过小则吸气声和其他杂音就容易混入。由于每个播音员的声音条件及用声习惯不同，所以音量的大小不可能有绝对标准。

（2）幅度不大。客舱播音员用声音量变化幅度不能太大。旅客在听广播的时候，往往是手里一边做着事情一边听，播音音量的变化幅度太大就会影响听感的清晰度。另外，电声传送的特点也不允许出现过强或过弱的声音。为了保持播音语流的稳定性，一般用渐强或渐弱较多，突发性地大幅度加强或减弱用得较少。当播音中需要用强音时，躯体往往要向后靠一靠，反之用弱声时，躯体要略向前倾，以调整口唇与话筒的距离，保证不致出现过强或过弱的声音。

（3）层次宜多。音量方面的控制要细微，要能用多层次的强度进行表达。如果只是一味强，或一味弱，或只用强、次强、弱等几个音量层次，音量使用上的单调势必会削弱语言的表达能力，与人耳对音量的高度听辨能力脱节。

3）音色

音色，也称音品、音质，是指人在听觉上区别具有同样音高、音强的两个声音之所以有不同的特性，也就是声音的独特品质、声音的个性。音色决定于声波的谐波含量，即所含的泛音数目和它们的相对强度，即声谱。在人类的言语声中，音色包含两个方面的含义：一是区别不同的音位（音素）；二是指不同的声音色彩。

从区别不同音位的功能方面看，每一音位所占据的不是一个点而是一个区域。播音员要在每一音位区域的范围内尽量使声音发得优美动听，还要掌握一个音位区域内的不同变化所引起听感上的不同感觉，以利于表达上的细微处理。

从声音色彩的角度看，同一个人在不同的情况下，带着不同的情绪发音，声音色彩也会不同。播音员不仅要学会控制自己的发音器官，发出虚实结合、柔和圆润的声音，还要学会变换声音色彩以适应千变万化的场景要求。

为了提高服务质量，提升空中广播的作用，播音员不论男女，既不能追求高亮的"金属声"，也不能一味地用气音。

4）音长

音长，即声音的时值，取决于发音体振动的持续时间，是组成言语节奏的重要因素。在言语发声中，音长通常指音节的长短。音长的变化直接影响言语的速度。

现代汉语普通话每个音节的音长一般为0.2～0.4秒。由于广播语言比日常口语附载的信息量大，播音速度一般比口语要略慢一些，音节的长度比口语要长一些。实践证明，句重音的强调主要不是表现在音量加大上，而是表现在音时的延长上。

声音时值的延续给听的人留下较深的印象。用加长音时的办法突出重点可以使语言较为流畅。值得注意的是，如果各个音节的时值过于平均，就会使语言呆板，削弱语言本身具有的节奏变化，降低语言的活力。因此，播音员应注意根据传情达意的需要，灵活处理音节长短疏密的变化，使之错落有致。

2．播音发声的心理特点体现空中播音的时效性

人们日常说话是边想边说，即从对外界事物的感知经大脑形成的构思，直接通过发声语言运动中枢而形成言语声。但客舱广播员有稿播音的心理过程却要复杂得多。

首先，从对外界事物感知而形成构思的过程，是各航空公司一般广播词的书写过程。播音员拿到稿件后，先要运用视觉看稿，通过视觉语言感觉中枢对稿件内容进行理解，并进行记忆。如遇特殊情况，还须进行紧急情况下的稿件措辞。最后通过发声语言运动中枢发出声音，其中最主要的是理解与感受这个环节。所以说，客舱播音员进行的播音发声，不同于一般的言语发声，在心理方面也有自己的特点。

1）播音发声反馈系统的特点

在播音发声时，由于看不见听众，播音员无法借助外部反馈信号调节自己的声音，这就为充分发挥言语效能形成一道障碍，为了弥补这一缺陷，播音员必须借助大脑的记忆与想象功能。

（1）别人听自己的声音是通过空气传导，而自己听自己的声音时，除空气传导的渠道外，还有骨肉传导的成分，与别人听的感觉是不一样的。播音发声的质量要求比较高，这就需要播音员了解这一差别，而不是一味追求自己感觉"好听"的声音。

（2）播音员的声音经过电声传送才能进入旅客的耳朵，这与通过空气传导有所不同。在电声传导过程中，声音有所增益，也有所损耗。因而，播音员应经常通过录音等方式来检验发声效果，进行声音调整。

2）播音发声的听辨特点

了解听辨力的心理因素，对改善播音发声及整个播音具有一定意义。

（1）为了从上下文的联系中使听众便于听辨、理解，播音员播音时不应着意于单个音节及词的发音，而应把注意力放在句子与段落的内容联系上，这样才能使语言流畅、易懂。

（2）根据熟悉的内容容易辨认这一特点，播音员应考虑广播词中哪些内容是一般旅客所熟悉的，哪些内容是一般旅客所不够熟悉的。在那些旅客不熟悉，特别是一些举足轻重之处，就要适当给以强调，使旅客不致由于对个别地方听不明白而影响客舱工作的正常运行。

练　习

录音——寻找最美声音

要求：

（1）用平稳的语调朗读客舱基本用语。在班里与同学分享录音，并进行点评。

（2）在不同的温度、不同的环境中进行录音，感受环境对播音发声的影响。

（3）与同学成立小组（5人／组），进行模拟场景表达。

（4）通过对音高、音强、音色、音长的实践，找到自己的最美声音。

案例分析

某航班延误，乘务长在即将到达目的地之际，去向一位精英会员致谢，同时征求他的乘机感受和意见。这位旅客当天由于有重要的事情要处理，无奈被拖延了。所以他比较生气地说了这么一句话："没办法啊，谁让这条航线只有你们公司在飞，你们是唯一的选择。"面对旅客的抱怨，乘务长微笑说道："'唯一'在汉语里有'最好'的意思，所以您唯一的选择也是最好的选择，而且从您的选择中我们看到了您做事的专注，这一点值得我向您学习。在此，请允许我代表公司感谢您始终如一的选择，并衷心希望在今后您将要出行的日子里，您都能一如既往地选择我们。"旅客听后不禁笑了……

在本案例中，乘务长巧妙运用了中国文字的"多义"方法，化解了沟通中的尴尬。请同学们以本案例为启发，归纳总结沟通中"多义词"的巧妙运用。

小　结

简而言之，播音发声的心理过程是"看稿—理解、感受—发声"。由于播音发声的心理过程较复杂，如果有一个环节处理不当，就可能发出无意之声、无情之声，使听者无法接受。每一位播音员应时刻记住播音的这样一个特点：旅客既不能当时向播音员提出问题，播音员也不能重复说已经说过的话。因此，播音员必须在如何使听众容易听明白这方面下一番功夫。

思考题

1. 怎样实际运用客舱基本用语？
2. 空中广播的特殊性体现在哪里？

第 二 章 　 有声语言（播音）

有声语言是指能发出声音的口头语言，简称口语，是人类社会最早形成的自然语言。它是人类交际最常用、最基本的信息传递媒介。在各大航空公司为扩大市场占有率都在争评 Skytrax 的星级并为之展示空乘人员的机上服务沟通能力的当下，有声语言的功能自然显示了它独特的魅力，对客机日常播音、应急播音，以及客舱服务沟通能力中的语言规范和质量也提出了更高、更科学的要求。因此，加强对空乘人员服务沟通能力的训练也变得极其重要。

知识目标

- 了解空乘有声语言的发展方向。
- 掌握基础语音的发音。
- 了解科学的用声方法。

能力目标

- 达到空乘岗位对个人语言的规范要求。
- 熟练掌握基础语音和发声的基本技巧。

汉语文化博大精深，而汉字发音也不能随心所欲、想改就改。有些音节，就只有一个读音，不能因为个人习惯甚至一个群体的错误就把标准改变。例如，空乘的"乘"，就只能读二声，不能读作四声。可是很多专业人士也习惯性地把它读作四声，这是不规范的，是需要修正的。

民航服务系统播音，不仅是国家形象和民族形象的窗口，也是大众的语言标尺。规范地讲普通话，可以起好规范语言的带头作用，甚至可以及时地修正部分旅客的错误读音。

空乘工作需要从这个"乘"字开始，乘势而上，对行业规范、国家文字和民族文化的形象进行塑造。

有声语言的三要素：①说什么（内容）；②为何说（目的）；③如何说（方法）。

空乘播音和与旅客沟通的内容是多年积累的，播出的目的是明确的，因而本章要讲授的是"如何说"。

有声语言有三个特点：直接、生动和便捷。就空乘工作而言，使用时应注意：第一，注意保持语言的纯洁性；第二，要注意语言的简洁、准确；第三，语言要通俗易懂；第四，口语沟通要生动和灵活。

有声语言的特点对于空中乘务工作而言是非常鲜明的。航行中有声语言的使用基于两个方面：一是通过电声设备传递的广播语言，二是通过近距离面对面直接交流的口头语言。

考虑到航空安全，语言的简练清晰和直接显得更加重要；考虑到生活品质的提高，人们对服务语言的审美标准也自然地有所提升。因而，本章重点介绍两个基本问题：①规范——语言规范化的意义；②习惯——如何养成正确的语言习惯。

第一节　基础语音发音训练

近几年来，随着经济社会的发展变化，乘飞机工作和旅行的人数激增，空乘语言作为空乘服务很重要的一环，已经成为各国语言的示范窗口和展示各国国际形象的窗口。有声语言的规范已经成为衡量航空公司的标尺之一。在中国的各大航空公司，汉语普通话是唯一使用的官方语言。汉语普通话音节声韵调如表 2.1 所示。

表 2.1　汉语普通话音节声韵调简表

音节	声母（21）			b p m f d t n l g k h j q x zh ch sh r z c s		
	韵母（39）	单元音韵母（10）	舌面元音韵母	a o e ê i u ü		
			特殊元音韵母	er -i [ʅ] -i [ɿ]【后两个舌尖韵母也写作 -i（前）、-i（后）】		
		复合音韵母	复韵母（13）	二合复韵母	ai ei ao ou ia ie ua uo üe	
				三合复韵母	iao iou(iu) uai uei(ui)	
			鼻韵母（16）	前鼻音韵母	an ian uan üan en uen(un) ün in	
				后鼻音韵母	ang iang uang eng ueng ong iong ing	
	声调	- 阴平 55（高平）调	' 阳平 35（中升）调	ˇ 上声 214（降升）调	` 去声 51（全降）调	

倘若能够规范使用普通话，加上口腔等发声器官的正确状态使发声共鸣丰富，伴随语流的轻重缓急、抑扬顿挫，就能给人以优美悦耳的听觉享受，声音的表现力和感染力会更加丰富。这些都彰显出普通话的旋律之美，普通话的表达也就更加生动而亲切。

规范的普通话关系到语音、词汇和语法诸方面，并非语音准了普通话就规范了。所以，除了在这里力求解决语音问题外，还要不断提高自身行业的专业素养，更要丰富乘务员对各行业的认知和拓展我们的旅游文化知识。只有这样，才能使空乘语言在准确的前提下，做到简洁清晰、生动形象、富有活力。

基本概念如下：

普通话，是以北京语音为标准音，以北方官话为基础方言，以典范的现代白话文著作作为语法规范的通用语。普通话是中华人民共和国的通用语言。普通话有 21 个声母（22 个辅音）、39 个韵母，有效拼合成 400 多个无调音节、1 200 多个有调音节。

音节。音节是用听觉可以区分的语音结构基本单位。汉语中，一般一个汉字就是一个音节，只有在儿化音的时候出现两个汉字一个音节。例如，青海等西北地区的一种民歌形式叫"花儿"。这是不能儿化的，它是两个音节，读作"huā'er"，取植物所绽放的鲜花的"花儿"这个词，就可以是儿化音，读作"huɑ'r"。听觉上判断就只有一个音，属于两个汉字一个音节。

音素。音素是语音中最小的单位。汉语音节可由 1～4 个音素组成，有的是一个字母表示一个音素，有的是两个字母表示一个音素。例如，"鹅（é）"是 1 个音素，"光（guāng）"是 4 个音素（其中 ng 就是一个音素）。普通话有 32 个音素，其中元音音素 10 个，辅音音素 22 个。zh、ch、sh、er 和 ng 一样，都是两个字母为一个音素。

元音。元音是音素的一种。发元音时气流在口腔中不受明显阻碍，所以使用的气流较弱，发音器官肌肉均衡紧张，声带都要振动，声音响亮，都是乐音。

辅音。辅音是音素的一类。发辅音时气流在受阻部位受到明显阻碍，因此用气量大，发声器官对气流构成阻碍的那部分肌肉紧张，大部分辅音发音时声带不振动。普通话中的辅音音素有 22 个。

辅音发音时，从准备发音到发音结束有三个阶段，即成阻阶段（形成阻碍）、持阻阶段（保持阻碍）、除阻阶段（除去阻碍）。在持阻阶段可以较好地感受发声器官的受阻部位（发音部位）。这同样也是声母发音的三个阶段。

舌位。舌位是发元音时舌体隆起的最高点在口腔处所处的实际位置。它是发元音时舌面最接近上腭的那一点，所以也称近腭点。

舌位动程，复合元音是由两个或三个元音音素组成的音组，它的发音过程是由几个元音音素的舌位连续移动而形成的。复韵母发音时舌位移动的这种渐变过程就叫舌位动程。

发音部位，发辅音时，口腔对呼出气流构成阻碍的部位。普通话的 22 个辅音音素的 7 个发音部位是双唇阻、唇齿阻、舌尖中阻、舌根阻、舌面阻、舌尖后阻、舌尖前阻。

发音方法，发辅音时，呼出气流破除发音部位所构成阻碍的方法。普通话中 22 个辅音音素的发音方法分为 5 种，塞音、擦音、塞擦音、鼻音、边音。

声母。按汉语语音学的传统分析方法，把一个汉字音节开头的辅音称为声母。普通话有 21 个辅音声母。

零声母。按汉语语音学的传统分析方法，把汉字音节中没有辅音声母叫零声母。零声母虽然没有字头辅音，但是零声母音节的第一个元音在发音时，具有某些辅音发音特性的起始方式。它可以减少吞字现象的发生。因而，零声母这个概念具有实际意义。

韵母。按汉语语音学的传统分析方法，把一个汉字音节中声母以后的部分叫韵母。韵母由单元音或复合音充当。普通话有 39 个韵母。

声调。声调是汉语音节所固有的，可以区别意义的声音的高低和升降，其种类（也叫调类）有 4 个，即阴平、阳平、上声和去声。按五度标记法可以看出，四声的调形（调值）分别为高平（55）调、中升（35）调、降升（214）调、全降（51）调。

语流音变。语流音变是指在语流中因受到相邻音节相邻因素影响而导致音节中的声母、韵母或声调发生的语音变化。典型的语流音变有轻声、儿化、变调和语气词"啊"的音变。当然，随着普通话的广泛普及使用，对词的轻重格式的要求也愈加严格。

轻声。音节在词或句子中失去了原有的声调而变成较轻较短的调子，叫作轻声。大致规律是"阴阳上去"对应普通话声调五度标记法中的"2-3-4-1"。

儿化。儿化是普通话的主要语音现象。经过儿化的音节，后缀"儿"字不再自成音节，前一音节的韵母成为卷舌韵母，两个汉字合成一个音节。

从普通话的概念可以看出，并非北京人说的话就是标准的普通话，北京话也有土语成分。虽然普通话是以北京语音为标准音，但它是在去掉土语成分之后才可以看作是规范的，因此，即便是土生土长的北京人，普通话也是需要认真学习的。

说好普通话，不仅有利于语言规范，而且实际学习和使用中我们还发现，长期坚持使用普通话，发声器官还会在发声时有一定的改善。在发声的时候，由于规范的普通话要求口腔状态略有不同，共鸣腔体自然就有所改观，发出的共鸣就要好一些，共鸣的作用是使声音扩大和美化，所以，长期坚持说普通话，不必刻意加强声音，声音也能响亮，这自然对嗓子就起着间接的保护作用，而且随着时间的加长，嗓音也就越来越好听。乘务员可以尝试在专业教师的指导下，严格地将普通话作为自己的生活语言（随时随地都坚持使用普通话），三个月后，比较就会发现，嗓音跟之前相比有着明显的不同。

普通话的特点，第一是简单易学，第二是富有音乐性。普通话的音乐性，很大程度上在于它对口腔状态的要求。说普通话时口腔打开，发音就圆润响亮。圆润而响亮的声音是具有感染力的，所以，用普通话朗诵和用方音朗诵，它的感染力是不一样的。

普通话的规范化对于民族文化水平的提升具有十分积极的意义。但是，当一个国家的母语（这种大众化语言）标准被推向极致时，对规范语言的普及也是不利的。从这个意义上来讲，我们不追求达到极端的、难以企及的普通话水平，我们只要按照标准发音，坚持使用，不断提升语言修养，传播好祖国优美的语言，做好大众语言表率，使乘客从中受益便好。

一、声母、韵母、声调发音训练

1．语音结构

汉语普通话语音结构如图 2.1 所示。

声母——声母的分类
　　发音部位：双唇阻 唇齿阻 舌尖中阻 舌根阻 舌面阻 舌尖后阻 舌尖前阻
　　发音方法：塞音 擦音 塞擦音 鼻音 边音
→ 零声母 →
　　送气与否
　　清浊区分

音节

韵母

单元音韵母
　　舌面元音韵母：a o e ê i u ü
　　特殊元音韵母
　　　　舌尖元音间韵母：-i（前）-i（后）
　　　　卷舌元音韵母：er

复合音韵母
　　复韵母
　　　　二合复韵母：ai ei ao ou ia ie ua uo üe
　　　　三合复韵母：iao iou（iu）uai uei（ui）
　　鼻韵母
　　　　前鼻音韵母：an ian uan üan en in uen（un）ün
　　后鼻音韵母：ang iang uang eng ing ueng ong iong

声调

调值（调形）
　　高平（55）调
　　中升（35）调
　　降升（214）调
　　全降（51）调

调类
　　阴平
　　阳平
　　上声
　　去声

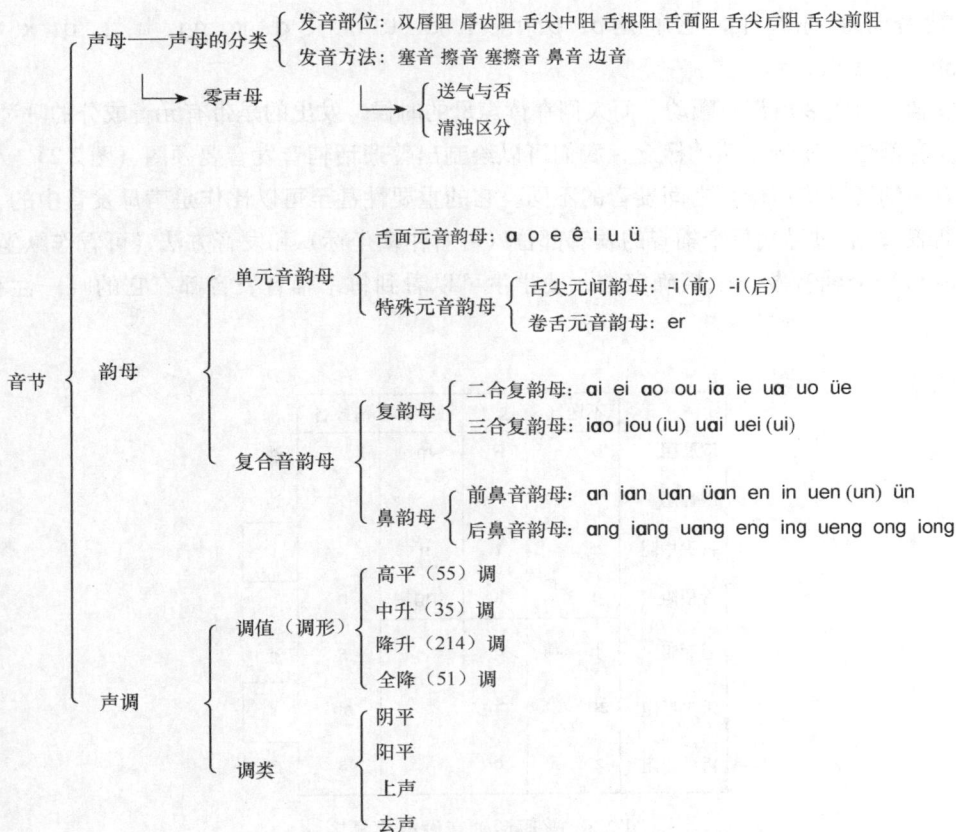

图 2.1　汉语普通话语音结构

（资料来源：吴弘毅，2002．实用播音教程 [M]．北京：北京广播学院出版社）

2. 声母

声母是一个汉字音节开头的辅音。

需要说明的是，普通话有 21 个辅音声母，并非 23 个。有人误将 y、w 判作声母是不对的。它们仅仅是部分零声母音节书写时的起始字母或替换字母。例如，"衣服"的"衣"，写成拼音就是"yi"而并非"i"；"我们"的"我"，应写作"wo"，而并非"uo"。

普通话的 21 个声母是 b、p、m、f、d、t、n、l、g、k、h、j、q、x、zh、ch、sh、r、z、c、s。

在汉字里，声母的意义何在？有人把它比作一个人姓名中的姓氏，也有人把它比作是行进中的方向。一个音节，方向对了就容易读准确。这就形象生动地阐明了声母在音节发音时的重要性。因此，要发好、发准一个音节，发好声母就等于找准了方向。

既然声母是一个辅音，了解辅音的本质便有利于准确发好声母。

我们知道，辅音是音素的一类。发辅音时气流在受阻部位受到明显阻碍，因此用气量大，发声器官对气流构成阻碍的那部分肌肉紧张，大部分辅音发音时声带不振动。普通话中的辅音音素有22个，它们是b、p、m、f、d、t、n、l、g、k、ng、h、j、q、x、zh、ch、sh、r、z、c、s。

发辅音时大多声带不颤动，而人们在读声母的时候，发出的是带有元音成分的呼读音。根据发音部位和发音方法的概念，我们可以绘制出普通话辅音发音要领图（图2.2），从本质上看清辅音（或声母）之间发音的不同。它的重要性甚至可以比作是声母发音中的"元素周期表"。通过寻找每个辅音的发音部位（可看作横坐标）和发音方法（可看作纵坐标）就可以给每个辅音做一个精确定位，使学生可以看到每个辅音发音都有它的唯一性和确定性。

	不送气	送气	浊鼻音	清擦音	
双唇阻	b	P	m		浊
唇齿阻	清			f	边
舌尖中阻	d 塞	t	n		l
舌根阻	g 音	k	(ng)	h	
舌面阻	j 清	q		x	浊
舌尖后阻	zh 塞	ch		sh	r
舌尖前阻	z 擦	c		s	擦

图2.2 普通话辅音发音要领图

（资料来源：吴弘毅，2002．实用播音教程 [M]．北京：北京广播学院出版社，有改动）

例一：shi在发音时，从横坐标看，它的发音部位应该是舌尖与上齿龈和硬腭交接处成阻，是个翘舌音；从纵坐标看，它是声带不震颤的擦音（成阻部位留有缝隙，是摩擦成阻），受纵横因素制约，最终发出舌尖后阻清擦音。整个辅音中没有第二个类似的辅音，它是唯一的。

例二：ng在发音时，横坐标是舌根阻，其发音是舌根与软腭成阻；纵坐标标明它是浊鼻音。发音时，其发音部位成阻后，阻住气流，使声波随气流直奔鼻腔，发出声带振动的相对前鼻音更强的后鼻音。用这样的部位和方法，也发不出任何另外的声音。

由此，即便我们发错了某个音节，也可以通过这个方式找到问题所在，纠正起来也就容易了。

就普通话学习环境而言，以难点音为学习的突破口较为实用、便捷和行之有效。现就此展开分析。

声母的难点音主要有以下几个。首先，平翘舌音，量虽大，但学习起来不难掌握；其次，边鼻音当属难点音的重中之重；再次是困扰不少京津冀地区和我国广大西北地区人民的尖音。

前后鼻音虽然属于韵母的范畴，但在普通话辅音发音要领表图中也有所体现（详见下文分析）。

1）平翘舌音

（1）平舌音。参考普通话辅音发音要领图我们得知，平舌音声母是一组舌尖前音，分别是：z——舌尖前阻不送气清塞擦音；c——舌尖前阻送气清塞擦音；s——舌尖前阻清擦音。

在声母（或辅音）发音的过程中，我们常常细分为三个阶段，即对气流形成阻碍的成阻阶段、持续阻碍的持阻阶段和除去阻碍的除阻阶段。通过对三个阶段的分析，可以发现声母（或辅音）发音的细微之处。这很大程度上有助于我们克服语音发音出现的很多问题。

在实际讲授课程的时候，心理学的巧妙运用已经被实践证明是可行的，所以我们可以以"声东击西"的方式指导学生这样把握平舌音的发音，即：舌头放松，平躺在牙床上，舌尖自然地或轻轻地接触下齿背，可发出清晰的平舌音。舌头偏大或用力偏前的学生务必"轻轻地"，舌头属于正常状态的即可"自然地"接触。

当学生能够较清晰地发好平舌音时，再让他们细细感触和体会：在发这个音时，舌头某个局部也接触到上齿背。因为只有这样，声母发音的成阻阶段才能实现。所以，实际上在发平舌音时，舌尖要与上齿背轻触或瞬间接近形成对气流的阻碍，当迅速除阻时，整个发音就结束了。因为时间短促，人们不容易感触到它的发音部位。

如果不运用心理学的方法，直接告知学生将舌头接触上齿背，对于方音区的普通话初学者来讲，就可能适得其反，平舌音再也难"平"。

（2）翘舌音。翘舌音是舌尖后音，分别有：zh——舌尖后阻不送气清塞擦音；ch——舌尖后阻送气清塞擦音；sh——舌尖后阻清擦音；r——舌尖后阻浊擦音。

发音要领是舌头往上翘，舌尖在上齿龈与硬腭交接处成阻。舌头呈勺状，声波随着气流沿舌头中纵线形成的凹槽流出，除阻成音。

在发音时，既不要想象成接触或接近"上齿龈后部"，也不要想象在"硬腭前端"（尽管也没错），但随着时间的推移，用前一种方式发音的就可能翘舌偏前偏平，用后一种方式发音的就可能发成卷舌音。因此一定要记住在上齿龈与硬腭交接处成阻，这样发翘舌音可以非常从容和自信，不必担心舌尖过松或过紧。

有关平翘舌音的校正，在教学实践中会出现一些困难。例如，有的人会将平舌音的正确成阻部位误判为把舌头翘起来，最终导致平舌音不平，翘舌音又不翘。

正因为这样的原因，很多教师在这一章节授课时，采取了一种心理暗示的教学法，故意说成发平舌音舌尖接触下齿背。可是实际发音时，舌头自然会与上齿有所接触，从而完成发音部位的成阻过程。这种教学方法行之有效，是不能误解的。

2）舌面音

舌面音声母有 j、q、x。j——舌面阻不送气清塞擦音；q——舌面阻送气清塞擦音；x——舌面阻清擦音。

伴随着一些人盲目认定舌面音"尖音化"好听和港台地区语音的尖音化特点，20世纪的中国内地曾刮起了较长时间的"尖音化风潮"。业界有此风，就意味着有了示范效应，百姓自然跟着走，因而直到现在还有不少人语音中带着强烈的尖音音色。

普通话里是没有尖音的。尖音，是舌尖前音 z、c、s 跟 i、ü 或以 i、ü 开头的韵母拼合的音。我们这里所说的尖音音色是指有人发舌面音时舌尖太靠前，接近尖音的音色。

从字面不难看出，舌面音与舌尖毫无关联。它就是由舌面挺起与硬腭成阻发出的很干净自然的一组舌面音声母。尖音却是在发舌面音的同时，刻意将舌尖往上下齿之间运动，以形成一种较强气流摩擦而出的声音。

这种声音不仅导致语音不准，通过话筒之后还充分扩大噪声，引发听觉障碍，严重的甚至还会导致发出的指令不清晰，降低飞行安全系数。

在发舌面音时，应力求做到气流摩擦要适度，把注意力放在舌面和硬腭这个成阻的部位，切不可惦记舌尖的运动（此时忘掉舌尖最好）。相反，如果出现了舌尖前行的问题，还要想方设法减弱直至消除这种舌尖向前的趋势。

在发不送气音 j 时，力求气流量最小；发送气音 q 时，尤其要避免气流过大，因为它会迫使舌尖靠前造成尖音音色；在发清擦音 x 的时候，与舌尖更没有丝毫关联，完全可以自然而轻松地让集聚成束状的一股气流缓缓流出成音。只有这样，才能保证发出的舌面音准确清晰、悦耳动听。

总之，没有出现尖音音色的人，舌面音发音不难，而有尖音音色的人，其舌面音的发音就需要有一个克服舌尖前行的艰难过程了。在此，我们将几种行之有效的方法介绍给大家，可以因人而异地选择使用，希望对克服尖音音色有所裨益。

（1）直接法——直奔主题，在发舌面音时，绝对不能让舌尖触碰到上下齿，强制自己将每个音发得干净、清晰。

（2）间接法——在发音时，把注意力放在打开口腔上。我们知道，打开口腔主要是打开后声腔，并且上腭要有展宽的感觉。这个时候，整个舌体就会自然地向后有所挪动，舌尖就不易形成向前的趋势了。

（3）利用下齿龈法——有学生尝试过舌尖抵住下齿龈，利用下齿龈控制舌尖。

（4）咬指法——将手指头（或像筷子状的东西）横向咬住练习发音。实际上也就避免了舌尖的干预。

（5）丑化法——这是一种心理暗示法。就是将有些舌面音节夸张地发出刺耳怪异的尖音音色，让人直观地感受到那种自己都难以接受的噪声，于是在练习时就会随时告诫自己。也可以请同学在自己发出尖音音色时，拍拍自己，效果也不错。

（6）齐齿法——这几乎是不得已而为之的方法。有的人发出尖音音色，可能是牙齿不整齐（尤其内扣形成气缝）导致的，所以其他方法不管用。可以强迫自己将上下牙床排列在同一个弧形的平面上，咬住，不松开。就这样，每天用一定的时间咬住练习，读词汇，阅读文章，甚至咬住牙与人交谈。

（7）美声法——也称为吸气状态法。并非真的吸气发声，而是力求达到那种状态，就像意大利美声唱法那样的状态。这也是不得已才使用的方法。

3）边鼻音

边鼻音有 n 和 l。n——舌尖中阻浊鼻音；l——舌尖中阻浊边音。

从普通话辅音发音要领图可以看出，普通话的辅音有三个音属于鼻音，即 m、n、ng。

m 的发音一般没有问题，但有部分南方人习惯性地淡化它的鼻音要素。明白这一特点，练习时应多加注意。

ng 的发音，我们更多地放到韵母中去分析，这里就省略了。

n 与 l 之间引发的发音矛盾，在学习普通话的难点音中应该是最突出的，也是许多方音区学生学习的一个难点。

从普通话辅音发音要领图中看，两个辅音有其共性，都是舌尖中音，都是舌尖和上齿龈成阻。所不同的是，力图使声波随着气流由舌头两边流出口腔成音的，是边音；阻碍声波随气流从口腔流出，迫使其流向鼻腔成音的，是鼻音。这是边鼻音的本质所在。

据此，我们在教学中找到一些方法，以飨读者。

方法一：发边音时，舌尖用一个点（点接触）顶住上齿龈，就可使舌头两边留出通道，声波顺利从口腔流出形成边音 l；发鼻音时，舌叶（与上齿龈接触范围比舌尖略大）接触上齿龈，以形成横向的线接触，封住气流通道，声波自然随气流绕道鼻腔形成鼻音 n。这是发好边鼻音的基本方法。

方法二：在长期的教学实践中发现，点接触、线接触与舌尖用力的方向、大小密切相关。

边鼻音发声示意图如图 2.3 所示。

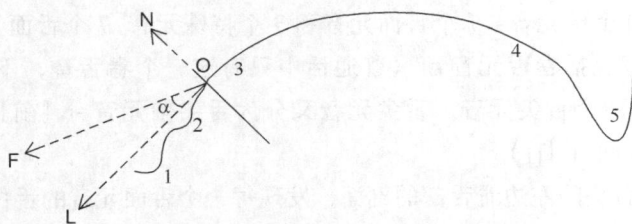

1. 上齿背；2. 上齿龈；3. 硬腭；4. 软腭；5. 小舌；
L. 舌头向前下方的力；N. 与 L 垂直方向的力，也即顶住上齿龈的力；F. L、N 的合力。

图 2.3 边鼻音发声示意图

从图 2.3 可以做出如下分析，在保证辅音成阻基本力量的前提下：

N＝0 时，仅有向前下方的力量 L，发出的音为边音 l。

N＞0 时，舌叶与上齿龈之间的线接触（甚至是面接触）会阻碍气流从口腔通过，从而发出声母鼻音 n。

N 越大，鼻音越明显。

方法三：仔细观察会发现，人们在撒娇的时候会自然带出鼻音。只要发声器官正常、听力正常、思维正常，发不出鼻音几乎是不可能的。

不妨用"奶奶"这个词试一试。一些方音区的、暂时发不好鼻音的人可以按以下情景来想象练习：假设一个 10 岁左右的女孩儿，单纯读出"奶奶"这个词的时候，可能发出的是边音。但是，当她受了委屈后突然见到对她宠爱有加、待她如掌上明珠般的奶奶时喊出的那声"奶奶"，还会没有鼻音吗？

所以，认为发不出鼻音的，按照上述情景来练习试试看，也许就能发出鼻音了。

至于人们常用的其他各种"土法"，已经被人们所熟知，就不再赘述了。只要弄懂了边鼻音的本质并能规范地发出边鼻音，就要乘势而上，加强练习，更要大方地在生活中使用。久而久之，边鼻音这种难点音就不再困扰我们了。

3．韵母

我们知道，汉语音节中声母、声调以外的部分就是韵母。它由单元音（10 个）或复合元音（29 个）组成。

按语音结构分类（参见图 2.1），可以将韵母做如下分类：单元音韵母、复韵母和鼻韵母。

1）单元音韵母

单元音韵母是由单元音充当的韵母。

通过对舌位和舌位动程的了解，我们可以明白，对元音的准确认识有助于发好韵母。

这里也需要注意，发准每个元音或者把握好韵母音素之间的自然过渡，韵母或音节也就好听了。

由此也可以看出，韵母是保证一个音节圆润响亮的根本。

普通话中有 10 个单元音：7 个舌面元音和 3 个特殊元音。7 个舌面元音是 a、o、e、ê、i、u、ü。特殊元音包括卷舌元音 er（普通话中只有这一个卷舌音，不能将翘舌音与卷舌音混为一谈）和两个舌尖元音。舌尖元音又分为舌尖前元音 -i ［前］（同 -i ［ɿ］）、舌尖后元音 -i ［后］（同 -i ［ʅ］）。

假设，我们从舌头的左边看舌部的剖面，发现每一个舌面元音的舌位都会有前后高低的不同。口腔开度越大（感觉嘴也要张得大一些），舌位就会越低；舌位越高，当然开口度就越小。当声带随气流的冲击发出声音时，伴随唇形的圆展（我们称为圆唇或不圆唇）变化和舌位不断变化，是否就发出千变万化的声音来呢？当这种声音随着人类社会文明的发展，就会按照不同种族和民族的习惯把声音和它对应的意思固定下来，最终形成不同国家和不同民族的语言。

体会普通话这些元音的舌位变化规律，再结合唇的圆展，就可以绘制出舌面元音舌位图（图 2.4），从而帮助我们分析韵母发音的规律，使我们的语音在准确的前提下圆润动听。舌面元音舌位图被称作是韵母发音的"元素周期表"，其重要性不言而喻。

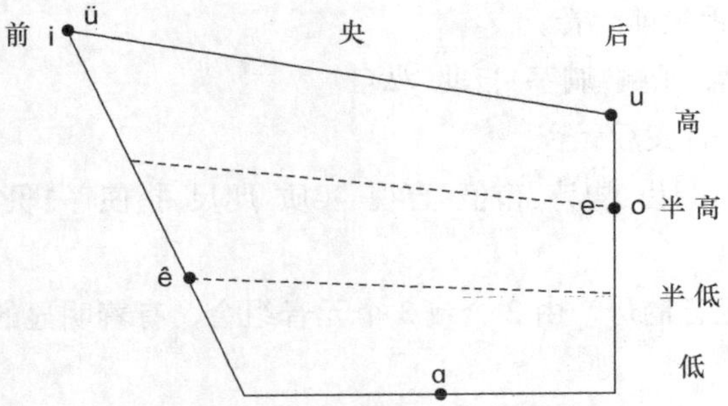

图 2.4 舌面元音舌位图

（资料来源：吴弘毅，2002．实用播音教程［M］．北京：北京广播学院出版社）

根据图 2.4，我们按照一定的排列顺序，不仅可以知道每个元音的称谓，更可以了解每个元音发音时的舌位和唇形的圆展。

（1）ɑ——央低不圆唇元音。

啊 吧 啪 妈 发 嗒 它 那 啦 嘎 咯 哈 扎 插 杀 匝 嚓 仨

阿坝 砝码 耷拉 邋遢 拉萨 那拉 哈达 喇嘛 沙发

（2）o——后半高圆唇元音。

哦 波 坡 摸 佛 咯

伯伯 亳州 巨擘 布帛 胳膊 剥离 婆娑 糟粕 泼墨 厚朴 叵测 模拟 膜拜 漠视 陌路 墨迹 默然 磨炼

（3）e——后半高不圆唇元音。

颚 嘚 特 呢 勒 哥 科 喝 遮 车 赊 热 啧 侧 涩

苛刻 哥特 隔阂 热河 特赦 色泽 割舍

（4）ê——前半低不圆唇元音。

欸

（5）i——前高不圆唇元音。

伊 逼 劈 咪 低 踢 妮 立 姬 期 熙

笔记 荸荠 机密 洗礼 利息 洗涤 体系 积极 仪器 比拟 立意 气息

（6）u——后高圆唇元音。

乌 捕 噗 亩 福 嘟 突 怒 芦 孤 哭 呼 珠 出 书 濡 租 粗 苏

不俗 目录 输出 辜负 逐鹿 束缚 粗鲁 瀑布 朴素 哺乳 孤独 图谱

（7）ü——前高圆唇元音。

迂 女 绿 据 去 需

旅居 语序 须臾 序曲 区域 女婿 聚居 屈居

（8）er——卷舌元音（er 音节下的数词“二”在发音时应读作［ar］，起始状态的口腔略大）。

而 尔 耳 儿 二 洱海 鱼饵 耳朵 尔后 而今

(9) -i（前）——舌尖前元音。

　　　资 疵 斯 恣意 子嗣 刺字 自此 私自

(10) -i（后）——舌尖后元音。

　　　之 吃 师 日 智齿 史诗 市值 直视 实质 咫尺 指使 失职 纸质 迟滞 矢志

2）复韵母

　　复韵母即是复合元音韵母，由 2 个或 3 个元音组合，有着明显的舌位动程。动程的位移如图 2.5 所示。

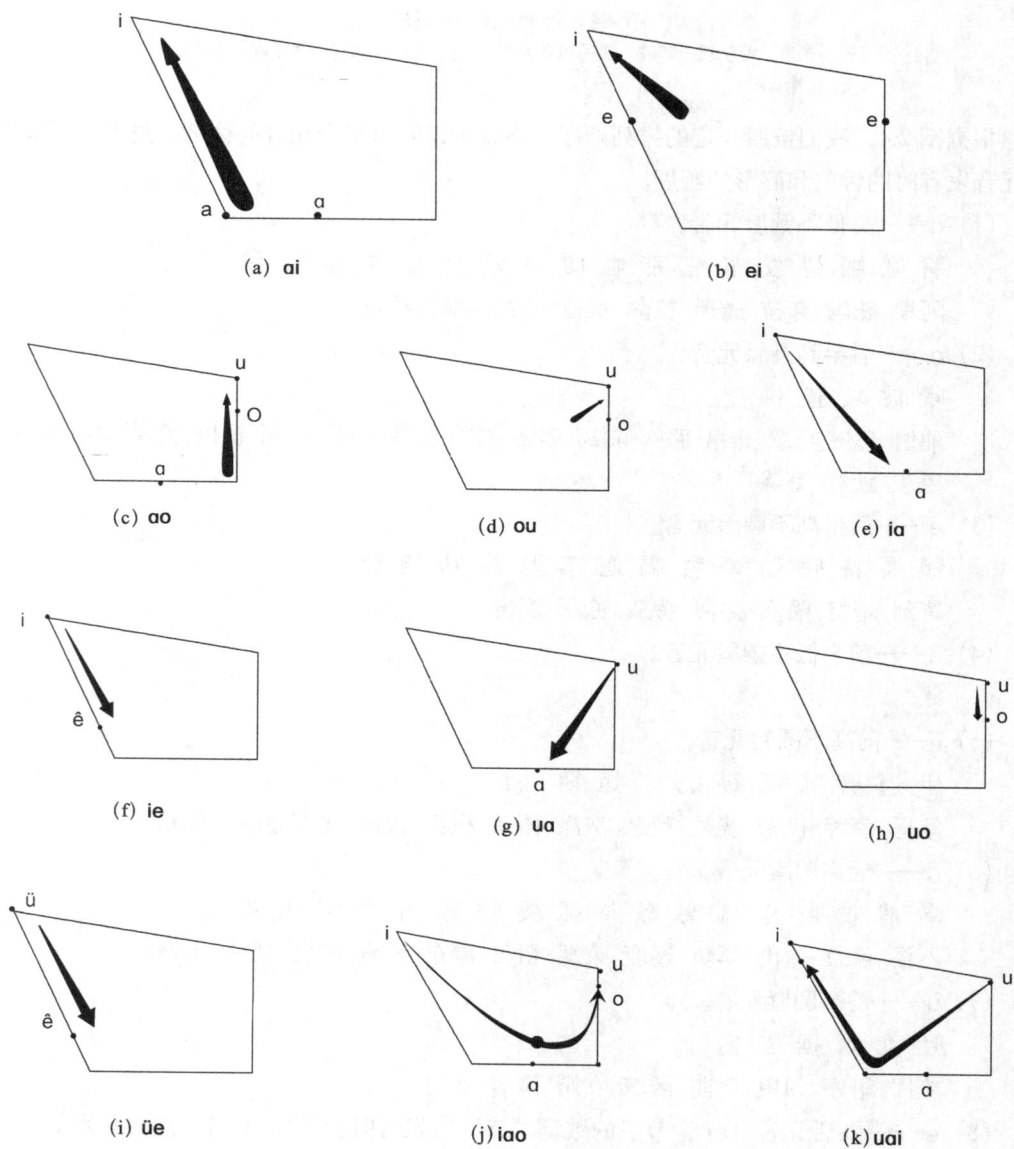

图 2.5　复韵母图示

（资料来源：吴弘毅，2002．实用播音教程 [M]．北京：北京广播学院出版社，有改动）

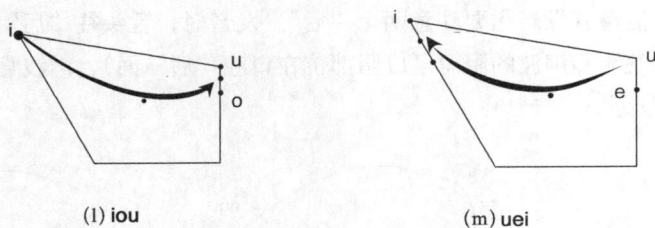

(l) iou　　　　　　　(m) uei

图 2.5　（续）

3）鼻韵母

鼻韵母即是带鼻尾音韵母，就是在元音音素后面附着一个鼻辅音做韵尾的韵母。汉语普通话韵母有两个鼻辅音韵尾：-n（前鼻音韵尾）和 -ng（后鼻音韵尾）。

（1）前鼻音。前鼻音发音需要注意两个"前"。发音时，舌头以不同起始位置向"前"伸，在上齿背和上齿龈之间形成对气流和声波的阻碍（显然，成阻部位在口腔"前"端），声波再回到鼻腔成音。前鼻音图示见图 2.6。

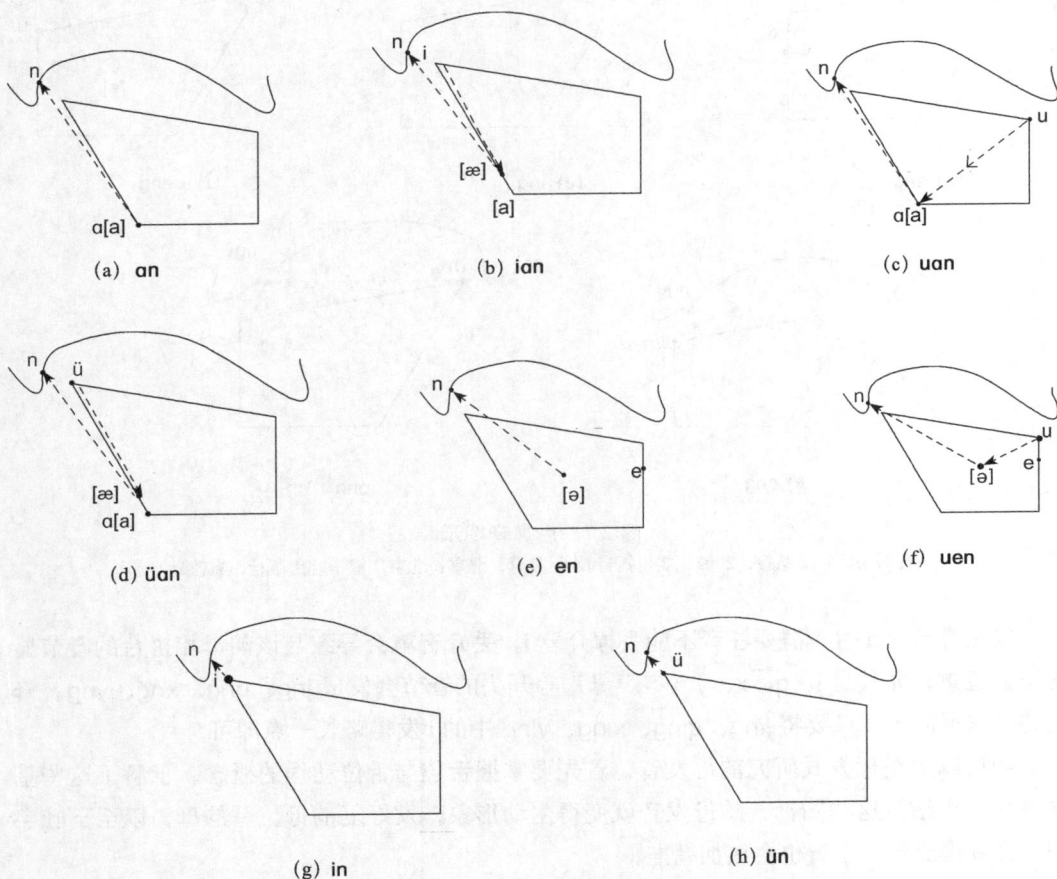

(a) an　　　　　　(b) ian　　　　　　(c) uan

(d) üan　　　　　　(e) en　　　　　　(f) uen

(g) in　　　　　　　　　　　　(h) ün

图 2.6　前鼻音图示

（资料来源：吴弘毅，2002．实用播音教程［M］．北京：北京广播学院出版社，有改动）

（2）后鼻音。后鼻音发音需要注意两个"后"。发音时，舌头往"后"缩，舌根抬起与下垂的软腭形成对气流和声波的阻碍（成阻部位在口腔"后"面），声波直奔鼻腔成音。后鼻音图示如图 2.7 所示。

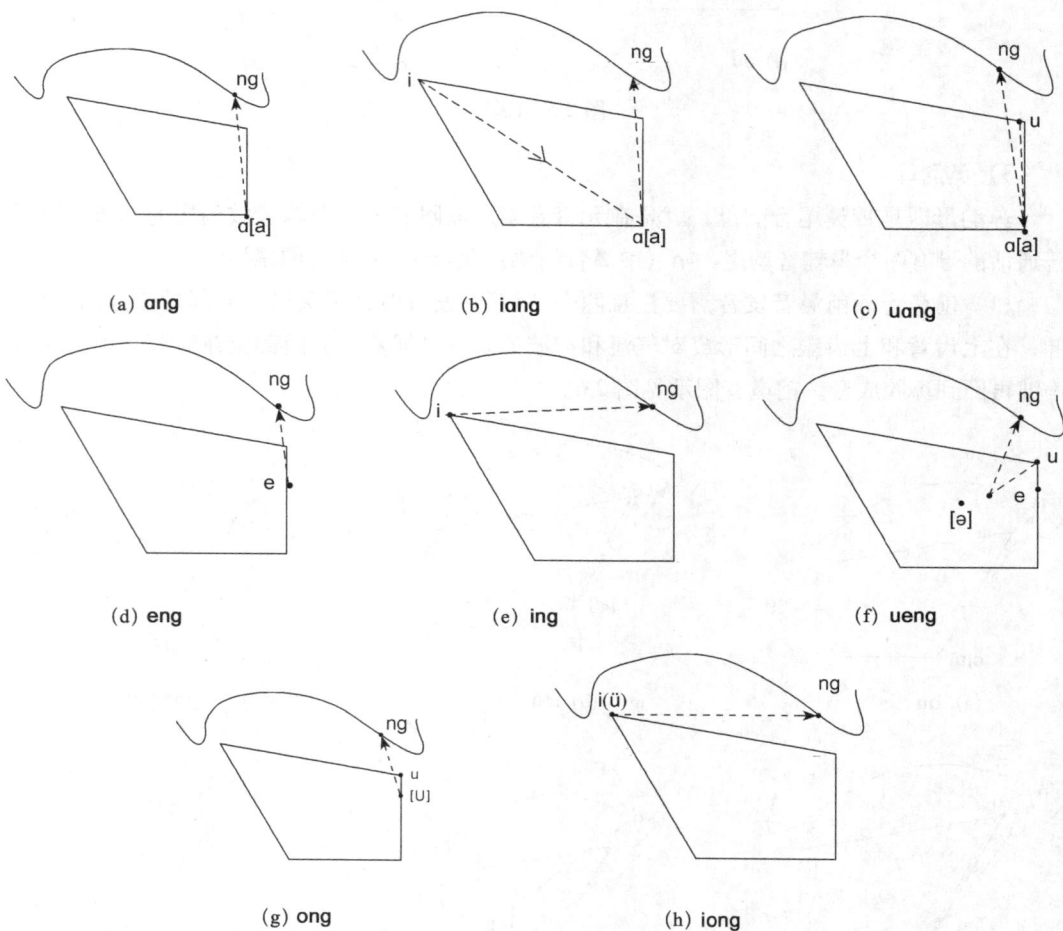

(a) ang (b) iang (c) uang

(d) eng (e) ing (f) ueng

(g) ong (h) iong

图 2.7　后鼻音图示

（资料来源：吴弘毅，2002. 实用播音教程 [M]. 北京：北京广播学院出版社，有改动）

发后鼻音 ing 时，需要注音不能丢掉介音 i。丢介音就会导致与该韵母相拼合的音节显得鼻音过重，尤其是 j、q、x、y（零声母）等开头的音节会发成 jng、qng、xng、yng。修正的办法很简单，只要将 jing、qing、xing、ying 中的 i 发得略长一点即可。

利用以上图标方式研究韵母发音，首先要掌握舌位与舌位动程的概念。了解了这些基本概念，再结合这些图标，韵母发音就变得生动形象，发好复韵母、鼻韵母，以至于吐字归音也顺理成章，字音也会更加精准。

4）韵母学习中的"呼"和"辙"

四呼：按照韵母开头元音的口型特征，我国传统语言学将韵母分开口呼、齐齿呼、合口呼、撮口呼四类，简称四呼。

（1）开口呼——a、o、e和以a、o、e开头的韵母（含ê、er、-i [ɿ] -i [ʅ]）。发音时，嘴张得比较大。

（2）齐齿呼——i和以i开头的韵母。发音时，嘴唇向两边开，露出整齐的牙齿。

（3）合口呼——u和以u开头的韵母。发音时，嘴唇向中间收拢，所以叫作合口呼。

（4）撮口呼——ü和以ü开头的韵母。发音时，嘴唇呈圆形，向前"撮"，发音部位与i相同。

十三辙：又称"十三道大辙"，指在北方说唱艺术中，韵母按照韵腹相同或相似（如果有韵尾，则韵尾必须相同）的基本原则归纳出来的分类，目的是使诵说、演唱顺口、易于记忆，富有音乐美。十三辙的名目是发花、坡梭、乜斜、一七、姑苏、怀来、灰堆、遥条、由求、言前、人辰、江阳、中东。特别指出的是，十三辙中每一辙的名目不过是符合这一辙的两个代表字，并没有其他的意义，所以同样也可以用这一辙的其他字来代表该辙，如"坡梭辙"也可以叫作"婆娑辙"，"言前辙"也可以称作"天仙辙"。

4．声调

汉语是讲究声调的。声调使无调音节具有了意义。也正因为声调的出现，语流的起承转合、抑扬顿挫使汉语普通话具有了动听的旋律之美。更重要的是，由于声调的参与，可以减少声韵母的繁杂组合，从而使我们的汉语普通话有调音节浓缩到了1 200多个，使其简单易学。

我们用五度标记法做一个简单图来表示，如图2.8所示。

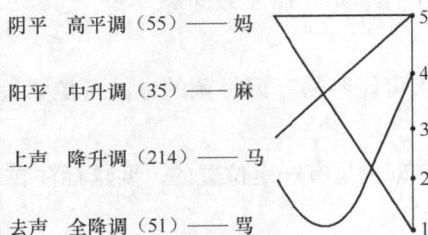

图 2.8 汉语普通话声调五度标记法

声调看似简单，但很多人在普通话达标测试中受挫恰恰就是因为它。尤其是普通话测试进入机测之后，精准系数已经大大提高，对声调的要求更加严格。因而，学生们必须严谨地对每个声调加以体味和揣摩，将单音节声调与连读后的声调变化融会贯通，以达到心口合一的效果。

在学习普通话的实践中，有很多简便方法起到了不可替代的作用。由于有了这些方法，普通话的教和学更加通俗易懂。

1）范氏符号

范氏符号是编者早年在体会注音方法时所总结的一套简便的方式。一个便于记忆的符号可以取代一长串的拼音字母，它对普通话初学者在注音记忆（尤其是记忆难点音）时特别有效。

范氏语音符号及其意义如表 2.2 所示。

表 2.2　范氏语音符号及其意义

符号	意义	符号	意义
一	平舌音	⇒	平舌后鼻音
∧	翘舌音	△	翘舌前鼻音
∟	前鼻音	△	翘舌后鼻音
⌐	后鼻音	⇒	边音前鼻音
⌐	边　音	⇒	边音后鼻音
⌐	鼻　音	⊃	鼻音前鼻音
⇐	平舌前鼻音	⇒	鼻音后鼻音

2）汉语拼音拼写口诀

ü 在 j、q、x、y 后，不写两点并非 u；

iou、uei、uen 前有声母，省去 o、e 照旧读；

起始 i、u 改 y、w，i、u、in、ing 添 y、w；

ü 母不能当作头，加 y 省点要记住；

音节开头 a、o、e，加上隔号分清楚。

3）标调口诀

如果疏于练习，很多人可能容易忘记标调的方法（位置），现将简便的口诀推荐给大家，方便运用。

声调符号标注在拼音字母上是有一定位置的，要求标注在音节的主要元音（韵母中那个口腔开度最大的元音）上。

具体如下：

a 音出现别放过，没有 a 音找 e、o；

i、u 并列标在后，单个韵母不用说；

i 上标调把点去，轻声不标就空着。

二、语流音变发音训练

在普通话学习中，尤其对于方音区的人来讲，如果能将轻声词恰如其分地运用到日常生活中，可以看作普通话语音学习明显地上了一个台阶；而儿化音的学习，就其难度来讲，它把普通话的自然准确程度又提到一个新的高度；当轻重格式被娴熟运用之日，可以说普通话学习就进入了一个新境界。

所有的语言在使用过程中都会呈现一种流动的态势。在这个流动过程中，受发声器官的制约，相邻音节的相邻音素会因为语流的速度快慢和声音的高低强弱而发生程度不同的变化。普通话一些音节中的声母、韵母或声调之间在语流中发生的语音变化，就叫语流音变。它们大多体现在轻声、儿化、变调和语气词"啊"的变化中。当然，词的轻重格式，这种捕捉起来相对困难一些的语音变化现象也会影响到词性和词义，一定要在大量的使用中不断丰富和完善。

1. 轻声

语言的轻重随着人们长期以来所形成的习惯而发展和变化着，普通话也不例外，它使语言显得生动而协调。轻声现象就是这样。

普通话的有些音节在语流中常常会失去原有声调，变得较轻较短。这就是轻声现象。

需要说明的是：

（1）有的人往往把这个"短"发得特别怪异。因为太短，音节之间时值差异过大，这种轻声的感觉显得像是"抽搐的悄声"，十分怪异。这是需要注意的。它必须呈现一种语言的"自然"状态，而不能脱离生活。

（2）轻声音节的读音也是有章可循的。依此规律，力保字音清晰，避免吃字，则轻声得当。我们把它总结为"阴阳上去，二三四一"。即：

前一音节是阴平，后面的轻声应该发成2度：如"她们""哥哥"等；

前一音节是阳平，后面的轻声应该发成3度：如"蛤蟆""除了"等；

前一音节是上声，后面的轻声应该发成4度：如"蝲蛄""好吧"等；

前一音节是去声，后面的轻声应该发成1度：如"别扭""似的"等。

1）轻声的作用

（1）有的词读不读轻声，其词性和词义会有所不同。

①同音同字。如：

"大爷"——读轻声和不读轻声，不同地域的人们就有不同的解释。读轻声，常常指"上年岁的男性"；不读轻声，有的地方指父亲的大哥等。

"东西"——虽然都是名词，但是读轻声，常常指物品；不读轻声，指的就是方向。

"地道"——读轻声，就是形容词；不读轻声，是名词。

"买卖"——读轻声，是名词；不读轻声，是动词。

②同音不同字。如：

boli	——bōli	玻璃（轻声）	bōlí	剥离（非轻声）
baochou	——bàochou	报酬（轻声）	bàochóu	报仇（非轻声）
zhuangjia	——zhuāngjia	庄稼（轻声）	zhuāngjiā	庄家（非轻声）
cangying	——cāngying	苍蝇（轻声）	cāngyīng	苍鹰（非轻声）

在一些方音区，有些词不太注意是否读轻声，词意就很容易混淆。如：

比试—笔试　报酬—报仇　帘子—莲子　字据—字句

（2）一些词可以按约定俗成读轻声，虽不区别词性、词义，但却丰富了语流的抑扬顿挫，使得语言更加富有音韵之美，语言更有意趣。如：

妈妈，不读"māmā"，而读"māma"。

太棒了，读"tàibàngle"，不读"tàibàng liǎo"。

巧克力，读"qiǎokeli"，不读"qiǎokèlì"。

注：轻声现象也可视为轻重格式中使用频率很高的"重轻"格式。

2）轻声的出现规律

（1）语气词"吧、吗、呢、啊"等。如：

是吧　好吗　怎么呢　太好啦　快呀

（2）助词"的、地、得、着、了"和后缀"们"等。如：

美妙的　没日没夜地赶路　干得好　想着　醒了　她们

（3）名词后缀及词尾为"儿、子、头"等。如：

女儿　篮子　榔头

（4）必须起分辨词义和词性作用时。如：

大意（轻声时指"粗心"，非轻声时为"主要意思"）

买卖（轻声时是名词，非轻声时为动词）

（5）表示趋向的动词、方位词或词素。如：

山上　扑上去　海里　做出来　放下

（6）重叠式名词或动词等"AA式"组合的后一个音节，双音节形容词重叠（"AABB"式）第二个A轻读，BB依照约定俗成变阴平或不变。如：

AA　　　　　爷爷　瞧瞧　兰花花　纺线线　蝈蝈　试试

AA BB　　　老老实实　痛痛快快　客客气气　恍恍惚惚

磨磨蹭蹭　毛毛躁躁　兢兢业业　清清楚楚

（7）口语色彩明显的四字词的第二音节。如：

黑不溜秋　稀里哗啦　糊里糊涂

（8）做宾语的人称代词。如：

看他　瞧你

（9）有很多不带规律性，得按约定俗成读轻声的词。如：

玻璃　已经　时候　聪明　窗户　妥当　喜欢　小气　心思　行李

学问　马虎　风筝　秘书　书记　庄稼　耳朵　眼睛　犹豫　太阳

大夫　体面　差事　热闹　和尚　云彩　清楚　打听　巴掌　老婆

萝卜　闺女　告诉　明白　性子　芍药　年成　状元　铺盖　欺负

爽快　思量　胭脂　养活　早上　字号　祖宗　白净　本事　扁担

拨弄　打量　打算　福气　甘蔗　高粱　寡妇　行当　胡琴　活泼

　　火候 伙计 困难 阔气 累赘 连累 凉快 麻利 门道
　　名字 脑袋 能耐 女婿 牌楼 盘算 防备

　　有关轻声，还需要注意：

　　（1）普通话音节要不要读轻声，除了以上分析外，还要根据使用语境判断。有的词在较为严肃或书面语体强时，不读轻声，但在较为生活化和轻松场合就可读作轻声。

　　（2）轻声音节是弱化音节，在实际发音时既不要拖长，也不要过于短促，造成吃字。

　　2．儿化

　　儿化是汉语普通话的主要语音现象。经过儿化的音节，韵母与卷舌元音"**er**"合成一个音节，使原音节的主要元音起卷舌作用发生音变，成为儿化韵。儿化是普通话中唯一"两个汉字读作一个音节"的语音现象。

　　要领：儿化使原韵母发生的变化应在卷舌动作的过程中完成，切不可先卷舌后发音。

　　一般情况，儿化出现在一个词的末尾（后缀），如小不点儿、摆谱儿等。偶有出现在词或词组中间的，如高跟儿鞋、小人儿书等。

　　儿化的主要作用：

　　（1）辨别词义。如：

头——头部；头儿——领头的、上司、终点

　　（2）区别词性。如：

尖——形容词；尖儿——名词

　　（3）区别同音词。如：

　　"拉练"不能儿化，儿化就成了"拉链儿"。

　　（4）表示"少、小"之意。如：

　　"脸蛋儿"，用于小孩儿，一般不用于上年岁的人。

　　"一块儿"，名词中常常指"数量较少"（才一块儿）、"分量较小"（一块儿小石子儿）。"一块大石头"就不宜儿化。

　　（5）使语音带有"喜爱、亲切、蔑视"等色彩。如：

小鱼儿 宝贝儿 小红花儿 啥玩意儿

　　这些情感色彩也不完全是孤立和机械存在的，它往往同时呈现综合的色彩。例如，"小脸蛋儿"，既有"小"的意思，也有"喜爱"的意思。有时候，它既可针对年龄，也可无视年龄，如"小脸蛋儿"，它既可用于小孩儿，也可用于心爱的人。

　　学习儿化，还应当了解：

　　（1）er音节下的汉字实际读音应分为两类。数词"二"的读音，口腔起始状态略大（近似于由 a 开始），其余 er 下汉字的读音口腔起始状态就没那么开了。

　　（2）发儿化音也有约定俗成，并非什么地方都可以儿化。例如，"老板"就不能儿化，"老本儿"则可以儿化。

（3）在播出重大事件或严肃稿件时，要尽量少使用儿化，必须用时，也不宜过分强调儿化色彩，要尽量减少和改变原韵母的音色。

3．变调

音节在连读中固定声调发生变化的现象，叫变调。它与速度有关，朗读速度越快，变化越明显。普通话的变调主要体现在上声、去声、"一、不"变调、重叠形容词和动词的变调。此处用口诀加以表述。

口诀因其朗朗上口而容易被记忆，但不要死记硬背。声调的变化也要受语境影响，此处仅提供一种类似规律性的常量，如单发、句尾在实际使用时就会因为语境产生细微的变量，须活学活用。

1）上声变调

单发、句尾调不变，

非上声之前变半上（21调），例：史诗（211+55调）、宝贝（211+51调）

上声字前似阳平（24调），例：语法、婉转、偶尔（35+214调）

三上相连要注意，

前俩似阳二稍轻。　　　　例：展览馆 水与火（35+35+214调）

需要说明的是，三上相连在语法上呈现"1+2"（如"纸老虎"）结构时，就应读作"211+35+214"的调值。

2）去声变调

去去相连前半降（53调）。　例：扩大、电话、注意（53+51调）

3）"一、不"变调

去声之前读阳平，　　　　　例：一动不动、一定不去（35调）

非去之前读去声，　　　　　例：一点一滴、不屈不挠（51调）

单发句尾念本调，　　　　　例：不，我不！大小不一（51、55调）

三字中间读轻声，　　　　　例：尝一尝、吹一通、保不齐

"一"在数字开头变。　　　　例：111、1111、11111（仅首个"1"变调）

注：为了表达直观，这里刻意将"一百一十一"等数词写作"111"等。

4）重叠形容词、动词变调

单音重叠变阴平（AA式），

双音前轻后阴平（AABB式）。

例一（AA式）：慢慢的、好好的（形容词此种情况在加"的"时变调居多；有的视语境可变也可不变；有的形容词即便"AA式"也不变，如"甜甜、坏坏、大大、软绵绵、白茫茫"等）。

例二（AABB式）：满满当当、抽抽搭搭、哼哼唧唧、马马虎虎、支支吾吾（这类形容词和动词次A轻读，BB必须读阴平。这种情况较多）；有的在处理BB部分就属两可，如热热闹闹、破破烂烂、顺顺利利等就可依语境而定；有的不能变调，如磕磕绊绊、文文静静、来来往往、跌跌撞撞等。

4. 语气词"啊"的变化

"啊"的音变，指的是"啊"用在句尾时，受前面音节收尾音素的影响所产生的变化。随着语言的发展变化，一方面"啊"有其变化的规律可循，另一方面"呈现较为灵活的使用趋势"。

"啊"的音变是顺势产生的，发音时一定要自然。依据这种"顺势"特点，可总结出以下变化规律。

（1）前面音节的收尾音素是 a、o、e、ê、i、ü（不包含 ao 和 iao）时，一般发 ya 音。如：

他一个劲儿地骂呀（màya） 快说呀（shuōya）

赶车呀（chēya） 得了第一呀（yīya）

一起去钓鱼呀（yúya） 原来是下的大雪呀（xuěya）

（2）前面音节的收尾音素是 u（含 ao 和 iao）时，发 wa。如：

报仇哇（chóuwa） 来得真巧哇（qiǎowa）

（3）前面音节的收尾音素是 n 时，"啊"变作 na。如：

上班哪（bāna）真狠哪（hěna）

（4）前面音节的收尾音素是 ng 时，"啊"发 nga。如：

雷声啊（shēnga） 冤枉啊（wǎnga）

（5）前面音节的收尾音素是 -i（前）时，顺势发成近似平舌的 [za]。如：

发的工资啊（zīa） 这是第几次啊（cìa） 真好意思啊（sia）

（6）前面音节的收尾音素是 -i（后）、r、er 时，"啊"读作近似翘舌的 [ra]。如：

他是你老师啊（shīa） 好好认字儿啊（zìera）

5. 关于轻重格式

在有声语言中，由于词义、词性的不同，或由于感情表达的需要，一个词的几个音节便产生了轻重缓急的差异。这就是词的轻重格式。它分重、中、轻三个等级。时值长、音强、声调清晰的为"重"；时值短、音较弱、声调较模糊的为"轻"；介于二者之间的为"中"。

词的轻重格式只是一种约定俗成，不是绝对的、唯一的。它与词的构成也有关，多数属于偏正式、动宾式、主谓式的词，后一音节重读；实词素与虚词素构成的词，实词素重读。词的轻重格式还会受语句目的制约，所以在语流中也会出现原有格式被改变的现象。只要不影响词义、词性，也允许与个人风格有关的各种变异。

正因为词的轻重格式有其较强的灵活性，它又主要遵从于广大北方方言区的语言习惯，因此，其他方音区的人们掌握它的难度就相对高，方言语调就容易暴露。因此，熟悉并掌握一定的词汇量，坚持收听收看广播、电视中播音员、主持人的节目，对方言语调的克服和普通话的规范使用很有必要。

（1）双音节词——以中重格式居多。

① 中重。如：

说明 果断 初一 推翻 和谈 年轻 爱国 认命 如意 跳伞 打趣 老刘 容颜
麦浪 安心 自信 造福 展翅 冬至 地震 地皮 把关 迸发 更衣 暖房 翻案
点播 跑道 满意 争气 失意 织布 翻船 闹事 识数 散步 住院 烦心 犯愁
果断 被告 提高 普选 探亲 吐絮 肝炎 稳步 自卑 友谊 第四 信奉 人生
假如 日常

② 重中。如：

任命 经验 听觉 性质 风气 范读 浪漫 丢掉 人物 动物 美好 规律 含蓄
钢琴 气味 界限 现象 作品 温度 人类 春天 爱戴 质量 恬静 记者 背景
颜色 价值 声音 何谈 熔岩 家具 灶具 蒸汽 诗意 支部 帆船 闹市 实数
散布 祝愿 凡心 范畴

③ 重轻。如：

厚道 实诚 机灵 玻璃 别扭 痛快 帐篷 力气 行李 清楚 谢谢 包涵 报酬
比试 葡萄

（2）三音节词——但凡没有"轻"，都读作中中重格式。

① 中中重。如：

播音员 回旋曲 流水线 呼吸道 理解力 科学院 马前卒 展览馆 护身符
基督教 贫困线 寄生虫 啃老族 抗生素 博物馆 司马迁 汉武帝 共青团

② 中重轻。如：

拿架子 吊嗓子 半拉子 小姑娘 好意思 胡萝卜 牛脾气 明摆着 不由得

③ 中轻重。如：

数得着 保不齐 冷不防 巧克力 小不点儿

（3）四音节词——一般认为和语法结构有关。

① 中重中重，以联合式（并列式）语法关系居多。如：

日积月累 心平气和 赴汤蹈火 厉兵秣马 翻江倒海 独断专行 鹤发童颜 南腔北调

② 重中中重——主谓式或偏正式语法关系偏多。如：

唇齿相依 泰然自若 瑕不掩瑜 不约而同 义不容辞 一扫而空 世外桃源 美不胜收

③ 中轻中重——具有较为口语化的特点。如：

奥林匹克 慢慢腾腾 南京大学 老实巴交 迷迷糊糊 歇斯底里 稀里哗啦 和和美美

轻重格式也会因为词性、词义不同而有所不同，当声韵调相同的一些词面对面时，格式不同，结果也是显而易见的。如：

和谈—何谈　认命—任命　容颜—熔岩　贩毒—范读　加剧—家具

三、强化和规范普通话的日常使用

1. 规范化语言的意义

空乘工作处于窗口行业的高端，既是国内服务行业的窗口，也是国家面向国际展示形象的窗口，因而，空乘人员准确生动地讲好自己国家的母语（普通话）就是对自己祖国的热爱。就是彰显中华民族的民族文化和国际形象。

就汉语言的分布而言，我国汉民族有七大方言区（北方、客家、吴、湘、赣、粤、闽）。就全国而言，我国是个多民族同时也是多民族语言的国家，因而普通话定义特地阐明，普通话是中华人民共和国通用语言。

这既对全国各族人民的相互交流明确了统一的官方语言，也使对外国际交流有了明确的语言确定性和统一性，不致使对方在交流时面对一个庞杂的语言群。

2. 以普通话为生活语言是高素质空乘人员的名片

工作语言就是在工作状态下使用的语言。将普通话作为工作语言，就是指在工作环境或在工作岗位上必须使用普通话。日常生活用语没有规范，而将普通话作为生活语言，就不仅仅在工作时使用，在生活中也得使用规范的普通话。

能够说一口流利而标准生动的普通话是空乘人员的一张名片，也是高素质专业人才的标志之一。

3. 规范语言的使用是民航安全工作的保障之一

有人认为，把普通话作为工作语言就无可非议，但在现实生活中往往会事与愿违。如果我们以这种观念对待日益发展的民航服务，在语言的使用中就可能因为语音不规范导致意想不到的错误甚至危险。

从本书的一系列有关普通话语音章节的对比练习不难看出，往往一个声韵母或者声调的偏差，甚至轻声、儿化、轻重格式的变化，都会造成表达上的千差万别，最终就可能导致"指挥失误，工作失灵，服务失当"。空乘服务中，也许一个小小的语音错误就可能导致严重事故。

从这个意义上讲，我们把空乘语言和播音相提并论有着特殊的含义。机组人员在飞机上的服务，说轻点，影响公司服务的品质；说重点，指令传递正确与否直接关乎乘客和机组人员的生命安危。所以说，普通话作为一种实用工具，航空公司必须要求坚守在特殊岗位的空乘人员将普通话作为生活语言，并建立必要的监督机制。只有这样，才能既提升航空公司的语言规范和服务品质，保障乘客和机组人员的生命安全，也才能真切地通过日益繁荣的民航窗口展示国家形象，维护国家主权和民族尊严。

练 习

1．熟记并朗读本书关于轻重格式中的所有词或词组，并在生活语境中认真领会，力求做到举一反三，融会贯通。

2．根据纵横坐标的思维方法，绘制《普通话辅音发音要领表》。

3．从普通话辅音发音要领图中，解释如下难点音的大致区别和问题所在：平翘舌音、边鼻音、尖音。

4．《普通话辅音发音要领表》对前后鼻音的学习有何启发？

5．判断这句话是否正确，并阐明原因："普通话的声母都是辅音，辅音不都是声母。"

6．根据纵横坐标的思维方法，体会舌位的前后高低和唇形的圆展，绘制舌面元音舌位图。

7．用舌面元音练声。

8．在桌面用指尖绘图方式练习普通话四声的定位，获取对规范调值的"量化"感受。按个人左右手习惯练习空间四声定位，获取对规范调值的空间感受。

9．请检查表 2.3 所体现的元辅音发音的区别是否正确。

表 2.3　元辅音发音的区别

比较项目	元音	辅音
气流在口腔	无明显阻碍	有明显阻碍
发音时使用气流	较弱	较强
发音器官肌肉	均衡紧张	成阻部分肌肉紧张
声带是否振动	是	大部分不振动（仅 5 个振动）
发出的声音	响亮，都是乐音	声带不振动时极小

10．对应辨读、混读材料。

1）声母部分练习。

（1）平翘舌音。

早·找·走·肘 钻·专 宗·中 砸·轧 脏·张 岑·陈

崔·炊 存·纯 词·池 桑·殇 肆·适 森·申 洒·傻

驻足 自重 最早 装载 沼泽 职责 自责 准则 遵照 制造 铸造 制作

做主 坐着 做账 装作 追踪 正宗 宗旨 再造 遵旨 指责 藏族 增重

从此 猜测 曹操 草丛 彩瓷 残次 参差 措辞 储存 车次 差错 成才

磁场 冲刺 尺寸 春蚕 凑成 粗茶 彩绸 财产 曹冲 采茶 仓储 草船

三思 松散 思索 色素 僧俗 送死 撕碎 速算 收缩 神似 摔死 松鼠

失散 绳索 伸缩 胜诉 似是 私塾 摔碎 搜身 哨所 手撕 疏松 殊死

辞藻 座舱 暂存 杂草 似曾 词素 惨遭 综述 擦身 藏书 尊称 造势

纵使 噪声 采摘 滋生 酸楚 使臣 圣城 朝圣 震颤 蛀虫 陈设 注释

诚挚 冲撞 出招 惩治 处所 神采 重挫 插嘴 超载 斥资 宙斯 厨子

（2）舌面音。

机 角 剧 卷 军 囧 健 娇 价 姐 江 金 究 靖 倔

交际 佳绩 佳节 简洁 僵局 狙击 聚集 洁净 激将

柒 巧 曲 券 竣 穹 潜 乔 掐 窃 蔷 钦 裘 卿 阒

巧取 漆器 期权 气球 轻取 鹊桥 侵权 窃取 全勤

吸 晓 嘘 轩 埙 胸 贤 萧 夏 携 翔 芯 岫 杏 穴

西厢 虚席 续写 相许 献血 虾蟹 下行 小溪 激情

驾校 权限 气息 情景 细节 香蕉 价钱 细菌 记性

军训 谦虚 曲线 倾向 强项 亲家 新疆 陷阱

（3）鼻边音。

南·蓝 内·类 挪·罗 那·辣 闹·烙 农·笼 尼·梨 您·临 柠·灵 念·炼

虐·掠 怒·路 馕·郎 宁·铃 腻·丽 奈·赖 能·棱 涅·烈 暖·卵 糯·骆

凌乱 临了 褴褛 冷落 领略 莅临 凛冽 邻里 伶俐 淋漓

奶奶 男女 南宁 哪能 能耐 年内 牛腩 难耐 女奴 恼怒 农奴

暖男 袅娜 拿捏 呢喃 奶牛 泥泞 奶娘 尼娜 难念

拿来 你俩 年龄 能量 奴隶 奶酪 耐劳 男篮 女郎 闹铃 娘俩

内敛 内陆 奈良 鸟笼 牛柳 南陵 暖流 南岭 脑瘤 内乱 女篮

嫩绿 内涝 内陆 女流 尼龙 鸟林 纳凉 凝练 牛栏 年轮 农林

辽宁 靓女 流年 烂泥 龙女 岭南 冷暖 留念 龙女 蓝鸟 冷凝

两难 辣女 落难 老农 鲁南 遛鸟 老奴 粮农 老衲 列宁 雁难

泥巴·篱笆 拦路·南麓 牛年·流年 女客·旅客 年夜·连夜 大娘·大梁

男子 篮子 允诺·陨落 湖蓝·湖南 楠木 栏目 蓝天 南天 浓重·隆重

化脓 画龙 连长·年长 鸟雀 了却 水牛·水流 恼人·老人 连年·涟涟

畏难 蔚蓝 南部·蓝布 眼内·眼泪 大怒·大陆 分蘖·分裂

拿手 拉手 规律 老年 拉拢 玲珑 流露 逆料 凌虐 路南 流利

琳琅满目 流连忘返 宁缺毋滥 流离失所 花红柳绿 难能可贵

光明磊落 功名利禄 雷厉风行 泥牛入海 歌声嘹亮 安娜·卡列尼娜

（4）零声母。

如前所述，零声母音节虽然指没有声母，但却具有实际意义。实际运用中，零声母音节在发音时具有某些辅音性质的起始方式。懂得这一点，也可以较好地避免在发与零声母相连的音节时出现的部分吞字现象。可以通过以下练习加以体会。

恩爱 偶尔 议案 意义 业务 晚安 雾霭 威武 余额 名额 雨衣

冤案 欲望 孕育 延安 西岸 皮袄 档案 激昂 饥饿 企鹅 酷爱

2) 韵母部分练习。

约略 雀跃 绝学 渺小 苗条 绸缪 伛偻 豆蔻 窈窕 趔趄 缥缈
萧条 乜斜 国货 硕果 骆驼 蹉跎 懦弱 错过 推诿 垂危 犒劳
唠叨 祷告 骚扰 北碚 买卖 采摘 北美 黑莓 追随 火锅 阔绰
荟萃 嘴碎 肥美 飞贼 高考 牢骚 门诊 濒临 音频 信心 亲信
亲近 网状 乘风 风筝 冷风 生成 温存 菌群 遵循 商行 参赞
斑斓 汹涌 安然 感叹 湛蓝 愤懑 明镜 惊醒 渔翁 雍菜 评定
命令 灵性 情境 刑警 伶仃 癫痫 妊娠 粉尘 跟跄 贪婪 宦官
升腾 萌生 蒸腾 冰凌 倾听 酩酊

3) 声调部分练习。

(1) 同声同韵不同调。

吧 拔 靶 霸 泼 婆 颇 魄 摸 魔 抹 墨 峰 冯 讽 奉
搭 达 打 大 贪 谈 坦 探 妮 倪 你 腻 捞 劳 老 烙
歌 格 割 各 科 咳 可 课 呼 湖 虎 互 狙 菊 沮 聚
倾 情 擎 罄 先 嫌 显 美 珠 竹 煮 著 撑 乘 骋 秤
书 熟 暑 束 儒 汝 褥 糯 咱 攒 暂 搓 撮 脞 错 虽
绥 髓 碎

(2) 双音节。

阴阴——波音 西安 咖啡 疏通 星空　　阴阳——空乘 新闻 昆明 飞翔 安全
阴上——阴雨 资产 签署 铅笔 青海　　阴去——播送 观众 天籁 相称 尊敬
阳阴——南方 年轻 平安 节约 联播　　阳阳——学习 临时 吉祥 儿童 球迷
阳上——平坦 明显 谜底 存款 读者　　阳去——持续 宁静 核算 不断 援助
上阴——请听 广播 统一 走私 减轻　　上阳——解决 指南 启程 旅途 主持
上上——享有 北海 友好 允许 审理　　上去——访问 法律 许愿 想象 买进
去阴——贵宾 录音 信息 卫星 健康　　去阳——措辞 调查 特别 暂时 照明
去上——下雨 信仰 确保 秀美 问好　　去去——报告 电视 路线 电话 降落

(3) 四音节。

三皇五帝 天然宝藏 声名显赫 风调雨顺 枯藤老树 阴阳上去 珍藏史料
一马平川 细雨和风 确保平安 墨守成规 救死扶伤 顺理成章 厚古薄今
波澜壮阔 喷薄欲出 攻无不克 目不转睛 当机立断 谈笑风生 逆水行舟
称心如意 超群绝伦 开卷有益 呼风唤雨 财产保全 如火如荼 责无旁贷

4) 语流音变练习。

(1) 常用轻声词汇。

柴火 格子 好的 有了 闭着 天上 跟头 出来 少吧 行吗 谁呢 哥哥
帮手 答应 先生 学生 反了 找过 哈欠 打扮 退下 胭脂 木头 下巴
奉承 烙铁 豆腐 裁缝 葡萄 芥末 硬朗 相声 咳嗽 亲家 鹌鹑 扫帚

粮食 走啦 鸟儿 馒头 篱笆 玻璃 已经 时候 聪明 窗户 妥当 喜欢

小气 心思 行李 学问 马虎 风筝 秘书 书记 耳朵 眼睛 犹豫 太阳

大夫 体面 差事 热闹 和尚 文凭 云彩 清楚 打听 巴掌 老婆 萝卜

闺女 告诉 明白 性子 芍药 年成 状元 铺盖 欺负 爽快 思量 养活

早上 字号 祖宗 石匠 白净 本事 扁担 拨弄 打量 打算 福气 甘蔗

高粱 寡妇 行当 胡琴 活泼 火候 伙计 脊梁 困难 阔气 累赘 连累

凉快 麻利 码头 门道 名字 脑袋 能耐 女婿 牌楼 盘算 便宜 防备

对比练习一：

报酬（报仇）帘子（莲子）比试（鄙视）字据（字句）玻璃（剥离）

包涵（包含）苍蝇（苍鹰）庄稼（庄家）读着（读者）

对比练习二：

买卖（mǎimài mǎimai）东西（dōngxī dōngxi）大爷（dàyé dàye）

大意（dàyì dàyi）地道（dìdào dìdao）琢磨（zhuómó zuómo）

(2) 儿化。

对比练习：

将本书附录三中的普通话水平测试用儿化词语按如下要求分组诵读，体会发音的异同。

一组：一、三、五、七；

二组：八、九、十、十一、十三、十四、十五、十七；

三组：二十二、二十三、二十五、二十六、二十七；

四组：所有鼻化音；

五组：十八、二十四、十九、十六。

难词练习：

号码儿 豆芽儿 官腔儿 粉末儿 干活儿 小道儿 豆角儿 风车儿 队部儿

小偷儿 加油儿 蜗牛儿 里屋儿 摸黑儿 老本儿 眼泪儿 土堆儿 一会儿

板凳儿 年头儿 手绢儿 铁丝儿 秘方儿 花样儿 小床儿 小船儿 现成儿

花瓶儿 胡同儿 小熊儿 肩膀儿 毛驴儿 树叶儿 空缺儿 门帘儿 门铃儿

蛋黄儿 门环儿 火星儿 米粒儿 馅儿饼 高跟儿鞋 甜丝儿丝儿

(3) 语气词"啊"的音变。

熟悉词组并加深对"啊"的音变认识：

快拉啊 弹琴啊 快说啊 回家啊 快喝啊 小丽啊 白雪啊 真巧啊 没完啊

大江啊 喝茶啊 真行啊 老兄啊 自私啊 上坡啊 策划啊 快写啊 别去啊

打鼓啊 好高啊 逛街啊 你走啊 真准啊 好冷啊 真可笑啊 好清亮啊

真好听啊 大伙儿啊 好好儿的啊 没完没了了啊

准确读出下面的句子：

菜市场里的货真全啊！什么鸡啊，鱼啊，肉啊，盐啊，酱啊，粉丝啊，真是应有尽有啊！

（4）变调。

请为下面的上声音节按实际读音标调：

　　小老鼠　铁水管　李小姐　买古董

　　我有五把小雨伞。

　　省体委　铁脚板　小李　百米跑九秒九九。

　　诵读（选自梁实秋散文《勤》）：

　　早晨躺在床上睡懒觉，起得床来仍是懒洋洋的不事整洁，能拖到明天做的事今天不做，能推给别人做的事自己不做，不懂的事情不想懂，不会做的事不想学，无意把事情做得更好，无意把成果扩展得更多，耽好逸乐，四体不勤，念念不忘的是如何过周末如何度假期。这就是一个标准懒汉的写照……勤的积极意义是要人进德修业，不但不同于草木，也有异于禽兽，称为名副其实的万物之灵。

（5）轻重格式。

区分轻重格式并朗读下列词组：

　　　　　　造句（灶具）争气（蒸汽）失意（诗意）织布（支部）

　　　　　　翻船（帆船）闹事（闹市）识数（实数）散步（散布）

　　　　　　住院（祝愿）烦心（凡心）犯愁（范畴）泛读（贩毒）

11．绕口练习。

　　学好声韵辨四声，阴阳上去要分明；部位方法须找准，开齐合撮属口形。

　　双唇班必百波，舌尖当地斗点丁；舌根高狗工根故，舌面积结教坚精。

　　翘舌主争真知照，平舌资则早在增；擦音发翻飞分复，送气查柴产彻称。

　　合口呼无枯胡古，开口河坡歌安争；撮口须学寻徐句，齐齿衣优摇曳英。

　　前鼻恩音嫣婉稳，后鼻昂迎中庸生；咬紧字头归字尾，阴阳上去记变声。

　　循序渐进坚持练，不难达到纯和清。

　　　　七巷一个漆匠，西巷一个锡匠，

　　　　七巷漆匠偷了西巷锡匠的锡，

　　　　西巷锡匠拿了七巷漆匠的漆，

　　　　七巷漆匠气西巷锡匠偷了漆，

　　　　西巷锡匠讥七巷漆匠拿了锡。

　　　　请问锡匠和漆匠，谁拿谁的锡？谁偷谁的漆？

　　　　大门外有四辆四轮大马车，

　　　　你爱拉哪两辆就拉哪两辆。

　　　　小罗要拉前两辆，小梁不要后两辆。

　　　　小梁偏要抢小罗的前两辆，

　　　　小罗只好拉小梁的后两辆。

牛郎年年恋刘娘，刘娘连连念牛郎；

牛郎恋刘娘，刘娘念牛郎；郎恋娘来娘念郎。

老龙恼怒闹老农，老农恼怒闹老龙，

农怒龙恼农更怒，龙恼农怒龙怕农。

真冷，真冷，真正冷，冷冰冰，冰冷冷。

人人都说冷，身冷，心冷，透心冷。

猛地一阵冷风，更冷。

人能战胜风，更能战胜冷。

单韵母绕口练习。

八百标兵（一）

八百标兵奔北坡，北坡炮兵并排跑。炮兵怕把标兵碰，标兵怕碰炮兵炮。

八百标兵（二）

八百标兵奔北坡北坡炮兵并排跑炮兵怕把标兵碰标兵怕碰炮兵炮。

八百标兵（三）

八 de 百 de 标 de 兵 de 奔 de 北 de 坡，北 de 坡 de 炮 de 兵 de 并 de 排 de 跑。

炮 de 兵 de 怕 de 把 de 标 de 兵 de 碰，标 de 兵 de 怕 de 碰 de 炮 de 兵 de 炮。

咱这里大小马路分七段儿，九条胡同十道弯儿。工厂、机关占一半儿，还有中学、小学、游乐园儿。二十个商业服务点儿，仁医院来俩剧团儿。一共是三百一十所楼房和大院儿，这小孩儿家不会超出这一圈儿。只要她答上我问的一句话儿，就知道她家的街道和门牌儿。

进了门儿，倒杯水儿，喝了两口儿运运气儿，顺手拿起小唱本儿，唱一曲儿，又一曲儿。练完了嗓子我练嘴皮儿，绕口令儿，练字音儿，还有单弦儿牌子曲儿。小快板儿，大鼓词儿，越说越唱我越带劲儿。

12．阅读材料。

家乡的桥

作者　郑莹

纯朴的家乡村边有一条河，曲曲弯弯，河中架一弯石桥，弓样的小桥横跨两岸。

每天，不管是鸡鸣晓月，日丽中天，还是月华泻地，小桥都印下串串足迹，洒落串串汗珠。那是乡亲为了追求多棱的希望，兑现美好的遐想。弯弯小桥，不时荡过轻吟低唱，不时露出舒心的笑容。

因而，我稚小的心灵，曾将心声献给小桥：你是一弯银色的新月，给人间普照光辉；你是一把闪亮的镰刀，割刈着欢笑的花果；你是一根晃悠悠的扁担，挑起了彩色的明天！哦，小桥走进我的梦中。

我在漂泊他乡的岁月，心中总涌动着故乡的河水，梦中总看到弓样的小桥。当我访南疆探北国，眼帘闯进座座雄伟的长桥时，我的梦变得丰满了，增添了赤橙黄绿青蓝紫。

三十多年过去，我带着满头霜花回到故乡，第一紧要的便是去看望小桥。

啊！小桥呢？它躲起来了？河中一道长虹，浴着朝霞熠熠闪光。哦，雄浑的大桥敞开胸怀，汽车的呼啸、摩托的笛音、自行车的叮铃，合奏着进行交响乐；南来的钢筋、花布，北往的柑橙、家禽，绘出交流欢悦图……

啊！蜕变的桥，传递了家乡进步的消息，透露了家乡富裕的声音。时代的春风，美好的追求，我蓦地记起儿时唱给小桥的歌，哦，明艳艳的太阳照耀了，芳香甜蜜的花果捧来了，五彩斑斓的岁月拉开了！

我心中涌动的河水，激荡起甜美的浪花。我仰望一碧蓝天，心底轻声呼喊：家乡的桥啊，我梦中的桥！

小　结

本节重点是对普通话语音的教学，阐述了语言在行业乃至国家形象塑造中的地位，并将指令传递对语音规范的严格要求与航空安全相联系，从而强调了规范语音的重要意义。

思 考 题

1. 为什么要将普通话作为生活语言和工作语言？
2. 语言的规范对航空安全的意义真有那么重要吗？

第二节　空乘语言表达

语音规范仅仅解决了语音的标准问题，还不是普通话的全部，它还必须解决语流的问题。一个可以借鉴的体系，自然非播音体系莫属。它是一个经过长期实践检验的、科学的、被公众广泛接受的体系。航空公司各机组的工作中，规范化语言的重要性要求我们必须选取最为科学的体系，才能保证航空公司工作中的最佳服务和安全保障。

作为空乘机组人员，就其有声语言的学习和使用来讲，并非需要像媒体播音员那样辟出较多固定时间进行基本功的训练，但对基本共鸣和发声器官的训练也是很有必要的。它对空乘语言的准确生动和对嗓音的保护而言也有着积极意义。

我们着重在以下几个方面来解决基础问题。

一、口部操

目的：提高咬字器官的力度和灵活度。

口部操的练习，我们从唇部、舌头和面颊着手。

1. 唇部操

（1）喷。双唇紧闭，阻住气流，突然放开发出"po"音，声带不振动。不可满唇用力，巧劲要集中于唇的中央 1/3 处。注意，练习时切不可憋气，更不可将气息憋回到喉腔、胸腔。

（2）咧。双唇撅起，然后向嘴角用力，向两边伸展。可按照做广播操的节奏，每次做四个八拍。

（3）撇。双唇撅起，然后按"左—中—右—中"的方向撇，再按"上—中—下—中"的方向做动作（尽可能保持撅着的嘴唇），此为一个八拍，交替进行。可一次完成四个八拍。撅唇的动作不必保持到圆唇，只要唇部控制不散就行。

（4）绕。撅唇，然后顺时针环绕 360°，再逆时针环绕 360°。交替进行。注意左绕右绕的次数要一致，以防五官不正。

五官有不正者，也可借此逆向调整。

2. 舌部操

（1）伸。力求把口开大，提颧，要感觉鼻孔略微张开，再努力地把舌头直着往外伸，舌尖呈柳叶状越尖越好，伸完以后再往回缩，缩到最大程度，反复进行。也可以在舌头向外伸好之后，再按"缩—伸—缩—伸，缩—伸—缩—伸，左—中—右—中，上—中—下—中"顺序完成四个八拍。往上的感觉是够鼻子尖儿，往下是力求贴近下巴，力量都在中纵线上。

（2）刮。这一节对舌面音的练习有积极意义。舌尖抵下齿背（不放松），舌体用力往上挺，隆起，用上门齿的齿沿刮舌尖和舌面，反复进行。力量必须集中于中纵线。舌体不能呈卷帘状，也不能形成僵硬的一团，在刮的过程中要与上齿沿有节奏地互动。

（3）捣。把一个像枣核状的（最好是可食用的）物体竖放在舌面上，然后用舌面挺起的动作使它（一般是向前）快乐地翻卷起来，反复进行。这个动作不少人在孩提时代做过。

（4）弹。先将力量集中在舌尖，抵住上齿龈，阻住呼出的气流，然后突然打开爆发出"te"音，反复进行。应该注意，舌的力量要集中在中纵线，爆发时越有力越好。注意不要口沫四溅。

（5）顶。闭唇，然后用舌尖来顶内颊，左右交替进行，完成四个八拍。

（6）转。闭唇，把舌尖伸到口腔前庭（齿唇的中间），先向顺时针方向转 360°，然后再按逆时针方向转 360°，交替进行。注意左右次数的一致性。

（7）立。舌头自然平放在下齿槽，然后向左翻立起来，再向右翻立起来。这样来回翻立。这一节是为了锻炼舌头左右平衡的巧劲。

3.颊部操

如果颊部的肌肉没有力量，咬字就很含混，字音的清晰度就受影响，所以颊部的锻炼也很重要。颊部操只有一节——咬。做法是，"嘴角咧开—缩舌送唇—嘴角咧开—缩舌送唇"，反复进行，感觉上就是用力地做咀嚼动作，像是嚼咬木糖醇一样。

二、开口腔

打个比方，如果我们张嘴，在无意识的时候上下腭往往呈现"横V"字形（图2.9），按声波入射角与反射角等同的原理，所发出的声波会呈现放射状，声波距离出发点越远，音量就越小。

同理，如果口腔能呈现"横U"字形（图2.10），则声波发出后就会产生两个效果：一是在U形底部（相当于口腔后部的咽壁）会导致声波回环形成后声腔的共鸣；二是依据声波折射的原理（这是一个相对复杂的过程），打在咽壁上的声波"最终"会沿着上下腭形成的管状通道以声束的方式发送。从图2.10可以看出，在同等条件下，距离对这个声束音量的影响就小得多。可以说这样发出的声波具有穿透力。

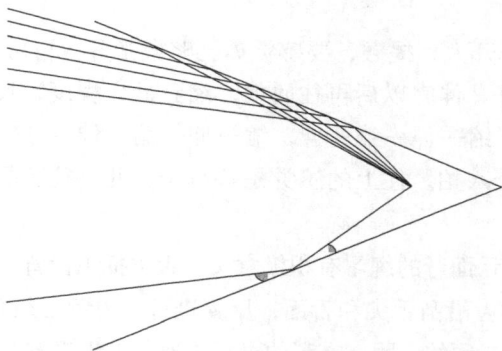

图 2.9　口腔打开呈"横V"字形的声波形状

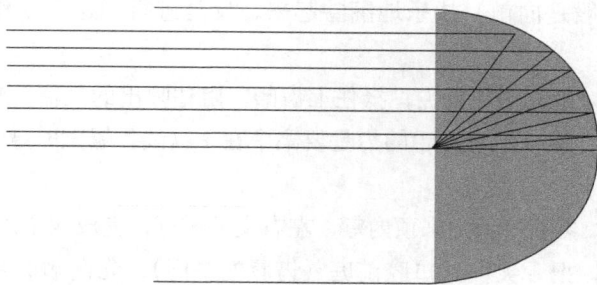

图 2.10　口腔打开呈"横U"字形的声波形状

不同的元音，后声腔的开度也不同，所以不能在练习打开口腔时一味地把后声腔开得过大。

因此我们可以说，打开口腔，就是打开口腔的后声腔。打开口腔的目的，是使韵母发音圆润而响亮。因为我们知道，音节的响亮主要体现在韵母上。

从吐字归音的角度可以看出，韵母的响亮，主要在于韵母的主要成分——元音的开度上，因此，声音亮度和音节共鸣的练习，集中在元音的练习上。

元音的准确与否在于口腔的开度是否体现了每个元音的口腔开度和它带出的声音共鸣。因此，打开口腔的练习，练习元音发音是最好的切入点。

为了实现科学地练声打开口腔，诸多播音前辈和教师都用了不少心思寻求和总结各种方法。要让学生明白：①开口腔的目的；②开口腔主要体现在哪个部位；③每个元音口腔开度不同；④能够循序渐进，长期坚持。方法可以不尽相同，也不必太杂，只要效果与目标一致就行。

为了不致到处寻找方法，在播音界"提颧肌、打牙关、挺软腭、松下巴"（以下简称"提打挺松"）精神的原则下，此处提一些建议，不妨一试：

（1）大多数人在发音时都容易"嘴懒"，所以对以"a"为主要元音的音节组成的绕口令可以帮助大家解决问题。如：

> 哥挎瓜筐过宽沟，
>
> 赶快过沟看怪狗，
>
> 光看怪狗瓜筐扣，
>
> 瓜滚筐空哥怪狗。

（2）"提打挺松"练习。

提颧肌：10 次，每次 10 秒。一开始可以用手加以辅助和自行提颧交替进行练习，熟练自如之后不再用手。可以用微笑的方式体会提起颧肌，但不能误以为提颧肌就是微笑，因为不微笑时颧肌依然可以提起。明白这点，在今后播严肃稿件时才不至于闹出笑话。

打牙关：轻轻敲打两侧大牙 5 次，每次 10 秒，使后声腔相连的肌肉组织灵活起来。

挺起软腭半打哈欠：5 次，每次 10 秒，体会软腭展宽和后声腔正常打开的感觉。

体会自然放松下巴的感觉：不必刻意下压下巴。实际上，打开口腔，上腭并不能打开，它是通过下腭放松后依靠关节来实现的。下腭紧张就会牵动喉头紧张，发声吃力。

咀嚼：以正常嚼咬苹果的方式，采用一定的节奏，反复做咀嚼动作，四个八拍较好。

同学们必须明白，所有的技能训练都仅仅是方法。我们需要注意的是用这些方法训练的最终目的。开口腔有利于韵母以至于音节的圆润和响亮，但不能因此就不管不顾、没有节制地将口腔开得很大（当然这也是违背自然规律的、不现实的）。

什么事情都有一个度，超过这个度，轻则达不到应有的效果，重则出现事故。曾经出现的牙关脱白就是过分打开口腔所导致的教学事故，必须引以为戒。

三、吐字归音

吐字归音是将汉语普通话以微观的方式加以分析并运用于实践，使普通话音节更完整和精准的便捷有效途径。

播音发声对吐字的要求是准确、清晰、圆润、集中、流畅。

（1）准确，字音的准确规范，即"字正"。这个要求精准到常人不易察觉的发音部位、发音方法，乃至唇形、舌位和字调、语调的细微要求。

（2）清晰，是在发音精准前提下的语音的纯净程度。它要求播音员不要因为发音的问题导致受众接收的声音信号刺耳、不清晰而影响了信息的传递。

（3）圆润，这里的圆润是有别于嗓音的，是对发好字音的感觉，犹如说唱艺术的"吐字如珠"，因而发音不能干瘪、松散。这里所指的圆润，还是对吐字的审美要求，从而达到"腔圆"。它所形成的共鸣，使语音悦耳动听，丰富了汉语普通话的语音音色。

（4）集中，就是声音要集中。声音集中就有穿透力，播音就省力，可以达到事半功倍的效果。

（5）流畅，可以看作将圆润饱满和纯净的、具有穿透力的如玉如珠的字音，以一定的规律串联起来，犹如音符形成的旋律，既有音乐之美，又富于情感的表达，它是灵动的，又是畅达的。

我们知道，汉语音节由1~4个音素组成。汉语语音结构将音节分解为字头、字腹、字尾三部分。具体细分，如表2.4所示。

表2.4 音节的具体细分

例字（类型）	字头 声母	字腹 韵母 韵头	字腹 韵母 韵腹	字尾 韵母 韵尾
广（头腹尾完整）	g	u	a	ng
刚（有头腹尾）	g		a	ng
王（有头腹尾）	w		a	ng
昂（无字头）			a	ng
挂（无字尾）	g	u	a	
嘎（无字尾）	g		a	
啊（无头尾）			a	

在对吐字归音的认识和实践过程中，人们往往乐于借鉴民间说唱艺人"枣核形"这一生动形象的方式来加以阐释和领会。如图2.11所示。

吐字归音是播音主持专业人员的基本功，要做到字正腔圆，就要懂得如何运用吐字归音的技巧，使字音符合汉字出字、立字、归音的规律，而出字、立字和归音的实现，也是对应于字头、字腹和字尾的把控来实现的。

如图 2.11 所示，吐字归音把对字头、字腹、字尾的处理分别称为出字、立字、归音。吐字归音要领集中体现在以下几个方面。

出字	立字	归音
字头	字腹	字尾

声母	韵头	韵腹	韵尾
声母	韵 母		

图 2.11 吐字归音的枣核形示意图
（资料来源：吴弘毅，2002. 实用播音教程 [M]. 北京：北京广播学院出版社，有改动）

（1）出字，出字有力，叼住弹出。在整个音节的发音过程中，出字好比给字音指明了方向，因此，成阻部位要准确（字正）。还要把握一定的力度，不能模棱两可。一个"叼"字，形象地阐明了咬字要恰到好处。犹如老虎叼着虎崽过山涧，咬重了就伤着虎崽，过松了虎崽就可能掉入山涧被摔坏。

（2）立字，立字饱满，拉开立起。从枣核形来看，这一阶段时值最长，发音要饱满、圆润。这个阶段的口腔开度最大，共鸣丰富，声音温润而响亮，它将语音音色展露无遗，使普通话的音乐性有了坚实的基础。"拉开"，是指字头到字腹的过渡要尽快打开。"立起"是指主要元音要在发音中具有足够时间，使这一阶段的声音足够响亮，音色足够圆润，听起来像是使字音"立"起来了。

（3）归音，弱收到位，趋势鲜明。弱收，就是使字音逐渐结束，到位就停，干净利落，不能含糊（含糊就会导致与后面的字音相互影响甚至发生粘连，形成"吃字"）。

到位要准就是趋势鲜明。归音一旦张冠李戴，整个字音就偏离初衷了。如发前鼻音，舌尖就要向前（与上齿背）成阻，如果舌头瞬间多了一个后缩的动作，"趋势"一错，就可能导致后鼻音的产生。这岂不张冠李戴了吗？

要知道，直呼音节，更多地出现在对幼儿的语音教学上。而事实上，汉语音节的美，很多时候呈现于它的发音过程。吐字归音就很好地诠释了这个道理，展现了这种美感。汉语的语音音色在这里也表现得淋漓尽致。懂得这点，我们对吐字归音的认知和掌握就深刻、准确。

四、共鸣

共振是物理学上的一个运用频率非常高的专业术语。共振在声学中亦称"共鸣"，它指的是物体因共振而发声的现象，如两个频率相同的音叉靠近，其中一个振动发声时另一个也会发声。

我们这里要研究的是，当一个微弱的声音发出以后，能否引发相邻区域的共鸣从而使这个声音扩大和美化。它也应当是一个共鸣审美的命题。播音和其他艺术形式的声音一样，对人类社会是具有审美意义的。

归根结底，我们在此研究共鸣，就是如何使空乘人员在电视专题片的配音、空中即时广播和与旅客面对面交流中，能用优美持久的嗓音传达准确清晰的指令，实现良好的沟通，

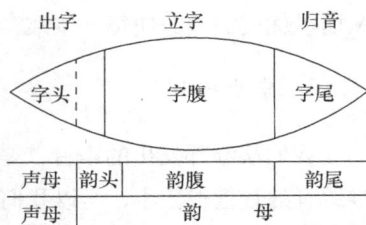

从而以优质的服务使每一位乘客宾至如归，安全愉快地抵达目的地。

1. 中音共鸣

我们从喉部发出的声音，是肺部呼出的气流振动声带所致。这个声音我们称为喉原音。喉原音的音量很微小，所以我们需要借助共鸣来扩大和美化它。

任何一个腔体，只要有空间、有声波进入（不论何种方式进入），就必然会产生共鸣。腔体大小和进入音量的多少与共鸣大小成正比，腔体大小与声音频率的高低成反比。

喉原音发出后，在喉腔就已经开始产生一定的共鸣效果了。随后，声波兵分两路，一路往下到了胸腔，形成胸腔共鸣和较为明显的低音共鸣。另一路则直奔咽腔、口腔和鼻腔等共鸣腔体，在鼻腔和头腔形成不同效果的高音区共鸣，在口腔、咽腔等处形成中音区共鸣。

因为低音共鸣往往带有沉重的氛围，而高音区共鸣虽然明亮，又常常显得尖利刺耳（唱歌不同，是因为它有着同口语不同的音乐旋律），只有中音区共鸣处于人们所习惯的自如声区。这个区域的共鸣适中，易于运用，音色丰富且富于感染力。正因为此，艺术家们才创作出无数催人奋进、如歌如诉的有声语言的作品，显现语言艺术的华彩。他们将文字语言通过这种巧妙的共鸣传达到人们的内心，表达着爱恨情仇，推动着人类文明的进步。

为了成就空乘人员的语言之美，使空乘人员的用音能够科学持久，成就空乘工作服务社会的美好目标，本书引入艺术语言所长期运用的这种共鸣方式，对提升我国航空服务品质有着特殊的意义。

2. 如何练习共鸣

我们的肌体不同于机器，是不能通过机械的方式改变性状的，所以改善音色是漫长的。由于我们的生活习惯各不相同，用声习惯也因为肌体差异、语言环境和个人成长背景、文化环境的不同而有差异，共鸣习惯、共鸣好坏当然也就不尽相同，所以，我们要有针对性地制订个体的练习计划，时间也有长有短。当然，练声是长时间的事情，从共鸣意识的建立到共鸣的优化状态更需要鉴赏能力的提升和时间的磨砺，不可能一蹴而就。

3. 共鸣、练声与健康

气息是声音的动力。播音发声使用的是胸腹式联合呼吸。它可使共鸣在一个稳定的状态下逐渐明晰和被调动。因此，在练习共鸣时我们会将气息的练习捆绑进行。

气息的练习会促进血液循环功能。在不知不觉中，随着时间的推移，气息稳定了，身体健康维系了气息对嗓子的支撑，嗓音（音质不可改变，但音色可以改善）随之美化。

（参见第三章"基本共鸣训练"部分所做的详细讲解。）

五、嗓音保护

随着航线航班的不断增加，空乘人员的工作量可能也会增大。加上长期从事耗费嗓音的工作，嗓子的载荷自然是个问题，保护嗓音显得十分重要。

嗓音保护最根本的一条就是正确用声。凡是有不正确发音习惯的人，应该及时改掉错误习惯，掌握科学的发声方法。

在繁忙的工作中，力求避免超时超量超负荷使用嗓子。尤其在休息时间，要尽量少说话，使嗓子得到充分的休息。

长期用嗓的人，一定要重视科学发声，但仅注意科学发声还不够，为了保护嗓音，防止疾患，日常生活中还需要注意以下几点。

（1）保持身体健康。嗓子的健康有赖于身体的健康。我们需要加强体育锻炼，但务必顾及我们工作的性质，注意选取适当的运动方式。长期进行剧烈的运动就不适合，如举重、推铅球、短跑、长跑等。特别是在练声和工作用嗓的前后，切不可激烈运动。

（2）保持心理健康。长期处于紧张压抑状态的人，发声的时候心理负担过重。我们主张精神上要有张有弛，才能保证心理健康。神经衰弱会使发声器官失调，造成一系列喉部疾病，音哑、声嘶甚至完全失声。

（3）保证充足睡眠。空乘人员的工作往往没有规律，睡眠一定要充足。只要有机会，一定要"补课"。睡眠不足会引起声带充血、喉肌疲劳，致使声音黯淡嘶哑。当然，睡眠要充足并非主张睡懒觉。除了当班的工作需要，力求生活起居有科学节律。长期熬夜、晚睡晚起都是健康杀手。我们知道，最佳睡眠时间是晚上十点，晚上十一点开始到凌晨五点是胆、肝、肺排毒的最佳时机。保证这段时间的睡眠，就能有效保证睡眠质量。

（4）不过量饮用烟酒。抽烟会使声带黏膜干燥、充血、肥厚，喉下分泌物增多，从而引起声音变低、音色沙哑等。科学实验早已公示，长期吸烟的人，由于烟熏，其内脏色泽与常人有着明显区别，相关的疾病和癌症发病率也会增高。饮酒过量，除了辛辣对喉部的直接刺激以外，还会使大脑以及发声器官功能失调。

（5）注意合理饮食。饮食要选择，要避免进食自己不习惯的刺激性食物。例如，有的人吃含糖量比较高的食物，就会引起暂时性的不适应，甚至是声音喑哑。对于有些辛辣食物，如辣椒等，也要根据生活环境逐步适应。

（6）女性的生理期常会伴有声带充血、水肿、声音嘶哑等问题，可适当减少用声。

（7）工作之余要注意用声适度，不要声嘶力竭，高声喊叫。

（8）用药要谨慎。治疗急性炎症，最好不要使用激素类药物。禁止无病服药。有人习惯喝水，这很好。但是，为了保护嗓子就非要泡上各种药物的做法就有失明智。俗语说"是药就有三分毒"，不无道理。播音前辈们说"嗓音是练出来的，不是养出来的"，这也是硬道理。

播音员常常会在嗓音疲劳时用气泡音帮助消除疲劳。气泡音是在气息的流量最小、压力最自然的状态下任由声带全振发出的。它是一个对缓解嗓子疲劳很有效的整理运动。具体做法是，喉部放松，喉结位置适中，气吸到五到七成，使其发出比较明亮的颗粒性较强的气泡音。如果一时发不好，可以做几次伸舌的动作，开大口，舌头用力地向外伸。这样可以起到调节喉结紧张度的作用。发气泡音也可以当作练声之前的"热身"运动。

共鸣的运用和开口腔的道理一样，不仅丰富了我们的音色，增强了有声语言流动的美感，还减少了我们对气息的浪费，使我们能够在不太费气的情况下将声带的生命期延长。这对于有声艺术工作者、有声语言工作者都十分宝贵。因而我们可以说，"坚持正确使用普通话，可以保护嗓子，可以改善音色"并非夸大其词。

随着物质生活水平的提高，人们对精神生活水平的追求也越来越高。人们在使用有声语言时，不再是那种简单地只要求把声音发出来，而是越来越需要声音好听。共鸣的作用是扩大声音和美化声音，所以持之以恒地练习共鸣和领悟共鸣的精髓就显得至关重要。这种领悟必须长期静心体验，随着时间的推移才可能有对比，才可能有效果。所以对共鸣练声的长期坚持，才是可以帮助我们获取良好声音效果的有效途径。任何一蹴而就的想法都是徒劳的。

说话时间比较长、说话频率比较高的人，有必要进行共鸣练习。

中音共鸣的广泛使用，与时代的进步密切相关。那种一味强调高亢激昂的时代已经远离现实。当我们将语言真正融入生活时，我们会发现，每天早中晚的播音用声都有着不同的情景。早晨的播音更多展现活力和积极的精神状态；在人们午休时间，播音员的音高音强是需要加以控制的，趋于平静；晚上，当人们下班后晚餐时，播音更多地体现放松状态，就好像与受众一家老小面对面地坐在一起，以交流感较强、更接地气的方式给受众传达当天的国内外新闻。在这种生活背景下，低音区共鸣容易造成沉重感，高音区共鸣容易使人烦躁，中音区的共鸣最为亲切。

练习

1．共鸣的作用是什么？为什么要提倡中音区的共鸣？
2．"提颧肌"就是指打开口腔需要微笑吗？
3．吐字归音的要领是什么？

小结

掌握科学发声，不仅可以使空乘人员的嗓音得到保护，其优美的嗓音更可以使和乘客的交流更加亲切温馨，也能有效地提升航空服务的质量。

思考题

如何理解优美动听的普通话和规范的文字语言一样，是民航事业不可或缺的名片？

第三节 空乘语言表达的实用技巧

一、客舱广播和沟通的实用技能

"沟通"一词，汉语的原意是指两处的水通过挖沟开渠使其相互流通畅达的意思。例如，《左传·哀公九年》："秋，吴城邗，沟通江、淮。"沟通有名词和动词之分，作为名词的沟通是指一种状态，作为动词的沟通是指一种行为。沟通一词后来用于比喻两种思想的交流与分享等。在信息社会，常见的沟通分为以下四种理解。

（1）交流说。沟通，就是用语言交流思想，其代表者是美国的学者 J. 霍本。他认为沟通是传播者与接收者有来有往的双向活动。

（2）分享说。沟通，就是传播者和接收者对所交流信息的共享，其代表者是美国的学者韦伯·施拉姆。

（3）媒介说。沟通，就是通过大众传播和人际沟通的主要媒介所进行的符号传送。其代表者是美国学者伯纳德·贝雷尔森。

（4）劝服说。沟通，就是传播者欲通过劝服对接收者施加影响的行为，其代表者是美国学者 J. 露西。

上述理解，从不同角度描述了沟通的内涵。从现代意义上去理解，沟通是人们在互动过程中，通过某种途径或方式，将一定的信息从发送者传递给接收者，并获取理解的过程。这种信息可以是文字信息，也可以是态势语言的信息。客舱广播的沟通多为态势语言的信息沟通。

1. 客舱广播沟通的基本要素

（1）发送者。指沟通过程中发送信息的主体，即民航广播员。客舱服务的特殊性，决定了广播员发送的信息存在有意、自觉、目的明确的特点。

（2）编码。指发送者将所要传递的信息，按照一定的编码规则，编制为信号。这要求民航广播员充分考虑旅客作为接收者的实际情况，所选的代码或语言要有利于理解与交流，以免出现令旅客茫然不知或无所适从的现象。

（3）信息传递。指发送者通过媒介传递信息。媒介是确保信息正常交流的物质基础。它作为构建于传送者和接收者之间的信息网络，能以多种形式相互传递和交流传者、受者的信息。通常情况下，民航广播员会利用广播或人际交流的方式，让乘客理解民航工作、了解民航法规、增强民航写作、促进民航发展。

（4）接收者。指沟通过程中信息接收的主体。它同样受到内容选择、媒介压力、个人形象与个性结构等因素影响，还可以对符合自己本意的信息产生各种预期效果，或对与自己本意不相符的信息进行解释、怀疑，使效果减小或无效。在客舱服务中，接收者通常指代不同类别的乘客。

（5）译码。也称"解码"，指信息的接收者按照一定的编码规则将所接收到的信号解释、还原为自己的语言信息，以达到沟通目的。

（6）理解。指接收信息的反应。成功的沟通，应该是发送者的意愿与接收者的反应一致。

（7）反馈。指信息接收者在接收到信息后，将自己的反应信息加以编码，通过选定的渠道回传给信息的发送者。这种传者与受者之间角色的转换，是沟通必不可少的基本环节，它对掌握动态、发现问题、促进沟通双方共同发展具有重要作用。

（8）噪声。指在信息传递过程中，干扰信息传递的各种形式。它可分为外部噪声（来源于环境）、内部噪声（来源于沟通双方的注意力）、语义噪声（来源于人们对词语情感上的反应）。

2．客舱广播沟通的6C守则

为了更有效地进行沟通，在客舱广播沟通过程中要遵循 6C 守则，即清晰（clear）、简明（concise）、准确（correct）、完整（complete）、有建设性（constructive）、礼貌（courteous）。

（1）清晰。指表达的信息完整、顺序有效，能够被信息接收者所理解。

（2）简明。指表达同样多的信息要尽可能占用较少的信息载体容量。这样既可以降低信息保存、传输和管理成本，也可以提高信息使用者处理和理解信息的效率。

（3）准确。是衡量信息质量最重要的指标，也是决定沟通结果的重要指标。不同的信息往往会导致不同的结论和沟通结果。

（4）完整。指表达的信息描述完整，没有遗漏，否则会出现"盲人摸象"的现象，即因片面的信息导致判断错误和沟通错误。

（5）有建设性。指对沟通目的性的强调。沟通不仅需要考虑所表达的信息要清晰、简明、准确、完整，还要考虑信息接收方的态度和接受程度，力求通过沟通使对方的态度有所改变。

（6）礼貌。情绪和感受是影响人们沟通效果的重要因素。礼貌得体的沟通形式，有利于沟通目标的实现。

3．客舱广播沟通的内容设计

要进行有效的交流，不仅需要认知有效沟通的基本要素，遵循有效沟通的 6C 守则，还要设计有效沟通的基本内容。有效沟通的基本内容可概括为六个方面的问题，通常称"5W+1H"，即何因（why）、何人（who）、何事（what）、何地（where）、何时（when）、如何（how）。

（1）何因，就是沟通的目标、目的。确定沟通目标是一件非常重要且不容易的事情。民航广播员首先要确定与旅客沟通的底线，包括沟通双方的理解能力、态度转变、行动能力和意愿空间。在与旅客的人际沟通过程中，还要注意区分主动沟通方、被动沟通方和对等沟通方。

主动沟通方在沟通过程中是沟通目标明确的一方，往往处于有利地位，但也有被对方拒绝的时候，在沟通中就要尽量防止出现被另一方中止沟通的状况出现。

被动沟通方是指事先没有计划，也没有明确沟通目标，只是被动卷入沟通过程的一方。

对等沟通是指在沟通之前各方都具有一定计划和目的的沟通过程。

（2）何人，是指沟通的对象。在沟通过程中，我们不能把所有的注意力都集中在自身的沟通目标上和沟通信息的清晰、简明、准确及完整上，而忽略沟通另一方的感受。这样的沟通效果不佳，甚至会导致沟通失败。因为使用同样的沟通信息、方法和过程，对不同的沟通对象产生的沟通效果是不同的。评价沟通效果如何，最终标准是接收信息一方的理解和接受程度，而不是信息传递方表达的清晰程度。有时，一个十分准确的表达方式所带来的结果只能是信息受众的一片茫然甚至误解。

（3）何事，是指沟通的主题，这是沟通活动要紧密围绕的核心问题或话题。主题的作用主要体现在它是串起所有相关信息的线索。在沟通过程中，主题作为基本的背景和对象，是帮助沟通者理解和记忆沟通内容并做出反馈的主要依据。

（4）何地，是指沟通活动发生的空间范围，包括地理区域、特定场所和室内布置等。沟通的地点常常被称为场合，不同场合会影响沟通效果。因为场合决定着人们对信息的解读方式。人们通常会根据经验形成一些思维定式或习惯，这些思维定式和习惯是人们快速解读信息的线索。

（5）何时，时间对沟通效果的影响是多方面的。每个人在一天中情绪、体力、注意力并非都处于最佳状态。在同一时间内，不同的人在情绪、体力、注意力上也是不一样的。针对不同时段的航班，统一信息的广播内容也应该使用与时间相匹配的语气语调。如果时间选择不当，自然会影响沟通的效果。

（6）如何，是指如何实现沟通目标，采用何种手段来实现沟通目标。这是沟通中最复杂、最困难的要素。例如，要实现沟通目标，我们要考虑信息的表现形式是什么，可以是文字、图片、多媒体，也可以选择身体语言、符号标志、模型等；还要考虑是口头表达还是书面表达，是用归纳法还是演绎法，是采用庄重的表达风格还是轻松的表达风格；在什么时间进行沟通最合适，要安排在怎样的场合进行沟通等。应该根据不同的情况选择最合适的表达方式，特别是要根据沟通的需要创造恰当的沟通气氛。

4. 客舱广播沟通的基本技巧

众所周知，说话是人的基本技能之一，也是一种极为重要的人类活动。据心理学统计，人类每天用于说话的时间平均是 1 小时，而服务行业的语言使用频率更是超过了 1 小时。例如，从登机口的鞠躬微笑问候，到客舱内安全示范、巡视客舱、送餐、沟通、播音等都需要乘务员说话。单是送餐一项，"请问您想喝点（吃点）什么？"这句话就要问上 100 多遍。而且整个航程，也许只有在正常起飞后的上升和降落的几分钟，空中乘务员才可以安静坐在位置上。一旦遇到飞机延误、天气原因等飞机无法降落等不利因素，面对乘客的不满、质问，空中乘务员需要用语言沟通的时间会更长。所以，掌握客舱广播沟通的基本技巧就显得至关重要。

1）标准普通话是中文表达的基础

中国，是一个国土辽阔、民族众多的国家，悠久的人文历史孕育了丰富的地方语种。不同语种的表达方式，受到了地理区域的限定。但作为代表国家、民族、公司形象的客舱服务人员，发音吐字是沟通中至关重要的问题。不论面对中国某个地方的旅客，还是世界某个国家的旅客，都必须使用标准、流利的普通话或相应语言进行沟通。所以，每一位客舱工作人员都应该注意克服发音吐字方面的不良习惯。具体表现如下。

（1）鼻音：从鼻中发出的堵塞的声音，听起来像感冒声，音色暗淡、枯涩。

（2）喉音：声音闷在喉咙里，生硬、沉重、弹性差。

（3）捏挤音：挤压声带、口腔开度小而发出的声音，音色单薄、发扁。

（4）虚声：气多声少的声音，有时在换气时带有一种明显的呼气声。

以上是常见的错误发声，必须克服这些错误的习惯，才能做到发音圆润动听、吐字清晰悦耳。

2）用柔性语言架起乘客间沟通的桥梁

语气亲切、语调柔和、措辞委婉、说理自然，善用商量的口吻与人说话，这样的语言会使人感到愉悦亲切，有较强的说服力，往往能达到以柔克刚的交流效果。

同样的话语也有不同的表达方式："这个问题我不知道"（显得生硬），"很抱歉，我不是十分清楚，我马上帮您查询一下"（显得温和）。一般情况下，用肯定的语气说话比用否定的语气说话效果更佳，会让乘客感到柔和、亲切一些。

二、客舱广播和沟通的实际类型

1. 常见的沟通类型

1）按照沟通的组织程度划分

（1）正式沟通。指在一定的组织机构中，通过组织明文规定的渠道进行信息的传递与交流，如各种会议、汇报制度等。

在正式沟通中，按照信息传递的方向，又可分为上行沟通、下行沟通和平行沟通。以公文为例，下级机关向上级机关所做的演示、汇报，就是上行沟通；上级机关向下级机关所发的命令、指示，就是下行沟通；平行机关所发的函，就是平行沟通。

（2）非正式沟通。指通过正式沟通以外的渠道所进行的信息传递和交流。这种沟通是建立在组织成员之间的社会和感情基础之上的，人们以个人身份所进行的沟通活动，如朋友聚会、邻居聊天、私下交换意见、背后议论等。

2）按沟通时对媒介的依赖程度划分

（1）直接沟通。是直接面对沟通对象所进行的信息传递和交流。直接沟通无须沟通媒介参与，是以自身固有的手段进行的人际沟通，如谈话、演讲、授课等。

（2）间接沟通。是指需要媒介参与的人际沟通，是通过文件、信函、电话、电子邮件、广播等媒介进行的信息传递和交流。

3）按沟通时所使用的符号形式划分

（1）语言沟通。

（2）非语言沟通。

（以上内容第一章第二节有所讲解。）

4）按沟通是否具有反馈的情况划分

（1）单向沟通。是指信息单向流动的沟通。接收者只接收信息而不向发送者进行信息反馈，即信息的发送者和接收者的地位不发生改变的非交流性信息传递活动，如会议、报告、演讲等。单向沟通具有信息沟通速度快、条理性强，且不易受干扰等特征。

（2）双向沟通。是指信息双向流动的沟通。在沟通过程中，信息的发送者和接收者的地位不断发生改变，即信息的发送者和接收者既相互发送信息，又相互反馈信息，如讨论、谈话、谈判等。双向沟通具有传送信息准确，接收信息自信心较强，且易受干扰和缺乏条理性等特征。

2．一般广播词

民航广播员在实际工作中会根据地面、客舱的不同情况，进行广播语音。以客舱服务为例，会进行登机、欢迎、餐食、意见、检查、落地等一般广播。各个航空公司的一般广播词会有细微的差别。以下为各航空公司所通用的一般广播词。

1）防止登错机广播（旅客上齐后关门前广播）

尊敬的旅客朋友们：

早上（下午、晚上）好！欢迎您乘坐四川航空 3U3084 号航班，由成都前往北京，今天由于 ____ ［①飞机晚到；②航路上天气；③航路上军事禁航；④航路上交通管制；⑤机场跑道繁忙；⑥飞机排除故障；⑦航路上（机场）导航设备故障；⑧等待旅客；⑨装货；⑩雷雨；⑪大雾；⑫台风；⑬大雪；⑭飞机除冰］原因，造成了本次航班的延误，耽误了您的行程，为此我们深表歉意。请各位旅客再次确认您的机票与登机牌。

谢谢！

2）限制使用电子装置、安全检查广播

尊敬的旅客朋友们：

非常高兴与您相聚在四川航空的班机上，现在舱门已经关闭，如果您有任何的需求，请与我们联系，我们将竭诚为您提供及时周到的服务。

作为您的朋友，为了您的安全，请允许我们提醒您，在整个飞行过程中禁止吸烟，请全程系好您的安全带，为了避免干扰通信导航系统，请关闭手机电源包括飞行模式手机等电子用品。当飞机平飞后，您的手提电脑可以正常使用。

3）安全示范广播

尊敬的旅客朋友们：

现在，乘务员将为您介绍氧气面罩、安全带的使用方法和紧急出口的位置，请注意我们的示范和说明。氧气面罩储藏在您头顶上方的壁板里，当发生紧急情况时，面罩会自动脱出，请您用力向下拉面罩，然后将面罩罩在口鼻处，把带子套在头上就可以正常呼吸。每位旅客座椅上都有一条可以对扣起来的安全带，请您将安全带扣好并确认。如需要解开，只须将金属扣向外打开即可。本架飞机客舱内共有4个紧急出口，前舱2个，中间2个。请不要随意拉动紧急窗口的手柄。客舱通道及出口处都设有紧急照明灯，紧急情况下请按指示灯路线撤离飞机。《安全须知》在您前排座椅背后的口袋里，请您在起飞前仔细阅读。

谢谢！

4）起飞前再次确认广播

尊敬的旅客朋友们：

我们的飞机马上就要起飞了，请您再次确认安全带是否系好。谢谢！

5）航线及服务介绍（起飞后3分钟广播）

尊敬的旅客朋友们：

欢迎您选乘四川航空公司的班机。我们的飞机已经离开成都前往北京，飞行距离为1 600千米，预计空中飞行时间2小时35分钟，飞行高度8 000米。在本次航程中，我们将飞经的城市有西安、太原，我们还将飞越长江、黄河（山川、河流类）。预计到达北京的时间是14点55分。

在您座椅上方设有阅读灯、通风口和呼叫按钮，座椅靠背的调节钮在您的扶手旁。为了防止飞行中因气流变化而引起的颠簸，我们提醒各位旅客：请您全程系好安全带。

谢谢！

6）餐前广播

尊敬的旅客朋友们：

我们将为您提供餐食（点心餐）、茶水、咖啡和饮料，欢迎您的选用。需要用餐的旅客，请您将小桌板放下。为了方便其他旅客，在供餐期间，请您将座椅靠背调整到正常位置。

谢谢！

7）意见卡

尊敬的旅客朋友们：

欢迎您乘坐四川航空公司航班，为了帮助我们不断提高服务质量，敬请留下宝贵意见，谢谢您的关心和支持！

8）下降前广播

尊敬的旅客朋友们：

我们的飞机将在30分钟后到达北京首都国际机场。根据现在收到的天气预报，北京地面的天气状况是晴（有雾／有雨／有雪），地面温度为26℃，请各位旅客提前整理好您的随身物品。飞机已经开始下降高度，请您配合乘务员做好客舱安全检查工作，请您坐好，系好安全带，收起小桌板，调直座椅靠背，打开遮光板，下降期间洗手间停止使用，为了飞行安全请关闭手提电脑等电子用品。我们将为您介绍北京（目的地城市）的旅游景点和风俗人情。

9）落地前再次确认广播

尊敬的旅客朋友们：

我们的飞机马上就要着陆了，请您再次确认安全带是否系好，在舱门开启之前不要打开手机电源。谢谢！

10）落地广播

尊敬的旅客朋友们：

欢迎您来到北京（城市名），本架飞机还需要滑行一段时间，在安全带信号灯熄灭前请不要站立或打开行李架。在飞机没有完全停稳之前请不要开启和使用手机。下机时请带好全部手提物品，您托运的行李物品下机后到候机室出口领取。

继续前往的旅客，请在座位上稍加等候，具体事宜我们稍后广播通知您。

航班延误：今天由于飞机晚到［①航路上天气；②航路上军事禁航；③航路上交通管制；④机场跑道繁忙；⑤飞机排除故障；⑥航路上（机场）导航设备故障；⑦等待旅客；⑧装货；⑨雷雨；⑩大雾；⑪台风；⑫大雪；⑬飞机除冰］原因，造成了本次航班的延误，耽误了您的行程，为此我们再一次向您深表歉意。

感谢您选乘四川航空的班机旅行，感谢您对我们工作的大力支持，更希望四川航空与您结成永远的朋友。

各位旅客，下次旅行再会。谢谢！

3．客舱服务中的人际沟通

1）说服航班中的不文明行为

说服不是件容易的事情，将会遇到种种有形、无形的抗拒，要说服有效更难。这不仅要求说服者的人品令人信服，而且要以对方关心的事为话题，符合对方的理解思路。一般来说，应从赞赏和鼓励开始，给对方留有面子，让对方能够理解你的难处和航空公司的规定。

2）对违规旅客巧妙地说"不"

旅客违反安全规定要制止，但要注意沟通方法，尽量避免矛盾激化。例如，按照航空公司的规定，不允许私自穿救生衣，可是有的旅客在乘务员演示时因好奇把救生衣拿了出来，这时乘务员要立即进行制止并进行说服教育，说明利害关系。从旅客的角度考虑，可以这样沟通："这位旅客，您好！我很理解您此刻的感受。但这种救生衣是一次性用品，一旦打开后这件救生衣就报废了，在飞机遇到危急情况时您和他人的生命就无法得到保证。所以请您将救生衣放回原处，好吗？"

沟通的方法应视旅客行为带来的后果（是否危及飞行）及旅客行为的性质（无意或有意）而定。

乘务员在迎客时应注意观察，若旅客有不当行为应及时制止。例如，旅客将机上存放的应急设备拿下来，然后在此位置放上了自己的行李，此时乘务员应巧妙地询问行李的主人是谁，然后帮旅客找一个妥善的位置安排，最后礼貌地向旅客解释此位置是用于存放应急设备的，希望旅客能够理解配合。乘务员在处理事情上应顾全大局，把握好"度"，在自己能力范围内可以解决的，可事后向机长汇报，以免干扰机长的正常工作，避免因处置过度而造成航班的延误。

3）善于处理飞机延误

当飞机延误时，旅客的情绪普遍烦躁，乘务员要用更加周到的服务来缓解旅客的烦躁和焦虑情绪。同时，要在解释时阐明航空公司是以安全为根本的，以求得到旅客的理解和支持。

4）与特殊病人巧妙沟通

在长航线的旅途中，乘务员针对特殊病人的沟通，一定要讲究技巧，多给予关心和鼓励。例如，有经验的老乘务员往往用"不用担心，我们会像医护人员一样照顾您"等温暖的话语，来安慰受伤或生病的旅客。

简而言之，21世纪的空中乘务员既要平易近人、彬彬有礼，又要有活力，且能和旅客和谐交流。航空公司在鼓励和调动机组人员为旅客提供各式各样的沟通服务，开展旅客所喜欢的客舱广播沟通服务，这也是各航空公司竞争的需要所在。

练 习

客舱模拟场景沟通实践：

1. 在航班飞行过程中，你发现有一位旅客在厕所吸烟，你应如何处理？

2. 在飞机上，遇到一位旅客不停地向乘务员提问，你应如何处理？

3. 在飞机上，遇到一位挑剔的旅客，不停地按呼叫铃，招呼乘务员过来，提出很多要求。即使只为他一个人服务也忙不过来，而这时工作中的搭档也顾不上帮忙，你该怎么办？

4. 在飞机上，一位外国旅客向乘务员提出一个要求，但由于这位外国旅客不会讲英语（当然也不会讲汉语），所有乘务员一直不知道这位旅客有什么需要，外国旅客很着急，这时你应如何做？

5. 登机后，你发现有一对外国夫妇身材高大，显得座位很窄，伸不开腿。恰巧，他们前排坐着一对身材较瘦小的夫妇。你想让外国夫妇坐得舒服些，因此到前排同另一对夫妇商量可否调换一下座位，但遭到了拒绝，你该怎么办？

6. 飞行中，一位旅客向乘务员要一条毛毯，乘务员发现毛毯已经发完，而旅客态度又非常强硬，你该怎么办？

7. 一般机舱的最后一排座位是不能调节的，一位旅客坐在最后一排，飞机平飞后，前排的旅客把座位调下来，影响到这位旅客的空间。该旅客要求前排把位置调到正常，遭到拒绝后让乘务员过来协调一下。你该怎么办？

8. 某航班因为特殊原因到达起飞机场时晚点了，一名急于到武汉签订合同的旅客上机后显得十分焦灼。等待起飞后，突然又接到目的地机场天气变坏的消息，航班被迫要停留一夜再飞。该旅客情绪突然激动起来，言语也激动得近乎无礼，这时你应怎样与旅客沟通为好？

案例分析

案例一

管理故事

有一个老板告诉其秘书："你帮我查一查我们有多少人在华盛顿工作，星期四的会议上董事长将会问到这一情况，我希望准备得详细一点。"于是，这位秘书打电话告诉华盛顿分公司的秘书："董事长需要一份你们公司所有工作人员的名单和档案，请准备一下，我们在两天内需要。"分公司的秘书又告诉其经理："董事长需要一份我们公司所有工作人员的名单和档案，可能还有其他材料，需要尽快送到。"结果第二天早晨，四大箱材料被航空邮寄到了公司大楼。

分析：团队没有默契，就不能发挥团队绩效，而团队没有交流沟通，也不可能达成共识。身为领导者，要能善用任何沟通的机会，甚至创造更多的沟通途径，与员工充分交流。有方法、有层次地激发员工发表意见，参与讨论，汇集经验与知识，才能凝聚团队共识。团队形成了共识，就更能激发员工的力量。领导之间、领导与团队之间，沟通是形成领导力的基础。

案例二

"迷路"的沟通

公司为了奖励市场部的员工，制订了一项海南旅游计划，名额限定为 10 人，可是 13 名员工都想去，部门经理需要再向上级领导申请 3 个名额，如果你是部门经理，你会如何与上级领导沟通呢？

部门经理向上级领导说："朱总，我们部门 13 个人都想去海南，可只有 10 个名额，剩余的 3 个人会有意见，能不能再给 3 个名额？"朱总说："筛选一下不就完了吗？公司能拿出 10 个名额就花费不少了，你们怎么不多为公司考虑？你们呀，就是得寸进尺，不让你们去旅游就好了，谁也没意见。我看这样吧，你们 3 个做部门经理的，姿态高一点，明年再去，这不就解决了吗？"

分析："迷路"失败的原因有两点。首先，只顾表达自己的意志和愿望，忽视对方的表象及心理反应。其次，切不可以自我为中心，更忌讳出言不逊，不尊重对方。

案例三

"达标"的沟通

与案例二同样的情况下，部门经理在去找朱总之前用换位思考法，树立一种沟通低姿态，站在公司的角度考虑一下公司的缘由，遵守沟通规则，做好与朱总平等对话，为公司解决此问题做好心理准备。

部门经理："朱总，大家今天听说去旅游，非常高兴，非常感兴趣。觉得公司越来越重视员工了。领导不忘员工，真是让员工感动。朱总，这事是你们突然给大家的惊喜，不知当时你们是如何想出此主意的？"

朱总："真的是想给大家一个惊喜，今年公司效益不错，是大家的功劳，考虑到大家辛苦一年，年终了，是该轻松轻松了，放松后，才能更好地工作，同时也能增加公司的凝聚力。大家高兴，我们的目的就达到了。"

部门经理："也许是计划太好了，大家都在争这10个名额。"

朱总："当时决定10个名额是因为觉得你们部门有几个人工作不够积极。你们评选一下，不够格的就不安排了，就算是对他们的一个提醒吧。"

部门经理："其实我也同意领导的想法，有几个人的态度与其他人比起来是不够积极，不过他们可能有一些生活中的原因，这与我们部门经理对他们缺乏了解，没有及时调整都有关系。责任在我，如果不让他们去，对他们打击会不会太大？如果这种消极因素传播开来，影响不好吧。公司花了这么多钱，要是因为这3个名额降低了效果太可惜了。我知道公司每一笔开支都要精打细算。如果公司能拿出3个名额的费用，让他们有所感悟，促进他们来年改进，那么他们多给公司带来的利益要远远大于这部分支出的费用，不知道我说得有没有道理，公司如果能再考虑一下，让他们去，我会尽力与其他两位部门经理沟通好，在这次旅途中每个人带1个，帮助他们放下包袱，树立有益于公司的积极工作态度，朱总您能不能考虑一下我的建议？"

分析：有效沟通的前提就是换位思考，而该部门经理巧妙运用了换位思考的逆向思维，让朱总说出了自己的初衷，从而取得对方信任，在营造良好氛围的前提下进行沟通，就可以达到事半功倍的效果。

案例四

有效的团队内部沟通

西方曾流传一个故事，耶稣升天之后，弟子们坐在一起，商量师父升天后怎么办。他们每一个人说了一句话，很简单，可是被后来的智者认为是最优美的磋商的例子。

第一个人说："师父升天了，我们传教去吧。"

第二个人说："我们传教去，我们的家人怎么办？"

第三个人说："我们将我们的家人接来住在一起，他们可以互相照顾。"

第四个人说："我们走后孩子怎么办？孩子的教育很重要。"

最后一个人说："我们可以留下一个人来担当我们孩子的老师。"

其他人赞同说："这个办法好，我们既要去向外人传道，也不要忘记了给自己的孩子传道。"

分析：他们所说的，看上去都是家常话。这里面没有一个人说的是反对的语言。第一个人说"师父升天了，我们传教去"。如果第二个人说"不去了，我们睡觉去"，这就没有办法继续磋商了。他们每一个人提出问题之后，派生出一个新的问题，然后再派生一个新的解决办法，没有一个吵架的。这几个弟子说了几句话，所有的问题都解决了，这就是最完美的团队内部沟通例子。

案例五

地狱与天堂的启示

牧师请教上帝：地狱和天堂有什么不同？

上帝带着牧师来到一间房子里。一群人围着一锅肉汤，他们手里都拿着一把长长的汤勺，因为手柄太长，谁也无法把肉汤送到自己嘴里。每个人的脸上都充满绝望和悲苦。上帝说，这里就是地狱。

上帝又带着牧师来到另一间房子里。这里的摆设与刚才那间没有什么两样，唯一不同的是，这里的人们都把汤舀给坐在对面的人喝。他们都吃得很香、很满足。上帝说，这里就是天堂。

同样的待遇和条件，为什么地狱里的人痛苦，而天堂里的人快乐？原因很简单：地狱里的人只想着喂自己，而天堂里的人却想着喂别人。

分析：在一个团队里，如果成员没有团队意识，各行其是，那么团队的目标将永远无法实现。创建和谐企业，必须增强团队意识。只有大家密切配合，团结协作，才能使企业焕发生机和活力。

案例六

语言的魅力

某航班上，有两位老人，一位五六十岁的老大爷、一位八九十岁的老奶奶，他们的脸上挂着不悦的表情，没坐在一排。坐在前排的老大爷虽然气鼓鼓的，但仍不时地用关切的眼神望着老奶奶。乘务员主动上前到老大爷身旁，蹲下与他交谈。老大爷小声说，那位老奶奶是他的老母亲，快九十岁了。他刚离休，想把老母亲接到自己家养老，没想到路上因一点小事与母亲拌了嘴，互相不说话了。了解了这一切，乘务员对老大爷说："大爷，您放心吧，老奶奶就交给我照顾吧。"乘务员为老奶奶盖上了毛毯并说："老奶奶，您的儿子怕您冷，让我给您盖上。"老奶奶愣了一下，笑了笑。乘务员又为老奶奶送上了一杯白开水，说："老奶奶，您儿子怕您喝不惯那些酸甜的饮料，让我给您拿杯白开水来。""老奶奶，这是您的儿子为您特定的素食餐，味道好吗？"……一路上乘务员忙完正常的服务就去照顾老奶奶。老奶奶也渐渐高兴起来，说："姑娘，你咋对奶奶这么好呀？"乘务员说："老奶奶，您啊，有一位孝顺的儿子，是他让我来专门照顾您的，您真有福气，多让人羡慕啊。"飞机还没到达，老大爷已经坐到母亲身旁了，看到他们有说有笑的样子，乘务员由衷地祝福两位老人健康长寿。

分析：语言的魅力不仅是语言本身，更是说话的人给予语言新的生命力。该乘务员将第二人称巧妙地换为第三人称，重点突出了旅客的心声，并在措辞修饰中照顾到了旅客的内心感受。

案例七

不卑不亢的幽默语言

某航班上，乘务员发现一位女旅客登机后一直低头不语，神情紧张。当她过去询问时，这名女子突然大哭，并不断催促"飞机飞得快一点"。原来这名女子的丈夫刚刚出了车祸，生死未卜，心情焦急的她情绪有些失控，反复强调再晚一点儿"最后一面也见不到了"。为了照顾这名女子，乘务员帮她换到了靠近工作间的座位上。然后，乘务组成员轮流陪她聊天，乘务长每隔一段时间就帮助该女子测量一次心跳，随时监控，以防止发生危险。在乘务员的劝慰下，这名女子的情绪逐渐平静下来，后半段旅程在乘务员的照顾下，安静地睡了一觉。事后，这名女子专门打电话表示感谢，同时也带来了一个让乘务组兴奋的消息，她的丈夫已经脱离危险，正在康复中。

分析：语言分为口语语言和肢体语言，往往在不同场景下有不同的效果，面对案例中旅客的状态，乘务员必须以自己沉稳的心态、贴心的举动、温馨的话语感动旅客。

案例八

遇事沉稳　语调平和

某航班上，一名微有醉意的旅客引起了乘务员的注意。当飞机途径山地峡谷上空时，由于气流的原因飞机突然颠簸，该旅客当即感到恶心难受，一口秽物就吐到了前排旅客身上。乘务员来不及细想，立即上前把杂物袋撕开递给旅客，并关切地问他怎么样，随后一边向前排旅客道歉，一边迅速找来干净的湿毛巾为其擦拭。前排旅客本来十分恼火，但看到乘务员的举动，他感动地说："你对旅客这么好，我还有什么可说的呢？"

分析：在实际飞行过程中，有很多不可预料的事情发生。作为乘务员，在遇到突发状况时，一定要把握"将矛盾最小化"的处事原则。

案例九

多种语言沟通也重要

某国际航班上，乘务组解决了一起发生在日本与英国旅客间的"小冲突"。

该航班头等舱28个座位，坐了25位旅客。飞机起飞大约30分钟后，坐在2排A座位的日本籍旅客想从座位上起身出来。谁知一不小心，撞翻了小桌板上的饮料。桌上的茶水、啤酒一股脑地全洒在了他旁边英国旅客的裤子上，一条裤腿全湿了。

这位英国旅客大概准备去参加一个重要的邀请会，身着正式的西装和衬衣。一看这情景，他"腾"地一下急了，日本旅客连忙道歉，然而两人一个用英语，一个用日语，根本没法沟通。英国旅客非常生气。这时，头等舱乘务员忙上前来安抚旅客的情绪。同时，她们轮换着为英国旅客擦拭着裤腿上的水迹。到飞机快要降落时，英国旅客的裤腿经过反复擦拭，渐渐干了，可是他一直闷闷不乐，不吃不喝，也不说话。

这时，乘务长从挂衣间里拿出英国旅客上飞机时穿的上身西装，半认真半开玩笑地对他说："Excuse me, Sir. This is a Dry Suit."（打扰一下，先生，这是件"干式潜水衣"。——此处一语双关，既可指这件衣服是干的，也可以专指"干式潜水衣"，所以才会产生幽默效果）为湿裤腿烦恼了一路的英国旅客听到这话，终于忍不住笑了，他热情地拥抱了乘务长，那位日本旅客也感激地握住了乘务长的手。

分析：语言的作用是沟通，沟通的目的是解决问题，乘务长在巧妙运用语言的同时，也帮助旅客找到了解决问题的办法。所以说，要想让语言发挥价值，就要真正明白语言的场景诉求。

小 结

　　沟通是双方的事情，如果一方积极主动，而另一方消极应对，那么沟通是不会成功的。作为乘务员，应该有主动沟通的胸怀，说出自己心中的想法。沟通只有互动起来，才能消除误解，理解互信，团结协作。

思 考 题

　　1. 客舱沟通的实用技巧有哪些？
　　2. 常见的客舱沟通类型有哪些？应该怎样与实际结合？

第三章 客舱语言专项技能训练

本章着重从两个方面集中体现本书的语音训练特点和对客舱实用语言的情感运用训练，并提出刚性播音和柔性播音的概念。

知识目标

- 了解难点音对汉语普通话整体规范的影响。
- 掌握难点音的发音。

能力目标

- 达到空乘职业对个人普通话的规范要求。
- 将刚性、柔性播音融入工作实践。

第一节 语音综合训练

一、难点音整理练习

难点音整理练习是一套行之有效的训练方法。对平翘舌音不分、前后鼻音不分、边鼻音不分的学生很有帮助。其特点是效果明显、要求严苛、十分枯燥，但往往有的时候原始的、笨拙的方法，反而却是最有效的方法。

这套作业虽然看起来枯燥，但是只要按要求严格按时保量完成，学生就可以在短时间内记住过去不熟悉的那些音节，甚至还会有意外收获——汉语词汇量得到提升。

所谓"看、想、读、写、记"，除了"记"（记忆）这一项是在完成之后逐渐体现的以外，其他四项都是在同一时间实现的。当你看见一个词（音节）时，需要运用你的联想以及《现代汉语词典》提供的词汇加以认读（轻声朗读效果最好，它可以帮助学生集中注意力，强化对词汇的理解），继而将其工整书写下来（工整书写也是一个加强理解和强化记忆的过程）。

边看、边想、边读、边写、边记，如果完全按照要求完成这套作业，枯燥的事情就荡然无存，时间也会过得很快，并能事半功倍。

1．平翘舌音

练习题：有平翘舌音问题的学生，按照"看、想、读、写、记"的基本步骤，将《现代汉语词典》中自己所认识的除声母 r 以外的所有平翘舌音节用对比的方法进行工整的整理。

要求：

（1）在不受任何干扰的空间独自完成。

（2）辟出充分时间分三次完成，每次最少要完成总量的 1/3（约 20 个对应组）。

（3）完成时间段不能分得太碎，否则记忆没有连续性，会有损学习效果。此项练习最多三个整天要完成。

2．前后鼻音

练习题：有前后鼻音问题的学生，按照"看、想、读、写、记"的基本步骤，将《现代汉语词典》中自己所认识有对比关系的所有前后鼻音音节进行工整的整理。

要求：

（1）要求在不受任何干扰的空间独自完成。

（2）辟出充分时间分两次完成。

（3）完成时间段不能分得太碎，否则记忆没有连续性，会有损学习效果。此项练习最多两个整天要完成。

3．边鼻音

练习题：存在边鼻音问题的学生，按照"看、想、读、写、记"的基本步骤，将《现代汉语词典》中自己所认识的所有边鼻音音节用对比的方法进行工整的整理。

要求：

（1）在不受任何干扰的空间独自完成。

（2）辟出充分时间尽可能一次性完成。

（3）完成时间段不能分得太碎，否则记忆没有连续性，会有损学习效果。此项练习最多一个整天要完成。

二、难点音对比训练

1．对应辨读、连读、混读

Z　宗·中　砸·轧　脏·张　早·找　走·肘　钻·专　祖·煮　醉·坠
自立·智力　暂时·战时　棉籽·绵纸　栽桃·摘桃　总之·种子

z—z

自在 祖宗 坐姿 自尊 最早 自责 做作 增资 藏族 再造

zh—z

种族 转载 知足 正宗 制造 准则 追赃 爪子 追踪 至尊

装作 振作 著作 主宰 注资 赈灾 驻足 装载 沼泽

z—zh

阻止 诅咒 造纸 尊重 枣庄 佐证 做账 增殖 暂住 赞助

座钟 增重 杂症 仔猪 栽种 自传 自重 自治 资质 增值

C　催·吹　层·程　存·纯　词·匙

粗布·初步　木材·木柴　凑齐·臭棋　推辞·推迟

乱草·乱吵　成册·澄澈　测查·彻查　粗糙·出操

c—c

此次 从此 猜测 曹操 残存 寸草 层次 错层 草丛 葱翠

彩瓷 残次 苍翠 摧残 璀璨 参差 仓促 措辞 仓促

ch—c

出仓 串词 柴草 纯粹 出错 储存 持仓 陈村 春蚕 车次

揣测 场次 穿刺 筹措 唇彩 船舱 楚辞 蠢材 陈仓

c—ch

槽车 蹭吃 参禅 彩超 操持 辞呈 存储 促成 仓储 残喘

草创 存车 餐车 凑成 擦车 痤疮

S　桑·伤　四·是　森·深　撒·傻

散光·闪光　斯人·诗人　肃立·竖立　三哥·山歌　酥油·输油

s—s

琐碎 速算 四散 三色 松散 散碎 思索 酸涩 色素 僧俗

sh—s

申诉 世俗 受损 上诉 时速 深思 神似 寿司 深邃 神色

疏散 胜算 失散 时速 世俗 食宿 食素 绳索 伸缩 胜诉

s—sh

桑树 赛手 散失 松树 宿舍 随时 损失 诉说 缩水 碎石

厮守 送水 私事 琐事 苏轼 素食 俗世 俗事 速食

混读——

至此·智齿　茶色·茶社　致使·致死　胜出·渗出

层出不穷 纵横交错 足智多谋 似是而非 岁寒三友

紫色 总数 招生 追随 展示 暂时 纵深 知识 指数 重视
智商 走势 钻石 战术 姿势 遵守 住宿 遭受 准时 赠送

设置 师长 素质 深圳 始终 失踪 升值 嗓子 山庄 塑造
时装 受众 师资 水质 水煮 逝者 赎罪 税制 圣战 山楂

处事 测试 城市 产生 尝试 超市 措施 传说 承受 参数
创收 粗俗 唇色 辞世 纯水 创始 凑数 苍山 撤诉 阐释

素材 双层 四川 时长 市场 上传 身材 擅长 删除 输出
生抽 生辰 生菜 食醋 树丛 使臣 似曾 神采 圣城 酸楚

主持 政策 造成 痤疮 注册 资产 支撑 早晨 真诚 总裁
中餐 祖传 自查 针刺 展翅 紫菜 总长 遵从 逐出 早操

创作 除阻 乘坐 存在 操作 炒作 穿着 财政 迟早 材质
采摘 查证 惩治 斥资 斥责 冲撞 辞藻 厨子 撤职 出招

2. 绕口练习

三四十

三 十 十三 三十 三十三 三十四
四 十 十四 四十 四十四 四十三

紫丝线织紫狮子

试将四十七支极细极细的紫丝线，
试织成四十七只极细极细的紫狮子。
此细紫丝线是试织细紫狮子，
而细紫丝线却织成了死紫狮子。
紫狮子织不成，
扯断了细紫丝线。

施氏食狮史[①]

　　石室诗士施氏，嗜狮，誓食十狮。施氏时时适市视狮。十时，适十狮适市。是时，适

---

　　① 这是我国著名语言学家、"现代语言学之父"赵元任先生于1930年在美国写的一篇奇文，文章原题"石室诗士食狮史"。全文计94字（后扩充为103字，连同练习题7字，共110字），每个字的普通话发音都是shi。1960年，《施氏食狮史》被大英百科全书收集在有关中国语言项内。

施氏适市。施氏视是十狮，恃矢势，使是十狮逝世。氏拾是十狮尸，适石室。

石室湿，氏使侍拭石室。石室拭，施氏始试食是十狮。食时，始识是十狮，实十石狮尸。试释是事。

这篇文章在阅读时并没有问题，可是如果读给别人听，是难以听懂的，对发翘舌音有困难的学生，倒是一个难得的练习。

【释义】有一位姓施的诗人，住在一个石头屋子里。他特别喜欢吃狮子，发誓要吃掉十头狮子。这位姓施的诗人就常常到集市去寻找狮子。这天十点钟，适逢有十头狮子出现。此时，姓施的诗人恰好也来了。姓施的诗人瞄准这十头狮子，凭借着自己弓箭的威力，将这十头狮子都射死了。姓施的诗人将这十头狮子的尸体运到石头屋子里。石头屋子很潮湿，姓施的诗人命令侍者擦拭石头屋子。石头屋子擦拭好了，姓施的诗人开始尝试吃这十头狮子的尸体。吃的时候，他才知道，原来这十头狮子的尸体，实际上是十块石头做的。请试着解释这件事情。

难点音的整理练习，重点在于让学生系统地发现和纠正普通话的难点音错误。学生一定要在大量的练习中逐步修正来自方音对规范语音的干扰。

三、口腔开度对比训练

口腔开度对比训练，更多地体现在规范的口腔状态与在实际使用中的不规范状态的对比上，因此，以下绕口令练习的训练需要学生在教师带领下去感受正确与非正确发音的异同，从中发现正确打开口腔带来的语音的圆润和响亮，以及语音音色的改善。

这一训练可以结合舌位动程、吐字归音的领悟来进行。

鸽和鹅

天上一群大白鸽，河里一群大白鹅。

白鸽尖尖红嘴壳，白鹅曲项向天歌。

白鸽剪开云朵朵，白鹅拨开浪波波。

鸽乐呵呵，鹅活泼泼，

白鹅白鸽，碧波蓝天真快乐。

哥挎瓜筐

哥挎瓜筐过宽沟，赶快过沟看怪狗，光看怪狗瓜筐扣，瓜滚筐空哥怪狗。

炖冻豆腐

会炖我的炖冻豆腐，来炖我的炖冻豆腐；

不会炖我的炖冻豆腐，就别炖我的炖冻豆腐。

要是混充会炖我的炖冻豆腐，炖坏了我的炖冻豆腐，

那就吃不成我的炖冻豆腐。

板凳和扁担

板凳宽，扁担长。扁担没有板凳宽，

板凳没有扁担长。扁担要绑在板凳上，

板凳不让扁担绑在板凳上，扁担偏要扁担绑在板凳上。

灰黑化肥

化肥会挥发。

黑化肥发灰，灰化肥发黑。

黑化肥发灰会挥发，灰化肥挥发会发黑。

黑化肥挥发发灰会花飞，灰化肥挥发发黑会飞花。

黑灰化肥会挥发发灰黑讳为花飞，灰黑化肥会挥发发黑灰为讳飞花。

黑灰化肥灰会挥发发灰黑讳为黑灰花会飞，灰黑化肥灰会挥发发黑灰为讳飞花化为灰。

黑化黑灰化肥灰会挥发发灰黑讳为黑灰花会回飞，灰化灰黑化肥灰会挥发发黑灰为讳飞花回化为灰。

喇嘛和哑巴

打南边来了个喇嘛，手里提拉着五斤鳎（tǎ）目。

打北边来了个哑巴，腰里别着个喇叭。

南边提拉着鳎目的喇嘛要拿鳎目换北边别喇叭哑巴的喇叭。

哑巴不愿意拿喇叭换喇嘛的鳎目，

喇嘛非要换别喇叭哑巴的喇叭。

喇嘛抢起鳎目抽了别喇叭的哑巴一鳎目，

哑巴摘下喇叭打了提拉着鳎目的喇嘛一喇叭。

也不知是提拉着鳎目的喇嘛抽了别喇叭的哑巴一鳎目，

还是别喇叭的哑巴打了提拉着鳎目的喇嘛一喇叭。

喇嘛炖鳎目，哑巴嘀嘀嗒嗒吹喇叭。

四、基本共鸣训练

此处介绍几个容易领会和比较实用的方法。

1. 口腔共鸣

从有声语言的角度，我们更多地需要加强中音区的共鸣训练，即口腔共鸣的训练。方法一和方法二就是这种训练，我们将七个舌面元音作为练习的基本材料。它们是 a、o、e、ê、i、u、ü。

方法一：

将元音 a 口腔状态调整好。它是央低不圆唇元音，在元音中舌位最低，口腔开度最大（注意后声腔的开度，不能过大）。

以当前最好的声音状态发 a 音。第一步，5 秒。注意声音要保持音量大小和强弱的一致。至少反复 5 次，直到能做到张口就能发出稳定的 a 音，然后将时间逐渐加长：10 秒 5 次或 5 次以上，20 秒 5 次或 5 次以上，30 秒 5 次或 5 次以上……

按此方法再进行其他 6 个元音的练习。

注意：①此法不是一次就能完成，要根据个体差异编排练习计划；②不可大声练习，音量适中就好；③当时间加长的时候，气息也得到了练习和逐渐稳固，因此不能因为吃力就气馁。

方法二：

定向定点练习。在第一步练习中，声音和气息都得到了较为平稳的提升和巩固，而且你会发现你的发声不再像过去那样吃力和不受控制了。这时共鸣已经在敲你的门了！

此时，你可以加上如下练习：如果是独自练习，你可以选择一面墙，瞄准一个点，把它假想成你的一位忠实朋友，循序渐进地对它发出先前同样的 7 个元音。

要领：

（1）与定点保持 5 米距离。每次发出的声音不必太长但要有质量，向它发出稳健持久圆润响亮（注意音量适中）的 a 音 10～15 秒，反复进行 5 次。不要因它是假想的对象而怠慢。

（2）5 次之后，把与定点的距离调整到 10 米，发出同样质量、同样音量（切不可提高或减弱）的相同元音。

（3）如果时间允许，可以按此方法再把距离增加到 15 米、20 米、30 米、50 米……100 米。

如果是两人对练，那就要求两人坚持不懈、长期合作。方法相同，所不同的是增加了对象感和情趣。练习的时候，两人要交错进行，互相检查和领悟，必要时还可以做花式编排。

试想，如此一来，对方与你相距 100 米却能听到你如近距离发声一般清晰动听的声音时，你的声音难道还没有形成共鸣？甚至，你的共鸣是否早已经有了穿透力？如果，你仍然是轻松发声，并没有加大音量、提高嗓门儿，我们是不是应该祝贺你的努力？

2．鼻腔共鸣

带有微量的鼻腔共鸣可以使音色柔和、华丽，因此在有声语言中需要使用适度的鼻腔共鸣。只要把握好这个度，就不会由于过重的鼻音使语音浑浊。

方法三：

借助哼鸣辨识共鸣和有针对性地练习共鸣分为两步，我们可借助《同一首歌》的前四个乐句来练习。

第一步，双唇合拢阻住气流，声波随气流由鼻腔流出成音。不唱歌词，只哼曲子，但要表现出旋律的悠扬。感觉声音由远及近，犹如和煦的春风徐徐吹来。

要领：

（1）软起声，声音由小到大。

（2）集体哼的时候不能听到任何个人突出的声音，感觉像是一个人。

听到整齐划一的哼鸣，你会享受到共鸣的奇妙和美感。细细品味，你可以明确地判断有哪些共鸣：鼻腔共鸣、口腔共鸣和胸腔共鸣。

第二步，不再闭嘴哼鸣，感觉到口腔后部有声音共振，声音明快且有节奏感，圆润而响亮，不时有弹发的声音，似乎在先前的旋律中注入了灵魂，又似乎有小号、大号，还像是小提琴的音色。

仔细听辨，实际上是将咽腔共鸣带入了旋律，使声音多了鲜明的个性。这里将咽腔共鸣的响亮特点清晰地呈现出来，十分美妙，再一次彰显共鸣的美感。

3．胸腔共鸣

胸腔共鸣是很多人想达到的一种共鸣，播音所使用的中音共鸣也与它相濡以沫，互为优化。很多时候，播音所使用的共鸣是中偏低的。

在前面进行哼鸣训练时，我们可以感受到胸腔共鸣，也可以通过它领悟和练习胸腔共鸣。

胸腔在人体当中应属最大的共鸣腔体了，因而，当胸腔共鸣出现时，我们凭耳朵便可清晰地感受。由于发出的共鸣振幅较大（如发出"ha ha ha"这样的声音），所以我们还常常让学生把手放在胸前加以体会（你也可以想象是把医生的听诊器放在了胸前，那样感受就更加震撼），体会那种看似微小的震动，然后再把这种体会和震颤的感觉带到你的发音中、你的朗诵中、你的播音中。久而久之，你就会一步步体会到它的出现，之后你就可以自如地调动它的出现与否了。

4．咽腔共鸣

咽腔共鸣切不可从听觉上造成紧张——如挤压嗓子的感觉。在喉部相对放松和稳定的状态下发出的咽腔共鸣，自然响亮，可以一扫嗓音的暗淡和嘶哑，与口腔共鸣交相辉映。

方法四：

练习咽壁的力量，提升咽腔共鸣，分以下8个步骤。

第一步，深吸一口气后连续弹发出三个"嘿"音。

要领：要用巧劲，发声不能瞬间用力过猛；发出的声音要稳劲扎实，气息力度均匀，音色、音量和音高始终保持一致。

不管是否能及时找准弹发方法，都需要用两三天时间（后面7步都要求这样）加以巩固，达到一张嘴就可以完全按照要领发音。

第二步，在第一步基础上增加两个"嘿"进行练习。

第三步，再增加两个，一口气发出7个有质量的"嘿"音。

第四步，改变速度的练习。按对称的排列方式，发出类似蒸汽机车"从起步到加速，再到减速、停车"的多个扎实有力的"嘿"音。可偷气。

第五步，改变音高的练习。按对称排列，以抛物线的走势，在你自己的自如声区弹发出"由低到高再到低"的多个有质量的"嘿"音。

第六步，改变音色的练习。按对称排列，使所弹发的多个"嘿"音"由虚到实再到虚"。虽然有虚声，但必须清晰可辨。

第七步，按对称排列，以抛物线方式，将第四、五、六步叠加起来练习。综合以上各要领发出多个"嘿"音。

第八步，在循序渐进，经历了以上7个步骤即7个两三天的练习之后，将"嘿、呵、哈"等多个音节以自由的方式组合弹发，好似戏曲演员训练有素的爽朗笑声，达到对这种练声出神入化的效果。

练 习

1. 你在难点音的练习过程中收获了什么？为什么？
2. 难点音的对比练习有着较强的针对性，它对你的语音学习有何实际意义？
3. 你在打开口腔的练习中，对语音音色的改善有何体会？
4. 共鸣练习方法正确之后，持之以恒是否是实现它的必然途径？

小 结

有了一定的理论支撑，综合练习和一定量的练习就成了语言学习非常重要和不可或缺的一环。限于篇幅，我们选取了一定量的材料，意在对学生有所引领。学生应该在这个过程中认真领悟，并能举一反三，从而在实践中丰富它的内涵。

思 考 题

普通话语音规范之后，共鸣效果的提升在空乘工作中有什么积极意义？

第二节 客舱语音训练

一、如何实现客舱口语高效沟通

客舱乘务员要善于学习，善于观察、分析和实践探索，善于分析旅客的各种表现和心理，客舱服务中出现的种种可预知和难以预知的问题就不难解决了。如果乘务员不掌握说话的时机、说话的对象、说话的技巧，就达不到说话的目的。正所谓纲举目张，抓住了要领，高效沟通便可实现，事半功倍指日可待。

本节不是要研究心理沟通问题的全部，是试图通过语言的技巧实现与旅客的沟通，属于心理沟通的范畴。所以我们提出高效沟通的三个要件。

1. 安全第一，法制先行

民航管理部门必须广泛宣传，也要在旅客登机前后在人们心里建立起一个"约法三章"。

（1）空中飞行，安全第一。

（2）空中飞行，法律保障。

（3）所有人不得超越法律和安全规章。

凡是背离法律和无视飞行安全，不在沟通的范畴，都必须依法依规处理，情节严重的要采取强制措施。

2. 熟悉旅客基本信息

旅客购票都有一定的时间提前量。旅客登机前，乘务员可以按编组熟悉旅客基本信息（至少有姓名、照片、性别、年龄，如果信息更丰富——如良好的诚信记录，就更好）。这有利于登机落座后就可以对旅客有所称谓（哪怕能在称呼中带出姓氏）。对于那些行动不便的人，还可以提前做好迎接他们的准备（哪怕前往舱门的一个搀扶动作）。

如此一来，旅客自然会产生心理暗示。这种心理暗示会让旅客有两种反应：一是航空公司的服务很贴心；二是航空公司那里有我的信息资料，我需要注意自己的身份和形象。

试想，一旦旅客有了宾至如归的感受，还有什么不好沟通的？沟通还需要很长时间吗？

前两项要领解决了什么时候说的问题。就是在以安全和法制的前提下说，在了解旅客基本信息后说。

下面是第三个要件，就是解决怎么说的问题了。

3. 语言技巧，温馨可人

有了前两项的铺垫，如果在口语上我们能够更加专业和贴心，沟通必然高效快捷。

1）语速必须因人而异

往往年轻人、说话爽快之人，语速可能略快；反之则略慢，更多体现心平气和，温文尔雅。这需要对不同乘客及时做出相对准确的判断。这和工作经验、人生阅历不无关系。

2）音高不可因人而异

在封闭的空间，大声说话会干扰他人休息和谈话，因而，乘务员必须带头小声说话。对习惯大声说话的乘客，微笑着用一根手指竖放掩嘴的动作，再近距离小声建议"请小点声，以免打扰他人"。也可以先问问旅客"有什么需要吗"，然后再提建议。

3）唇齿相依，唇舌有力

唇齿相依主要是指上唇与上齿之间不要留有明显空隙，嘴唇上翘，说话就不利索。唇齿相依可以帮助我们在发声时口腔不仅积极，口齿也清晰。这样我们就可以在声音不大的前提下，将话语说清楚，意思表达准确，从而达到沟通的目的。

对于情绪失控的旅客，在可能导致不安全、不合理、不合法后果的时候，既要礼貌相待，也要注意唇舌有力。唇舌有力，就可以使语言中透出一种"只能如此，没得商量"的严肃而坚决的态度。同时这一切都是在微笑中完成的。

空乘工作有其特殊性，与旅客的沟通不能拖泥带水，尤其遇到特殊紧急情况时，就必须在第一时间及时做好沟通。想要达到高效沟通，规范语音和口部操、绕口令的日常训练，共鸣和气息训练的长期坚持都是必不可少的。中气足了，舌头灵活有力了，表达就清晰、干练，就不拖泥带水。

把握了以上方法，旅客与我们的关系就会更加和谐，出现任何问题就好解决，沟通就不再焦灼。

当然，法制的健全，管理部门广泛长期的宣传，旅客素质随着社会的进步而不断提高，都是提高客舱口语高效沟通的有力保障。

对于具体的案例，其他章节已有表述，这里仅从有声语言的角度加以阐述。

总之，空中乘务的有声语言使用，一定要在安全有序的前提下用好气息和发声，把握好语言的力度。在特殊紧急情况下也要发挥好共鸣的作用，以最大程度地保障飞行过程中旅客的情绪稳定。

二、客舱服务的刚性、柔性播音

这里的播音是一个泛的概念，在标准模式下的播音与传统媒体的播音趋于一致（话筒前），非标准模式下的播音特指在客舱内乘务员与旅客面对面的交流。

刚性播音：是不分性别，在有声语言中所呈现的干练、果断、有力度的具有刚性之美的语言形态。在民航空乘业务中，这种语言形态主要体现在视频、广播和面对面交流中。它是有声语言中力与美的呈现。

柔性播音：也不论性别，是有声语言中所呈现的亲切、温馨、关怀等富有声音弹性的语言张力。在民航空乘业务中，这种语言形态主要体现有针对性基调的视频和广播，以及面对面的交流中。它是有声语言中以柔克刚的呈现。

就男性而言，言语中要透出关切和善意。这也是服务的根本，不能用声生硬和凶狠。必须注意的是，这不是性别异化的理由。我们所倡导的是声音里的友爱，并非故作的用声偏前的女性化用声。

女性要体现阴柔之美，其用声在准确清晰的前提之下可彰显个性之美（不主张明亮和高亢），可甜美，可轻柔，可根据个人音色表现亲和力。但要注意的是，允许柔声细语，它可以表现宾至如归的亲切，但不可娇声媚语。任何事物都要有一个度，逾越用声也会导致旅客的误解。

不同于传统媒体的播音，客舱播音的受众群体具有很强的空间范围，很准确的受众名单，因而在非标准模式下，对象感是非常清晰的。我们这里所说的刚性播音和柔性播音，分两个时空模式加以阐述——标准模式和非标准模式。

1. 标准模式下的刚性、柔性发声

1）刚性播音

机长往往是男性，有时也充当广播员的角色，录制的语言可能比较格式化。解说员和乘务员一样，有男有女，但有的解说也显得一板一眼。这里都有播音的误区。

我们要说的是，刚性播音绝非面无表情冷冰冰的播音。从语言的雕琢上讲，刚性播音不分男女。它呈现在录制的语言里，规范而具有刚性之美，坚定、干练和潇洒。

标准模式下的播音通常是机组的广播和电视宣传片或业务专题片中的配音和解说，没有面对面的交流（但必须要有对象感），用声在中音区，发声以实为主、虚实结合。既不可压喉，也不可上提，绝无鼻窦共鸣。为体现阳刚之气，男声切不可用声靠前，尤其不能柔声细语；女声音色要求甜美、圆润、响亮，不可虚声嗲气，更不可故作男声状。只要取声中音，语言干净利索，不拖泥带水，吐字清晰明快，流畅洒脱，男女播音中都可以感受到刚性之美。

不要误解的是，女声在播音中的刚性色彩，绝不是女性男性化。那种反性别的改变不是我们播音中追求的美感。

2）柔性播音

（1）标准模式下的播音何时体现柔性色彩。

就航空公司在飞行中播放的电视宣传片而言，有一个鲜明的特点，就是体现安全意识和彰显公司的理念。此时的语言，大多以配音方式呈现。个中的用声，大多以实为主。只有在作品需要时，才能使用较为柔和的声音色彩。

飞行机组的广播，除了起飞和着陆时格式化的礼貌用语外，很多时候都是播发通知和在遭遇不稳定气流时的提示语。这当中的用声，实则是有柔性成分的。因为，越是在紧急或是危急时刻，越需要柔和、冷静的语气。只有这样，才能使旅客处变不乱。

（2）男性如何在不失阳刚之气的同时表现柔性色彩。

不论电视宣传片还是机组的广播，男性所表现的音色是不能脱离阳刚之气的。只有在作品需要或是需要通过广播平复旅客情绪时，才能使用较为柔和的音色和平静的语气，以表达关切、关心和处变不惊、临危不乱的情绪。此时，尽管用有虚声，但唇舌的力度也能表现"坚定"。

2. 非标准模式下的刚性、柔性发声

1）刚性色彩

非标准模式下，乘务员与旅客面对面，无须再寻找对象感。当彼此在同一个相对不大的空间中交流时，除了眼神、表情和肢体的副语言交流外，有声语言的交流如何体现刚性色彩呢？

当然，音量是不宜过大的。由于性别、年龄、性格、起居、时差等各种因素的影响，

很多人选择静坐养神、阅读、睡觉和戴上耳机看视频等。为避免相互干扰，机舱内是不允许高声喧哗的。

此刻的有声语言，更需体现一种声音的力度，以使"用声小、效果好"。这个力度掌控得恰到好处，就能体现语言的刚性之美。具体如下。

（1）气息平稳。我们知道，气息是声音的动力。这个力度的掌控，需要乘务员在平时练就较为良好的气息控制能力，以支撑有声语言的雕琢。

（2）用声适中。环境使然，此刻所在环境，乘务员的用声最好是虚实结合，不可强调用声响亮，不可渲染胸腔共鸣。夜航更是需要恰到好处地使用虚声。

仍然要强调的是，男性不可因为要求用声虚实结合就强化柔声细语，导致用声异性化。因为这种习惯的养成必然会增强鼻腔共鸣，从而使字句的辨析度再度降低。

（3）唇齿相依。前文已经讲到，唇齿相依，可以使口腔积极、口齿清晰，可以在声音不大的前提下，将话说清楚，意思表达准确，达到更好的沟通。

（4）唇舌有力。唇舌有力，斩钉截铁，可以使语言中透出一种决绝的态度。当乘务员在微笑中完成这些动作的时候，它所达到的效果不就是一种有理有节、不容置疑的口吻吗？当然，其作用不仅如此，它还有助于字词清晰，增强字句的辨析度。

所谓伶牙俐齿，此刻它所显现的，是对这个飞行器和全体旅客安全的一种间接保障。这种来自有声语言的刚性色彩呈现出了力与美的交融。

2）柔性色彩

相对于标准模式下的播音，非标准模式下的语言就显得灵活而生动。它少了各种桎梏。

在与旅客的接触过程中，那种不确定性的特点使得语言不能有太多的套路和约束。这既使乘务员的语言有了发挥的空间，又使语言的运用增加了相应的难度。它不是市井语言的随心所欲，也不是阳春白雪的高深莫测。它是基于民族文化和学识的丰富与传承。

由于这种模式几乎都是一对一进行的，所以语言的柔性色彩是最明显的。这种交流——从乘务员的角度看，往往是关切、友善和亲切。空间环境所限，一般情况下，大家用声也偏小。很多时候——尤其是夜里，虚实结合的成分偏重于"虚"。

时代的发展已经使得播音主持的行业界限不再那么狭隘。不论是哪个媒体和行业的播音员，都应该用知识来丰富自己的思维和语言。博览群书必须提上行为日程。也就是说，知识积累必须是这个群体的一种工作需求，甚至生活习惯。这些都是优质服务的基础。

当自媒体、全媒体概念扑面而来并成为现实的时候，播音语言已经不是少部分人所使用的一种工具。那种高高在上、不接地气的语言样态，难以被大众所接受。因此，我们在本书中提出了刚性播音和柔性播音这样一种概念，希望得到读者的认同、丰富、完善和升华。

练 习

1．利用客舱服务的常用用语，分男女组进行刚柔语气的感受训练。唇舌的力度，语音的清晰为其"刚"，说话干净利落；态度体现于语气之中，语气要亲切、和蔼，此为"柔"。

绝不能语气生硬，此为粗鲁；也不能用声靠前，娇声细语，此为虚假。男生用声要有阳刚之气，女生说话要有阴柔之美，此为阴阳和谐。

2. 分小组，设定客舱服务中常见的典型情节进行即兴练习。可以运用常态中的案例作为情景练习，也可假设突发状况进行极端情况下的练习。以此锻炼机组人员在不同情况下的语言表达能力。

注意：以上两种练习都需要点评和归纳。可以是教师评说，也可以学生讨论。做好笔记。重点围绕"用声是否正确，语气是否恰当"加以分析和判断。答案不可绝对。

小　结

本节的重点在于对美化声音的运用。让学生摆脱习惯性的刻板式服务模式，以声音为突破口，以刚柔并济的方式使谈话更加灵活、更加动听、更加接地气。学生一定要正确认识刚性播音和柔性播音的提出对实用语言的意义，更好地为乘客服务，提升航空服务品质。

思　考　题

刚性播音和柔性播音的提出，对客舱服务具有什么样的积极意义？

第四章 副语言的作用

在民航服务工作中，有声的语言交流可以直接完成乘务员和旅客之间人际交流的传播过程。但除了有声语言，副语言在民航服务工作中的作用同样不可小觑。正确使用副语言，有助于消除客我双方的交流障碍，真正实现高质量的表达沟通效果。

知识目标

● 理解表达沟通过程中副语言的含义、特点、优势。
● 理解副语言在民航服务工作中，对表达沟通效果的促进作用。

能力目标

● 在民航服务过程中，会正确运用副语言进行交流。
● 构建良好的副语言思维。

副语言也称为辅助语言，它包括发声系统的各个要素，如音质、音幅、音调、音色等。有声语言有真有假，但副语言如语调、表情等作为思想感情的表现却较为真实，因为其表现往往是不自觉的。副语言有狭义和广义之分。

狭义的副语言指有声现象，如说话时气喘、嗓子沙哑、有鼻音、字音长、吐字结巴等现象。这是伴随话语而发生或对语言有影响的辅助表达。虽然这些辅助语言具有某种意义，但这些意义并非来自词汇、语法或一般语音规则。

广义的副语言又称为体态语言、人体语言、态势语言，是以人的表情、目光、姿态和动作等来表示一定语义、进行信息传递的一种伴随性无声语言。副语言能有效地配合有声语言传递信息，能起到补充和强化有声语言的作用，运用得好不仅可以提升有声语言的表达效果，甚至还能起到有声语言不能起到的作用。

副语言在实际交流的过程中，往往会起到语言无法传递的修饰作用。

1．副语言的强调作用

在口语表达中，有些语言的意思已经表达得很清楚、很充分了，但为了突出这层意思的重要性，常辅之以手势或眼神等，以便加强听众的印象。

毛泽东主席在第一届全国人民代表大会第一次会议开幕词报告结尾时，激情澎湃、坚强有力地说："我们的目的一定要达到！（掌声）我们的目的一定能够达到！（掌声）"

毛泽东主席讲话时，伴随一个向前推进的有力的手势。表达了达到目的的必然性，给全党全军和全国人民极大的鼓舞。

2．副语言的补充作用

在口语表述过程中，有些语言的意思虽然已经表达清楚了，但意犹未尽，此时用手势等副语言加以补充，可以补充口语表达的不足。

曾经有一位外籍教师教孩子们学英语。老师不会汉语，学生们初学英语。但靠态势语，孩子们听懂了他的语法课。例如，语法中地点状语可放在句子前面，也可放在句子后面。外籍教师就有这样一个动作：他把地点状语卡片一会儿放在句子前，一会儿放在句子后，每放一次都让学生读一遍句子，然后微笑着伸出大拇指夸奖学生。正是外籍老师的表情和动作辅助学生理解了老师讲解的内容。

3．副语言的替代作用

在口语表达的某一阶段，说话者有时会暂停讲话，而以副语言替代后续的内容。这种替代非但不会影响听众对内容的准确理解，相反，有时还能收到"此时无声胜有声"的效果。

我去一位领导办公室办事，推开房门，只见这位领导双臂交叉于胸前，面部表情十分严肃，正在房内低头快速地踱步。此刻副语言传递的信息可能是他遇到了难题，正在思考怎么办。我该怎么办？于是我退了出来，因为我知道此时进去办事不合时宜。

4．副语言的审美作用

副语言不仅是演讲者思想感情的外化，也是演讲者风采风度的展示。准确、简洁、优雅和富有个性的副语言，既有助于表达者顺畅无误地表达自己的思想和感情，又能给听众以美好和谐的审美愉悦。

英国首相丘吉尔在一次演讲中说："我们现在的生活水平比历史上任何时期都高，我们现在吃得很多。"讲到这里，他故意停了下来，看着听众好长时间，然后，他盯着自己的大肚皮说："这是最有力的实证。"

第一节 面部表情

　　表情是一种无声的副语言，人的喜、怒、哀、乐、爱、恶、欲，都可以通过表情，尤其是面部表情展现出来。表情是人的仪态的重要构成部分，在人际沟通中，人们离不开表情沟通。面部表情沟通是指人们在沟通过程中不使用语言，而是以面部五官的变化来进行的人际沟通。即通过面部的颜色、光泽，肌肉的收缩与舒展，纹路的变化，眼睛、眉毛、嘴巴、鼻子动作，以及它们的综合运动来反映人们的心理活动和情感信息。

　　面部表情具有人们认知的趋同性，即人们能读懂表情所反映的意思。在非语言沟通过程中，沟通双方的面部表情可一目了然。人们不会因为国籍、肤色、语言的不同而对表情理解不同。表情可真实、同步地再现一个人的情感变化轨迹。表情能让沟通者获得真实丰富的信息资源，进而辅助、强化口语的表达效果。

　　在民航服务工作中，乘务员需要面对的场合不尽相同，但乘务员所要表现出的表情却应该同自己和对方的角色身份、交往情境相协调。因此，要善于控制和调节自己的表情，使之适合工作的需要。同时，乘务员还要从旅客的神态、表情中，敏锐地觉察出他们的心理活动和内心情绪，从而使自己的言行、情态能与旅客的神态相协调。

一、面容

　　人们在交往中的神态主要表现在精神和表情上。通常我们会说："出门看天色，进门看脸色。""脸色"就是指人们脸上的表情。一个人的内心想说什么，是可以通过脸色来表达的。在沟通中，我们要善于观察别人透过脸色传递出来的信息。一个人容光焕发、红光满面，是兴高采烈的表露。脸色绯红是害羞的表现。面红耳赤是激动或羞涩的表现。脸色铁青说明正在生气或者愤怒。脸色发白也许是紧张，也许是身体不适。面色发青可能是身体不适。面有菜色则表明营养不良。

1. 表情是内心的展现

　　面容是一种可完成精细信息沟通的体语形式。它可控、易变、效果较为明显。个体可通过面容显示情感，表达对他人的兴趣，显示对事物的理解，表明自己的判断等。面容能生动反映沟通者的特性。由于表情是一个人内心世界活动在面部的真实反映，因此旅客的各种心态（如喜、怒、哀、乐、爱、恶、欲）、性格气质（坚强或懦弱、急躁或平和、深沉或直爽、内向或外向）、态度（肯定与否定）等，都能通过面容生动、客观地反映出来。

　　（1）喜的面容。要想表现欢喜的内心，首先要放松面部肌肉，舒展额头，眉头轻轻上扬，眼睛微眯，嘴角微微上翘。面部动作幅度越大，表情越丰富，表现出的内心喜悦就越强烈。

　　（2）怒的面容。人们生气时，常常会表现愤怒的面部表情。像面部肌肉紧张、额眉紧锁、怒目圆睁、嘴微微张开、喘息急促、嘴角微微颤动等都属于发怒的面部表情。

（3）哀的面容。当人们遇到悲痛、伤心之事或挫折时，会呈现哀的表情。即眉毛、眼角、嘴角都微微下垂，面部肌肉也是松懈状态。

（4）乐的面容。当人们遇到特别开心的事时，面部就会喜笑颜开。肌肉更加放松，额眉更加舒展，双眼成直线，嘴角更上翘。

2. 眉毛也会传情达意

在与人沟通中，虽然眉毛的变化不像眼神那样引人注目，但仍可以从中读懂对方的心思。

（1）低眉。当人们受到侵犯的时候通常显现这种表情，这是一种带有防护性的动作。通常是要保护眼睛免受外界的伤害。

（2）皱眉。可以代表许多种不同的心情，如惊奇、错愕、诧异、怀疑、否定、无知、傲慢、疑惑、不了解、愤怒和恐惧。眉头深皱的人，一般都很忧郁。通常来说，皱眉表现出愤怒和为难的情绪。

（3）眉毛一条略低、一条上扬。这样的形态所传达的信息介于扬眉与低眉之间，一般表示一个人半边脸显得激越、半边脸显得恐惧。眉尾斜挑通常处于怀疑的状态。

（4）打结的眉毛。一般是指两条眉毛同时上扬及相互趋近，和眉毛斜挑一样。这种表情通常预示着严重的烦恼和忧郁。

（5）眉毛上扬。如果一个人在谈话时将双眉上扬，则表示出一种非常欣赏或极度惊讶的神情。

（6）单眉上扬。一条眉毛上扬一般表示不理解、有疑问。

（7）眉毛斜竖。说明对方处于极端愤怒或异常气愤中。

（8）眉毛正常。这种情景出现在谈话中，表示对方不做"任何评价"。

（9）眉头紧锁。表示这个人的内心深处忧虑或犹豫不决。

（10）眉心舒展。表明这个人的心情坦然，处于愉快的状态中。

3. 头部动作的力量不可小觑

头是整个人体中最突出的部位，它能表达情感、传递信息，是人际交往中所必须重视的一个环节。因为头部集中了所有的表情器官，所以它往往是人们关注、观察身体语言的起点。

（1）点头。就是颈部使头部垂直上下运动一次或两次以上，基本含义是同意或赞成，还可以表示问候、致意、感谢、满意、理解、舒畅、表扬、拥护、放心、尊敬、佩服等，也可以表示"跟我走""到这儿来""是我""在这里"等信息。

（2）摇头。虽然在含义上不像点头那样宽泛，但摇头除了否定、不赞成等意思外，还可表示"我不懂""此时不宜回答""别再说了""我不接受"等信息。

（3）低头。表明对方对你的话不感兴趣或持否定态度。在人际交往中，特别是商务活动中，这种身体语言不受欢迎。低头还有顺从、羞涩、内疚、忧虑、沉思等意思。

（4）头微侧。将头从一侧略倾斜到另一侧，可以让人感到你"关注"，结合面部表情，可以表达"感兴趣"（脸略带微笑）、"怀疑"（目光直视）等信息。

（5）头挺直。表达对谈判和对话人持中立的态度，同时还表示自信、严肃、正派、自豪、专注、勇敢等信息。这种态度在人际沟通中很受欢迎。

（6）头向前。表示倾听、期望，或同情、关心。

（7）头向后。表示惊奇、恐惧、退让或迟疑。

（8）头一摆。一般是提醒他人快走的意思。

（9）头一扬。表示傲慢、藐视等。

（10）拍头。表示后悔、对不起等。

二、眼神

眼神又被称为目光语，是运用眼睛的神态以及神采来表达感情、传递信息的一种无声语言。它就像"心灵的窗户"一般倾诉着感情、沟通着心灵。眼神从心灵窗户中传递出的是最真切的语言，虽然无声无息，但却异常有力。眼神的力量甚至超越有声语言。例如，高兴和兴奋时眉开眼笑；气愤时怒目而视；恐惧时目瞪口呆；悲伤时两眼无光；惊奇时双目凝视等。眼睛不仅能传达感情，而且可以交流思想。人与人之间往往有许多事情只能意会，不能或不便言传。在这种情况下，通过观察人的眼神可以了解对方的内心思想或愿望，并推知对方的态度：是赞成还是反对；是接受还是拒绝；是喜欢还是反感；是真诚还是虚假等。可见，眼神是一种十分重要的非语言交往手段。目光接触是非语言沟通的一条重要渠道，能够在不同国籍、不同民族、不同年龄的人群之间建立一种信任，可以帮助人们相互理解，并鼓励双方更好地沟通。

1．眼神的功能

心理学认为个体的情绪变化，首先反映在瞳孔的变化上。人的情绪由中性向愉悦改变时，瞳孔会不自觉地变大；看到让人厌恶的刺激物时，人的瞳孔会明显缩小。人的情绪状态由晴转阴时，也会有同样的反应。

1）表达爱憎情感

眼睛作为反映心灵深处变化的平台，能准确、真实地传递沟通者的爱憎情感。例如，深切注视的眼神，表达崇敬对方之意；怒目圆睁的眼神，表达仇恨对方之意；回避闪烁的眼神，表示惧怕对方之意。

2）传递补充的信息

当双方在交谈沟通时，讲话者往往会因注意用语而使注视对方的次数少于听者，以致形成彼此间目光接触的机会不平衡。讲话者可以有意识地增加与对方目光接触的次数，适时通过目光接触，补充内心情感信息，使语言沟通效果更佳。

3）具有威慑作用

当一个人长时间盯视对方时，对方会收到震慑威吓的信息，使之在逐渐形成的恐惧心理中低头。如遇紧急情况，乘务长选用这种眼神降服客舱乘客就是最好的例子。

4）显示社会地位

当交谈的双方社会地位悬殊时，就会出现地位高者注视地位低者的时间较长，在不自觉地表达自己的优越性。

2. 运用眼神的礼节

眼神主要用来表示对对方的亲切、友好与关注。在与人交往时，因场合、对象不同，眼神的方向有所变化。在眼神接触中，不同的凝视部位、角度和时间，表明双方的关系也不同。

1）乘务员的公务凝视

常见的眼神分为亲密凝视、社交凝视、公务凝视。亲人与恋人之间使用的凝视行为称为亲密凝视，这时的眼神可以停留在眼睛至胸部的区域。一般社交场合进行的凝视行为称为社交凝视，此时的眼神应落在以双眼为上限、唇心为顶角所形成的倒三角区内。正式公务场合使用的凝视行为称为公务凝视。乘务员在客舱服务过程中的眼神属于公务凝视，此时乘务员的目光应落在双眼为底线、额头中上部为顶角所形成的正三角区内。在客舱服务过程中，凝视乘客这个部位，不仅显得严肃认真、有诚意，还能掌握谈话的主动权和控制权。

2）选择正确的眼神服务乘客

在眼神运用中，正面平视表示理解、平等，可以引起对方的好感。平视时，应将目光放虚，用自己的目光罩住对方整个人，或让眼睛的余光看到对方，而不宜直直盯着对方。仰视表示尊敬、期待，并含有思索之意。俯视用于长辈对晚辈，表示爱护、宽容。而与一般对象沟通时，居高临下的侧视会带来傲慢不恭的感觉。斜视对方，不仅会造成对方因被瞧不起而产生受辱的感觉，也暴露出自己的狭隘和无礼，因斜视表示轻蔑。东张西望、左顾右盼，都会让人觉得心不在焉。白人一眼表示反感，双目大睁表示吃惊，不停眨眼表示疑问，眼睛眯成一条线表示高兴。

3）目光停留时间须得体

在客舱服务过程中，乘务员的眼神与乘客的眼神接触时间一般占全部交流时间的30%～60%。若对方是同性，应不时与之目光对视，以示尊重；若对方是异性，双目连续对视时间不宜超过 10 秒，目不转睛地长时间注视异性是一种失礼的行为。

4）需控制的几种眼神

在交谈中，敢于礼貌地正视对方，是一种坦荡、自信的表现，也是对他人尊重的体现。谈话中眼睛往上、往下、眯眼、斜视、闭眼、游离不定、目光涣散、漫不经心等，这些都是在交际中忌讳的眼神。当别人难堪时，不要去看他；交谈休息时或停止谈话时，不要正视对方。如果我们在交谈中死死地盯视一个人，特别是盯视对方的眼睛，不论是否有意，都显得不礼貌。眯视不但留给对方不友好、睥睨与傲慢的印象，还会让人觉得你是一个漠然的人。在交谈中，若刻意回避对方的目光或眼睛，眼神瞟来瞟去，就会让对方觉得你不专心或心虚。游离的目光更是一种没有主见的眼神，也表示出一种犹豫、举棋不定的思想状态。

3．眼神美的训练方法

在西方与人谈话时，最好看着对方的眼睛（不要不停地眨眼或移动眼神）。如果没有这样做，别人会认为你是不礼貌和不真诚的。应当注意，交流中的注视，绝不是把瞳孔的焦距收束。紧紧盯住对方的眼睛，这会使对方感到尴尬。交谈时正确的目光注视区域应当是对方的眼睛与鼻子之间。道别时，则应用目光注视对方的眼睛。

眼神美的训练方法如下。

（1）香火法。手持一支点燃的香，在眼前自由转动，要求视点始终追逐并集中在香头上。主要训练眼神转动的灵活性，达到眼神集中、有神的目的。

（2）盯靶法。身体站在距其 2～3 米处目视靶环牌，目光从环外逐渐向环内移动，最后落在靶心。以此锻炼眼神集中和有神采。

（3）钟摆法。找一摆钟，距离其 2～3 米站住或坐好，目光随钟摆来回摆动，反复练习。

（4）扫描法。在室内墙上两侧与目光平行处各画一条线。站在或坐在墙中间距离所画线 2～3 米处，练习目光随颈部转动而变化。锻炼眼神的灵活性。

三、微笑

微笑能给人一种容易接近和交流的印象。善于交际的人，在人际交往中的第一个动作就是面带微笑。微笑是一个人心境良好的表现，说明一个人的心境平和，心情愉快；微笑是善待人生、乐观面世的表现，说明一个人的心里充满了阳光；微笑也是有自信心的表现，对自己的魅力和能力抱积极和肯定的态度；微笑是一个人内心真诚友善的自然表露，说明这个人善良、心胸坦荡。所以，人们在许多种笑里面，将微笑作为一种文明礼貌的标准，尤其是服务行业，更是把微笑当作是提高服务质量的参考标准之一。

1．微笑是民航从业者的标志

乘务员不仅要让自己的有声语言给旅客以美感，也要让自己的无声语言给旅客留下好印象，即乘务员要掌握多种表达方式，善于使用礼貌用语和无声语言，使沟通更有人情味，避免平淡、乏味、机械的职业套话。微笑，就成了乘务员首选的副语言。不仅如此，世界各国的服务行业从业者，也同样将微笑放在沟通的第一位。

美国希尔顿酒店总公司董事长康拉德·希尔顿在 50 多年的经营里，不断地到他设在世界各国的希尔顿酒店视察，视察中他经常问同事的一句话就是："你今天对客人微笑了吗？"

自称"微笑之邦"的泰国，把微笑广泛地运用到一切服务当中。泰国航空公司直截了当地把微笑当成商品做起了广告："请乘坐平软如纱的泰航飞机，到泰国享受温暖的阳光和难忘的微笑！"

日本也是非常重视微笑服务的国家。日本各航空公司，在乘务员上机之前都要接受长达 6 个月的微笑训练，训练在各种乘客面前和各种飞行条件下都能真诚流露出微笑。

微笑可以表现出温馨、亲切的表情，能有效地缩短双方的距离，给对方留下美好的心理感受，从而形成融洽的交往氛围。面对不同的场合、不同的情况，都能用微笑来接纳对方，可以表现出个人良好的修养、待人的至诚。微笑有一种魅力，它可以使强硬者变得温柔，使困难的事变得容易。所以微笑是人际交往中的润滑剂，是广交朋友、化解矛盾的有效手段。

2. 微笑美的训练方法

人微笑时应是嘴角上翘，眼里含笑。微笑也有技巧，它是可以通过训练而掌握的。下面介绍几种微笑的训练方法。

1）拇指法

双手四指轻握，两拇指伸出，呈倒八字形，以食指关节轻贴颧骨附近，两拇指肚向上，放于嘴角两端 1 厘米处，轻轻向斜上方拉动嘴唇两角，反复多次，观察你微笑的状态。（反复如此训练，仔细观察体验嘴角在每一位置时的美感，并选取最佳位置定格、再欣赏、再定格、再观察。）

2）食指法

轻握双拳，两食指伸出呈倒八字形，放于嘴唇两角处，向斜上方轻轻拉动嘴角，并寻找最佳位置。或双手轻握，伸出食指，两拳相靠放于下巴下方、两食指放在嘴角两端，向斜上方轻轻推动，反复推动多次，直到找到满意的位置为止。

3）中指法

两中指伸出，其余四指自然收拢、半握；两中指肚放在嘴角两端，轻轻拉动嘴角；反复动作，直至找到满意的微笑状态为止。

4）小指法

两小指伸出，其余四指自然收拢，半握；两小指肚放在嘴角两端，轻轻拉动嘴角；反复动作，直至找到满意的微笑状态为止。

5）双指法

双手拇指、食指伸出，其余三指轻轻握拢；将两食指按放在两眉上外端；两拇指按放在嘴角处，向斜上方轻缓拉动。反复多次，直到满意后，定格欣赏，再训练。

3. 微笑的形象塑造

微笑是指不露牙齿、嘴角两端稍稍翘起的笑。微笑时，面部肌肉放松，嘴角微翘，轻笑而不露齿，尤其要避免露出牙龈，同时避免牵动鼻子。练习时，要注意下唇不要用力过大。

微笑要与内心情感相结合。微笑体现的是内心的快乐，是内心情感的自然流露，包含着对乘客的关心和热忱，给人以温暖的感觉，而绝不是故作笑颜，曲意奉承。

微笑要与眼睛相结合。当我们展示微笑时，眼睛也要微笑起来，否则给人的感觉是"皮笑肉不笑"。

微笑要与语言相结合。当我们表示欢迎对方时，不但要微笑，还要和"您好""欢迎光临"等语言配合使用，让人觉得更具有亲和力。

微笑要与身体相结合。微笑时还要正确地与自身的身体语言相结合，微笑时身体不能表现得懒散、消极。只有做到口到、眼到、神色到，笑眼传神，微笑才能扣人心弦。

微笑要与仪表、举止相结合。以笑助姿、以笑促姿，形成完整统一、和谐的美。

含义不同的微笑表现也不同。例如，兴奋、幸福、心中暗喜的微笑表现为眼睛睁大、瞳孔放大、眼睛闪动频率加快、眉毛上扬、嘴角平或微微向上；兴趣盎然的微笑表现为眼睛轻轻一瞥、停留时间约 1 秒，眉毛轻扬，嘴角向上；对对方感兴趣的微笑，一般采用亲密注视的方式，眉毛轻扬，嘴角向上；交际应酬时常用的微笑表现为社交注视方式，眉毛平，嘴角向上；与对方保持距离或冷静观察的微笑表现为平视或视角向下，眉毛平，嘴角向上。

越来越多的实践告诉我们，微笑并不一定意味着高兴。事实上，它更是一种重要的体态语言、社会语言，具有社会性。微笑，反映的是一种意愿、一种关系、一种文化。面对飞机上的每一位旅客，乘务员必须是微笑的，微笑是乘务员必备的基本社交语言，这种语言能够拉近乘务员与旅客之间的距离。发自内心的微笑（眼睛含笑）能让旅客感受到乘务员的敬业精神。

练 习

1．"出门看天色，进门看脸色。"脸色的观察对乘务员的交流有什么作用？

2．在与旅客交谈时，应注意控制哪几种眼神？为什么？

3．训练眼球的灵活性，使自己在工作、生活、社交中更受欢迎。

（1）眼珠顺时针方向转动，由慢渐快。5 秒后再逆时针方向转动。每天练两次。

（2）观察快速奔跑（飞）的动物，让眼睛随动物的奔跑（飞）而运动。

4．微笑训练。

拿一根筷子含在口中，要求筷子尽量地将嘴拉开，做微笑状。对着镜子调整眼神，将你认为最美的表情定格，坚持 5 分钟。休息片刻再重复训练，直到拿起镜子很自然地就能看到自己满意的微笑为止。微笑辅助训练，会使微笑的效果更好。

5．对镜训练。

（1）要专注欣赏。可用厚纸挡住嘴，努力回想经历过的最愉快的事情，直到眼睛慢慢带上笑意，然后把纸移开，口中说"一"，这时人是眼角含笑、嘴角微微上翘的。每次训练都要专心、聚精会神地练习。

（2）贵在坚持。经过一段实践，不用手动就能达到最佳状态的微笑时，就可放弃手助操作训练，转而用意念进行自然微笑训练。

（3）天天对镜微笑。一觉醒来，先微笑一下再起床；晚上入睡之前，先微笑一下再轻松入睡；每天早晚洗漱时，首先都要对镜微笑一下。不仅如此，一天之内每次见到镜子也要自觉微笑一下，并伴以愉快的心情，进行满意的自我欣赏。

案例分析

案例一

巧借微笑 事半功倍

某航班因机械故障延误。正值酷暑，旅客被闷在客舱里，没有空调，旅客的情绪随着气温的升高不断高涨，有闹事的，有谩骂的，整个客舱像炸开了锅。看到这种情景，乘务员一边大声地要求旅客安静，一边安抚旅客，可乘务员的说话声完全被淹没在吵闹声中。

一名男旅客已经按捺不住，使劲按服务钮，乘务员急忙跑过去，蹲下身问他："先生，你有什么需要我帮忙的？天这么热，您先坐下来休息休息，喝杯水好吗？"然后对他微微地笑了笑，那位旅客先是愣了一下，意识到自己失态后，赶紧接过乘务员递过来的水，喝了起来，并回了声："谢谢！"其他旅客看到这情景，才意识到自己也口干舌燥了，于是纷纷向乘务员要求提供饮料，乘务员愉快地答应着，很快一场风波就这样平息下来。

分析：微笑是语言沟通的助推剂，甜美的微笑可以加速沟通效果的达成。尤其在局面"混乱"的情况下，微笑不仅可以增加说话者的自信心，还可以营造良好的氛围。"伸手不打笑脸人"就是这个道理。

案例二

耐心沟通 化险为夷

某航班上一位旅客抱怨餐食过期变了味。为不影响其他旅客，当班乘务长半蹲在旅客身边耐心解释：餐食是餐食部当天配好的，正餐不会超过 4 小时，点心不超过 6 小时，请他放心用餐。但旅客仍强词夺理："餐食的外包装虽印有生产日期和保质期，但里面的独立小包装盒上没有印日期。"面对旅客咄咄逼人的样子，乘务长面带微笑地说："我虽没有看到餐食制作过程，但作为航空公司一员，我相信我们的公司不会把过期餐食送上飞机，请您放心吧。"整个航程，乘务长多次接近该旅客，提供更加细心地服务。

临下飞机时，乘务员感谢该旅客指出了她们工作中的不足，表示会把意见上报给相关部门，加以改善。旅客满意地笑了，也向她道出了心中真正的不快。

分析：对于众多非民航从业人员的旅客来说，每次航程都会存在各式各样的疑问，面对任何疑问和担忧，乘务员都应该耐心地运用口头表达和肢体语言进行化解。

案例三

会心观察 再作决定

某航班飞行任务中，乘务员发现有一位旅客登机时与其他旅客不同，带着冷漠的表情直奔客舱最后一排就座。她沉默不语，眉头蹙蹙，举止呆板，凭直觉乘务员感到这位旅客肯定有心事，为此，在供应餐饮服务的时候，尽量与她多交流，希望空中关怀能让她的心情有所好转。

可是偏偏事与愿违，越是想提供最好的服务，越是出了麻烦。就在乘务员给旅客送餐时，由于旅客神情恍惚，不小心抬手把整整一盒面条全部打翻，扣了自己一身。顿时，她勃然大怒，眼睛直瞪着乘务员，毫不犹豫地发了一顿脾气："你这是怎么搞的，服务这么差劲！"

分析：作为乘务员面对这样的情形时，绝对不能推卸责任，更不能与旅客争执，需要马上向旅客温和地道歉，拿来小毛巾帮她擦拭被弄脏的衣物，以便使她立即消气。随后乘务员可以帮她放好小桌板，再重新端来一份热腾腾的面条。在随后巡视客舱时对她多加关心。例如，她看报纸时，轻轻地为她打开阅读灯；她睡觉时，悄悄地为她关上通风口，盖上一条毛毯；她睡醒时，及时奉上一杯热茶……以细微的关怀慢慢打开旅客的心扉。

案例四

换位思考　尽己所能

某乘务组执行西安—北京—东京航班时，在北京机场地面特服人员用轮椅推着一位老太太上飞机，老太太哭得像一个泪人。乘务长急忙迎上去，把老人安排到座位上坐下。乘务长想老太太可能是腿脚疼痛才哭，她赶紧用毛巾为老太太擦眼泪，让她喝口水。这时老太太的情绪稍微稳定了一些，也不哭了。乘务长蹲在老太太的座椅旁问她哪里痛，好帮她揉一揉，老太太这才向乘务长说出了事情的原委。

老太太是日本人，前一天通过电话在一航空公司北京天坛售票处购买机票时，售票员没有听懂老人的要求，本来要买大阪的机票，结果送票员给她送来一张到东京的机票。老太太想换成第二天到大阪的机票，又考虑到自己的临时护照马上到期，不走不行了，别的航班也没有机票了，只好忍受被骗的感觉接受了现状。刚才在候机厅，患有糖尿病的老人托运三件大行李，又随身携带了两大行李登机，由于心里一直在想她女儿怀抱 6 个月大的婴儿在大阪机场接自己，自己又只能先到东京机场，一不留神又把脚崴了，地面特服人员只好用轮椅把老太太推上来。坐在轮椅上，原本就感到委屈伤心的老太太越想越难受，便号啕大哭起来。

飞机起飞后，老太太又哭了起来，乘务长对老太太说："老人家不要哭了，我们大家一定会想办法把您送到您的家人那里，让您顺利到家。"并立即向机长说明了情况，希望通过空中无线电联系东京机场，了解东京到大阪的新干线最晚一班是几点钟，看老太太能不能赶得上。假如老太太赶不上，就求助航空公司驻东京办事处，帮忙送老太太到酒店住一夜，第二天再想办法。

三个多小时的航程中，老人得到了乘务组细致入微的照顾。为方便老太太上厕所，乘务组把她的座位调到后舱第二排 3D，乘务员搀扶老人去厕所。乘务员得知老人患有糖尿病后，就不厌其烦地多次送去温开水让老人喝；看见老人不停地哭，就用小毛巾为老人擦泪擦脸。老人被乘务组的服务感动了，她告诉乘务长说："我本想回到日本后，上法庭告航空公司，但是你们用真心打动了我，为公司挽回了声誉，我感谢你们。"

飞机降落在东京机场，乘务长又向航空公司东京办事处工作人员讲了这位特殊乘客的情况，请他们给老人的家人打电话联系，自己和该办事处人员立即用轮椅将老太太推到行李提取处取行李。老人女儿的电话终于打通了，但由于婴儿太小不方便从大阪到东京来接老人。乘务长急忙推着老太太和她的 5 件行李直奔候机室外大巴士车，还有 5 分钟末班车就要开走了，大家齐心协力把老太太和行李一同送上车。上车后老太太更加激动，又哭得像一个泪人，不停地向大家致谢。顺利回到了家的老人，向家人讲述了自己回家的经历，家人也被乘务组的真情服务所打动，立即给客舱部领导写了表扬信，表达他们对乘务组的感激之情。

分析：这是一个非常典型的案例，在很多重大事故发生的时候，会遇到很多类似的旅客。而此刻，乘务员必须想办法弄明白造成矛盾冲突的缘由，然后尽全力为旅客提供全套有效的解决方案。

小　结

本节通过对面部表情的讲解，让学生熟知在实际沟通过程中，面部对沟通效果的重要作用，并能够运用适当的表情加强沟通效果。

思 考 题

1. 面部表情有哪些？用什么方式表现是最合适的？
2. 简述面部表情在实际沟通中的重要性。
3. 如果不小心打翻饮料，乘务员应该如何处置？

第二节　服 饰 搭 配

服饰是指人们穿着的服装和佩戴的饰物，是个人形体的外延，包括上衣、裤子、裙子、帽子、鞋子、袜子、手套等各类装饰物，它们除了起到遮体御寒作用外，更能起到美化人体的作用。服饰是一种文化，可以反映一个民族的文化素养、精神面貌和物质文明发展程度，同时它又能显示出一个人的社会地位、思想修养、个性特征、心理状态、审美情趣等多种信息。服饰仪态是指人们在沟通交际中为相互表示尊重和友好而体现在服饰上的一种行为规范。在沟通交际活动中，服饰是向公众展示自我的一种真实写照。服饰能反映一个人的形象，是一个人思想和情感的无声表达。

一、服饰搭配的 TPO 原则

在社会交往中，讲究服饰穿戴规范的人，不但能让自己感觉良好，增强自信心，还能让与自己交往的人感到被尊重，能给人以修养好、办事有条理、值得信赖的印象。当你作为公司一员出席某些社交活动时，服饰还体现出你所在组织的形象。着装除考虑自身的特点外，还应遵循 TPO 原则，即时间（Time）、地点（Place）、场合（Occasion）。这就要求人们在选择服装、考虑其具体款式时，首先应当兼顾时间、地点、场合，并应力求自己的着装及其具体款式与着装的时间、地点、目的协调一致，较为和谐般配。TPO 要求人们的服饰应力求和谐，以和谐为美。着装要与时间、季节相吻合，符合时令；要与所处场合环境，与不同国家、区域、民族的不同习俗相吻合；符合着装人的身份；要根据不同的交往目的、交往对象选择服饰，给人留下良好的印象。

1. 服饰仪态的时间原则

服饰仪态的时间原则，指早晚、季节、时代。以一天为例，女士的着装礼仪变换为：白天工作时穿正式的套装，以体现专业性，晚上出席鸡尾酒会就可穿上晚礼服，再加上一些配饰；但冬天不能穿超短裙、露肩裙；同时现代不宜再穿长袍、马褂等。服饰务必要与穿着的具体时间默契配合，在不同的时间里应当穿着不同的服装，切不可不分四季、不分早晚或脱离时代地胡乱穿衣。

应时要求服饰符合时代性，不同的时代有不同的着装标准，古代与当代显然有极大的不同；要求服饰随季节变化而变化，夏单冬棉不能混穿；还要顾及早、中、晚三段的时间变化。

2. 服饰仪态的地点原则

服饰仪态的地点原则，指因地制宜，无论到哪里，着装应尽量适应该区域文化，表现尊重对方习俗，融入对方环境。即不同的环境、地点需要有与之相适应的服饰打扮。我们在社交沟通活动中，一定要考虑自己即将前往的活动地点的具体情况。任何人只要到达一定的地点，也就进入了特定的环境，成为其中的组成部分。此时此地，你的服饰、行为举止都必须自觉地与所处的特定环境保持一致，绝不可自以为是，格格不入。

上班时服饰要正规、庄重，适合着正装，饰物佩戴以少为佳；社交环境应讲究时尚，展示个性，适合穿礼服、时装等；休闲环境要求不高，只要舒适轻松、得体即可，可以选择便装。

3. 服饰仪态的场合原则

1）应事原则

应事原则是指穿着要考虑自己将从事的工作或参加活动的场合。每个人都生活在一定的时间、空间中，任何人穿衣服都带有一定的目的性。社交沟通活动中的服饰应当根据自己所参与的事务或活动的场合不同而有所变化。在处理不同的事务或处在不同的场合时，对于服饰有不同要求。

处理常规事务或在公司上班，此时的服饰应当合乎本组织的规定，要正规、整洁、文明；如果参加一些重要的活动，服饰力求庄重、高雅和严肃；参加欢庆活动、纪念活动等喜庆活动时，选择的服饰可稍显时尚、潇洒、明快；参加悲伤的活动，则应穿着严肃、素雅、肃穆，符合现场气氛。

2）应己原则

应己原则就要根据自身条件选择符合自己的性别、年龄、肤色、体形的服饰，即要量体裁衣，因人而异。我们在与人沟通交往中，要实事求是地展示自己最佳的着装形象。一件衣服也许款式很新、制作精良，虽然有人穿起来很合适，但却并不代表所有的人都合适。例如，深色服装较适合相对丰满的人穿着，而瘦小的人就不宜穿深色服装。

二、服饰的色彩搭配

美的服饰应该是款式美、色彩美和质料美三者和谐的统一体。形、色、质三者相互衬托，相互促进，构成了服饰美的整体。人们在参与社交等沟通活动时，就穿着而言，服饰的色彩在知觉中是最领先、最敏感的，也是最积极、最活跃的因素，直接影响服饰的效果，影响留给对方的第一印象。一套色彩和谐、款式合体的着装，会产生良好的服饰效应。

服饰色彩的搭配应遵循一般的美学常识，遵循色彩和谐原则。选择适当的搭配方法，进行各种色彩组合，使得色彩平衡，层次分明。一般有统一法、对比法、点缀法、相似法、衔接法、呼应法等搭配方法。

（1）统一法。就是选择同一色系的服饰，将明度不同的色彩进行搭配。这种搭配意在用简洁的配色来创造一种柔和自然的和谐美。

（2）对比法。就是通过色彩的相互对比或衬托，来加强服装的美感。各种色彩都有与之相对应的色彩，如黑与白、红与蓝、黄与紫等都是常见的对比色。这种搭配往往过于醒目、刺激，但是一旦搭配得当，则会使它们各自的特征更加突出，相映成辉。

（3）点缀法。即以一种色彩作为整体服装的主色调，另外适当辅之以一定的色彩进行小面积的点缀，能起到画龙点睛的作用。

（4）相似法。指用色谱上相邻、相近的颜色进行搭配。这种搭配富有变化，自由度较大，难度也较大。要求将色彩控制在三种以内，这样可达到丰富多彩、柔和协调的效果。

（5）衔接法。即在搭配时让对比色通过一种中性色或安全色的组合，如灰、白、黑、金、银等色，使人产生色彩连接的感觉，达到统一和谐的效果。

（6）呼应法。指的是服饰的色彩搭配要上下呼应、内外呼应。如黑底红花的上衣，下着黑裤或黑裙，再配以黑色皮鞋，这种搭配让人感到有协调统一之美。

服饰色彩除了可以根据自身的性格选择之外，还应懂得选择不同的色彩可以影响甚至改变穿着者肤色在他人感官中的印象。如果肤色较黑，宜选择柔和明快的中性色调，增加明朗和健美感，选色调过深的服饰会加深肤色偏黑的感觉，色调过浅，又会反衬出肤色的黝黑。肤色苍白的人宜选择暖色调，忌穿绿色、紫红色上衣。

在办公室里，服饰色彩还应与室内装饰色彩和周围的办公室环境相协调。出席会议应穿着深色服装，与会场庄重严肃的气氛相适应；参加晚会或舞会，穿着柔和色调的服装能够增加温馨的情调；求职应聘，穿蓝色系服装应该是一个不错的选择，可以让人觉得你比较稳重和干练；商务洽谈，应避免选用红色服饰。

三、职业装的基本要求

职业装的穿着在某种程度上能够代表企业形象，我们应该根据自身的职业、职位及知识修养等因素来协调搭配服饰。例如，领导者的服饰应端庄、稳重，着装质地高档，款式略为保守，体现一种权威性；科研工作者则应庄重、严肃，体现其一丝不苟的工作作风。

乘务员可依据个人的年龄、体形、肤色、职业、爱好着装。职场选择正装，如制式服装、套装，庄重保守。女士正式的服装一定要配高跟或半高跟式皮鞋，而且不能穿短袜或者卡通袜、运动袜；不能穿皮鞋不穿袜子；已有破洞或者抽丝的丝袜不宜继续穿；休闲装可以随意些，但休闲运动装不能与高跟或半高跟的皮鞋相搭配。同时，遵守惯例，服装、鞋、袜都应完好、整齐、干净。

作为为旅客提供高层次服务的民航乘务员，其应着绝对统一的规范服装。民航乘务员穿上醒目、统一的制服，既可以使旅客产生信赖感和安全感，也会使乘务员心中产生职业的特殊感、责任感和荣誉感。

《民航乘务员职业技能鉴定指南》有以下明确规定。

1）女士着制服要求

女士着制服时必须系好纽扣，将衬衣下摆系入裙子或者裤子中；戴帽子时，帽子应戴在眉上方1～2指处；着大衣时必须系好纽扣、腰带；登记证佩戴在衬衣、制服、风衣的胸前侧，上机后摘掉；胸牌佩戴在制服左上侧；提供餐饮服务时穿戴围裙，保持围裙整洁。

2）男士着制服要求

男士着制服时必须系好纽扣，不能袒胸露背、高卷袖筒、挽起裤腿；必须佩戴领带、肩章；衬衣须扣好纽扣，将衬衣下摆系入裤子中；着制服、风衣、大衣、衬衣时要戴帽子；裤子应当烫平整，保持干净整洁；皮鞋保持光亮；进行空中服务时可穿马甲；着风衣、大衣时须扣好纽扣，系好腰带并佩戴手套、帽子；登记证佩戴在衬衣、制服、风衣的胸前侧，上机后摘掉；胸牌佩戴在制服左上侧。

四、服饰的佩戴讲究

在正规场合佩戴饰物，一定要遵守使用规则。正确佩戴既能让饰物发挥其美化、装饰的功能，又能合乎佩戴常规。一般在数量上要求以少为佳，若同时佩戴多种首饰，则要求总量上不超过三件。除耳环外，同类首饰只佩戴一件。色彩上力求同色，质地上最好也能做到几件饰品都同质，这样就显得协调美观。选择饰品时，还要照顾个人的爱好，更要与自己的年龄、职业、工作环境及体形、季节等相吻合。

佩戴饰物要讲究与服装相协调，用装饰品衬托服装，能将你的仪表更好地展示出来。与服装是否协调，决定饰物的衬托是否成功。通常领口较低的上衣可用一条项链来装饰，穿运动服或工作服就不宜戴项链、耳环，否则会有不伦不类之感。在饰物颜色、款式的选择上，也要考虑与自己的衣着颜色、款式相协调，或与皮包、鞋子的颜色相搭配。

选择首饰时，应充分正视自身的形体特征，力求首饰的佩戴能扬长避短。遵循"同色、同款、同质"的原则。

1. 戒指的佩戴

戒指又叫指环，佩戴于手指之上，男女老少皆宜。戴戒指时一般讲究戴在左手，而且仅戴一枚。通常拇指不戴戒指，同一手指不戴多枚戒指。戒指的大小应与手指的粗细成正比。不同手指上戴戒指其寓意不同。例如，结婚戒指戴在左手的无名指上，中指上的戒指寓意为我在恋爱，小指上的戒指是我是独身的意思。从造型上讲，老年人的戒指应古朴庄重，年轻人的戒指则应小巧玲珑、精美漂亮。

2. 项链的佩戴

戴于颈部的环形首饰称为项链，男女均可使用，一般男士戴项链不外露，女士戴项链不内藏。通常项链每次只戴一条，但可将一条长项链折成数圈佩戴。选择项链应根据脖子的粗细成正比选戴。

3. 胸花的佩戴

胸花即通常所说的胸针，是别在胸前的饰物，多为女士所用。由于其图案以花卉为多，故称为胸花。别胸花很讲究所别的部位。穿西装时，应别在左侧领上；穿无领上衣时，应别在左侧胸前。发型如果偏左，胸花应当居右；发型偏右时，则胸花应当偏左。别胸花的高度也有要求，应别在从上往下数的第一粒、第二粒纽扣之间。

4. 耳环的佩戴

耳环又叫耳饰，分为耳环、耳链、耳钉、耳坠等。一般情况下，多为女性所用，讲究成双成对使用。不宜在一只耳朵上同时戴多只耳环。有些民族，以国外居多，也有男子戴耳环的，但习惯在左耳上戴一只，右耳不戴；如果双耳都戴的男子，会被人疑为性取向有问题。佩戴耳环，应考虑自己的脸型。不要选择与脸型相似形状的耳环，防止使脸型方面的短处被强化夸大。

5. 手表的佩戴

手表也称腕表，是佩戴在手腕上的用以计时的工具。在与人交往时，佩戴手表通常会给人以时间观念强、作风严谨的印象。手表的选择是有讲究的，按其购价，手表可分为豪华表、高档表、中档表、低档表四类，选购时既要考虑自己的实力量力而行，又要顾及个人的职业、出席的场合、交往的对象等相关因素。对于职场人员，手表的造型不能怪异、新潮，一般正圆形、椭圆形、正方形、长方形及菱形手表是正式场合佩戴的首选。颜色则可选单色或双色手表，金色表、银色表、黑色表是最理想的选择。

练 习

1. 为什么服饰穿戴要符合 TPO 原则？
2. 色彩搭配要讲究色彩的和谐，一般有几种搭配方法？
3. 戴戒指有什么讲究？

4．男士可以戴项链吗？有什么讲究？

5．观察你周围的同学在日常服饰仪态方面有哪些不规范的现象。

6．为自己搭配几套适合不同场合的服饰，然后分小组进行点评。

7．按专业化形象着制服。

案 例 分 析

苏联教育家马卡连柯在《爱的教育》一书中讲过这样一个故事：有位母亲是位小学教师，整天忙忙碌碌，衣冠不整。她的女儿是位中学生，总觉得母亲平庸不堪，有时甚至连话都懒得跟母亲说。可是有一天，母亲因为要主持家长会，穿了一套非常合体、非常漂亮的新衣服。女儿忍不住多看了几眼，并赞叹："妈妈穿这衣服真漂亮。"母亲从这句赞美的话中猛然醒悟：无论作为教师还是母亲，都应注意自己服饰形象，才能保持在学生或子女心目中的美好形象。

分析：不仅母亲应该注意形象，每一个在社会中扮演角色的人都应该如此。形象是人的第一语言，面容、服饰会在第一时间给人留下深刻印象。所以，必须从日常生活中开始注重自己的服饰形象。

小　结

本节通过对服饰仪态的详细介绍，让学生真正意识到合适的服装对于沟通效果的重要性，并能够选择适合自己的服饰搭配。

思 考 题

1．服饰仪态的重要性体现在哪些地方？

2．服饰仪态包括哪些内容？怎样正确做到这些内容？

第三节　身势动作

身势动作，又称肢体语言或身体语言，指经由身体的各种动作，从而代替语言借以达到表情达意的沟通目的。广义言之，身势动作也包括面部表情；狭义言之，身势动作只包括身体与四肢动作所表达的意义。当旅客以肢体活动表达情绪时，乘务员也可由之辨识出旅客所表达的心境。例如，鼓掌表示兴奋，顿足代表生气，搓手表示焦虑，垂头代表沮丧，摊手表示无奈，捶胸代表痛苦。

乘务员在实际工作中运用到的身势动作包括手势、站姿、坐姿、走姿和人际距离。

一、手势

手势是人们在沟通中常用的身势动作。手势语是指说话人运用手指、手掌和手臂的动作变化来表情达意的一种语言，是社会活动中不可缺少的动作，也是极富表现力和吸引力的行为语言。当众讲话的手势不但能强调和解释语言所传达的信息，而且往往能使讲话的内容更丰富、形象、生动，让听众可听、可看、可悟。对于大多数人来说，手势能表达从失望（绞手）到愤怒（紧握拳头），从苦思冥想（咬指头）到通过敲打物体、擦鼻和其他方式表示的不耐烦等情感。例如，摊开双手表示真诚坦率；在被人责备时，在胸前摊开双手，表现出无可奈何的样子，有的人还同时耸耸肩。

1. 常见的几种手势动作

（1）仰手式。掌心向上，拇指张开，其余几指微曲。手部抬高表示欢欣赞美、申请祈求；手部放平表示诚恳地征求听众的意见，取得支持；手部降低表示无可奈何。

（2）覆手式。掌心向下，手指状态同上，这是审慎的提醒手势。表达者有必要抑制听众的情绪，进而达到控制场面的目的，也可表示否认、反对等。

（3）切手式。手掌挺直全部展开，手指并拢，像一把斧子飕飕地劈下，表示果断、坚决、快刀斩乱麻等意思。

（4）啄手式。手指并拢呈簸箕形，指尖向着听众。这种手势具有强烈的针对性、指示性，但也容易形成挑衅性、威胁性，一般是对相识者或与演说者有某种关联时才使用。

（5）剪手式。切手式的一种变异，掌心向下，然后同时向左右分开。这种手势表示强烈的拒绝、毋庸置疑。演说者也可以用这种手势排除自己话题中涉及的枝节。

（6）伸指式。指头向上。单伸食指表示专门指某人、某事、某意，引起听众注意；单伸拇指表示自豪或称赞；数指并伸表示数量、对比等。

（7）包手式。五指尖相触，指尖向上，就像一个收紧了开口的钱包。这种手势一般强调主题和重要观点，在遇到具有探讨性的问题时使用。

（8）推手式。指尖向上、并拢，掌心向外推出。这种手势常表示排除众议，一往无前的态势，显示出内心的坚决和力量。

（9）抚身式。用手抚摸自己身体的一部分。双手自抚表示深思、谦虚、诚恳；以手抚胸表示反躬自问；以手抚头表示懊恼、回忆等。

（10）握拳式。五指收拢，紧握拳头。这种手势有时表示示威、报复；有时表示激动的情绪、坚决的态度、必定要实现的愿望。

2. 手势语言的表达技巧

1）手掌

人们一般认为，敞开手势象征着坦率、真挚和诚恳。判断一个人是否诚实，有效的途径之一就是观察他讲话时手掌的活动。小孩撒谎时，手掌藏在背后；成人撒谎时，往往将双手插在兜里，或是双臂交叉，不露手掌。常见的手掌语有两种，一种是掌心向上，表示诚实、谦虚和屈从，不带威胁性；另一种是掌心向下，是压抑、下指令的表示，带有强制性，容易使人产生抵触情结。

标准握手礼应该在行礼时行至距离握手对象 1 米处，双腿立正，上身略向前倾，伸出右手，四指并拢，拇指张开与对方相握。握手时应用力适度，上下稍许晃动三四次，随后松开，恢复原状。握手时间应在 3 秒以内。握手还要讲究伸手原则，即"尊者为先"，长辈、上级、女士先伸手，表示对他们的敬重。

2）拇指

拇指动作显示的是一种积极的动作语言，用来表示当事者的能力。伸出拇指表示赞赏、肯定。如果把双手插在上衣或裤子口袋里、伸出两拇指，就是显示自己高傲态度的手势。还有人习惯将双臂交叉于胸前，两个拇指上翘，既显示出防卫和敌对情绪，又显示出十足的优越感，这种人一般比较难接近。值得注意的是，拇指与食指搭成圆圈，是一种谈钱的手势，有身份的人用此手势会有失大雅。

3）背手

有地位的人都有背手的习惯，显然，这是一种表达至高无上、自信甚至狂妄态度的动作语言。背手还可以起到镇定作用，双手背在身后，还能表现出自己的胆略，学生背着手背书，能缓和紧张情绪。上述指的背手，其动作是指手手相握的背手，而不是一只手握在另一只手的腕、肘、臂上，后者表现的是沮丧不安的心情，且握的部位越高，沮丧的程度也越高。

4）搓手掌

除冬天搓手掌是为了防冷御寒外，平时则表示人们对某件事亟待解决的心情。一般来说，双手相搓表示这个人内心正处于左右为难和烦躁不堪的境地。运动员起跑前搓手掌，表示期待胜利；国外餐馆服务员在你桌前搓手掌，询问你还要再点什么时，实际上是对小费的期待、对赞赏的期待。

3．沟通中的规范手势

标准的手势姿态是五指并拢，手掌平面与地面呈 45° 夹角，掌心向上；手臂伸直，与手掌成一直线，肘关节自然弯曲。手势美是一种动态美，运用手势时要规范和适度，遵循欲扬先抑、欲上先下、欲左先右的原则；手势上界一般不宜超过对方视线，下界不低于腰部，左右摆动幅度约在胸前；手指曲线宜软不宜硬、宜慢不宜猛；不能掌心向下，不能紧握拳头、也不能用手乱指点。

运用手势要注意手势不宜过多，也不宜过于单调，反复一种手势会让对方感到缺乏修养；在任何情况下都不要用手指指自己的鼻尖，或用手指指点他人；与人打招呼、致意、鼓掌、挥手告别时，要注意适度；为他人做介绍、指方向、请人做某件事时，应掌心向上，手指自然并拢，以肘关节为轴；指方向时上身应稍向前倾，显示自己的诚恳、恭敬、有礼的风度。

二、站姿

俗话说："站有站相，坐有坐相。"如果乘务员在与旅客交往时，站无站相，弓腰驼背或双腿抖动，或懒洋洋地倚墙靠桌，旅客一定会把乘务员归入无修养的一类人当中，这不仅影响双方之间的沟通，还会影响航空公司的声誉。

1．正确的站姿

正确的站姿应该是身躯挺直，挺胸收腹，立腰提胯，抬头平视，嘴唇微闭，面容平和自然。双肩放松，保持水平，双臂自然下垂于体侧，手指并拢并自然微曲，双腿并拢直立，双脚之间呈 45°～60° 夹角，距离以不超过双肩为宜。男士站立时，双脚可呈现八字形，两脚距离小于或等于肩宽；双手搭在一起放在腹部或臀部，也可一只手垂于体侧、另一只手放于腹部或臀部。女士站立时，双脚可呈 V 字形，脚后跟靠紧，脚尖展开呈 60°～70° 夹角，右手可放在左手上，轻贴于腹部，或右脚向前将脚后跟靠于左脚内侧，成丁字步等。

2．应避免的站姿

站立时，有些姿势我们要尽量避免。如双腿交叉站立，这种站姿会给人以不严肃的感觉；双手或单手叉腰，这种站姿常含有攻击性的意思；双臂交叉抱于胸前，这种站姿含有消极、防御、抵抗之意；双手放在衣袋或裤袋之中，这种站姿给人以不严肃或拘谨之感；身体摇晃、东歪西靠，这类站姿给人留下散漫、缺乏教养的印象。

社交场合站立时，不应有摆弄打火机、香烟盒，或咬指甲等小动作，这样会使人觉得你很拘谨、缺乏自信。缺乏自信、消极悲观、甘居下位的人，站立时往往弯腰驼背；充满自信、乐观豁达、积极向上的人，往往背脊挺得笔直。

3．合理支配自己的脚

脚的动作虽然不易观察，但却能更直观地反映交流双方的心理状态。挑衅时双腿挺直，厌烦或忧郁时双腿无力，兴奋时手舞足蹈。如果一个人脚踝交叠、双手抓紧椅子，表现出他正处于某种压抑之中。如果他在发火，同时又在千方百计地控制着自己，就会不自觉地收紧脚踝站着。叉腿站着，说明他不自在，紧张而不自然。一般场合中，站立时不停抖动是得意忘形的表现，但有时因焦急等人时也会抖动腿。跺脚表明兴奋，但在愤怒时也会跺脚。

三、坐姿

坐姿是指人们就座时所呈现出的姿态。在面对面沟通时，人们大多会选择坐下进行交谈，而美的坐姿是一种文明行为，不仅能表现体态美，也可体现行为美。

1．入座的规范

入座时要保持上身挺直，不要耷拉肩膀，含胸驼背，给人萎靡不振的感觉。无论是坐在椅子上还是沙发上，最好不要坐满，只坐一半或不超过 2/3，端正挺直上半身能显得比较精神，但不宜过于死板、僵硬，使人感到不自然。年轻或身份低的人采用这种坐姿，能表示对对方的恭敬和尊重。如果坐久了也可适当地在椅子或沙发上靠一靠，但不能将腿脚直伸，或半躺半坐；更不可歪斜着瘫在沙发上，这种坐姿是放肆、没修养的表现。

2．端坐的规范

端坐时双手的摆放要自然得体，可以轻放在腿上，也可以平放在椅子两侧的扶手上。双腿不宜分得太开，双膝应自然并拢，双腿正放或侧放。女性端坐时最忌双脚分开跷起脚尖、摇腿，穿裙装忌露出大腿或衬裙等。入座时，不能让椅凳发出乒乒乓乓的声音，应该轻轻入座；起坐时要轻而缓，不要猛起猛坐，起坐时应同对方打招呼，表示告辞的意思，然后右脚向后收半步，再起立，双脚并齐。不同场合也会有不同的坐姿要求。

第一种场合。如谈话、谈判、会谈时，场合比较严肃，适合正襟危坐。要求上身正直，臀部落座在椅子的中部，双手放在桌或腿上，脚可并放或侧放。

第二种场合。如倾听他人教导、指示、传授、指点时，对方是长者、尊者、贵客等，坐姿除了要端坐之外，还应坐在椅子的前半部或边缘，身体稍向前倾，以表示一种积极、迎合、重视的态度。

第三种场合。如职业女性在社交中，为了使坐姿更优美，可采用略侧向的坐法；头和身子朝向对方，双膝相并或一前一后均匀。但要记住落座时一定把裙子向腿下理好、掖好，以免不雅。

第四种场合。如在比较轻松、随便的交往中，可以坐得比较舒展、自由。可以不断地变换坐姿，让自己更舒适、得到更好的休息。

3．不同坐姿的效果

一个人的坐姿不仅可以反映他惯常的性格特征，而且能反映此时此刻的心理。因此，乘务员在客舱人际沟通中，要注意对方的坐姿，调整与其沟通的方式，达到更好的沟通效果。坐姿一般可分为严肃坐姿、半随意坐姿和随意坐姿三种。

（1）严肃坐姿。指身体挺直、双腿并拢或略为分开，即正襟危坐。一般在谈判、重要会议等隆重场合，采取严肃坐姿，以示庄重和对公众的尊重。

（2）半随意坐姿。指背靠坐椅，双手置于坐椅的扶手上，两腿自然落地，或一只腿架在另一只腿上。一般在交谈、接待、庆典、联谊会等场合采用半随意坐姿，有利于营造融洽和谐的气氛，缩短交际双方和多方的心理距离。

（3）随意坐姿。只适宜非正式场合，交际各方十分熟悉和了解，或在亲友之间采用。相比上述两者，此种坐姿更自由、更舒适。如果对方手脚伸开，懒洋洋地坐在椅子上，说明他相当自信，对谈话对象稍有些瞧不起。如果你不能容忍对方的这种态度，可以找一些远距离的椅子坐下，让他够不着你，并可不断地拿出文件、照片或其他东西给他看，他便不得不挪动位子，这样就能自然地改变他的心理定向。如果对方习惯坐在椅子边上，说明他不够自信，还有几分胆怯，随时准备站起来或随时准备中断谈话。

重重坐下来的人，此时的心情是烦躁的，我们最好不要和他们谈什么重要的事情，往往此时我们不会得到满意的结果；而轻轻落座的人，心情一定是平和的，我们可以与其自由地交谈；侧身坐的人，除了心情舒畅外，还觉得没必要给你留下好印象；喜欢与我们对坐的人，希望能被你理解；喜欢与我们并排坐的人，认为与你有共同语言；正襟危坐、目不斜视的人，或对你恭敬并力图留下好印象，或此刻内心有些许不安；有意识从与我们并排坐改为对坐的人，或是对我们抱有疑惑，或是对我们有了新的兴趣。坐姿因人的个性和心理状态不同而不同，坐姿的表意功能也是较丰富的。

四、走姿

走姿指人们在行走时所呈现的姿态。有的人步伐矫健，动作敏捷，给人以健康、活泼、精神抖擞之感；有的人步履轻盈、体态端庄，使人觉得斯文、优美而庄重；也有的人走路弓腰驼背、左摇右晃，让人看了很不舒服。在与人交往中，良好的走姿不但能使自己更有风度，还有助于身体健康。

1. 规范的走姿要领

走姿的总体要求是轻松、矫健、匀速。即行走时目光平视，头正颈直，挺胸收腹，身体平稳，双臂自然下垂，前后自然摆动。行走中要求行姿协调、自然，富有节奏感和韵律感，一般用"行如风"来形容。要求男士矫健、稳重、刚毅、洒脱，具有阳刚之美；女士则轻盈、柔软、玲珑、淑雅，呈现阴柔之美。

走姿的基本要领是上身挺直，头正挺胸，收腹立腰，重心稍向前倾；双肩平稳，两臂以肘关节为轴，前后自然摆动，摆幅以 30°～40° 为宜，手臂外开不超过 30°；步位准确，两脚内侧落地时，行走的轨迹为一条直线；步幅适当，一般是前脚的脚跟与后脚的脚尖相距一脚长；保持一定的速度，不拖沓，男士每分钟约 110 步，女士每分钟约 90 步；停步、拐弯从容不迫，控制自如。

2. 不同场合的走姿要求

1) 走姿的调整

脚步的轻重、快慢、幅度及姿势，必须同出入的场合相宜。室内行走应轻而稳；花园散步要轻而缓；病房或阅览室走路要轻而柔；参加婚礼步子要欢快、轻松；参加丧礼则应显得沉重、缓慢。几个人一起走时，力求步伐协调，过快或过慢会显得与大家格格不入。上下楼梯时，上身均应保持挺直，且靠右侧行走，不要低头看楼梯，眼睛应平视前方，落脚要轻并且要用眼睛的余光找好每一步落脚位置。不要弯腰驼背，不要手扶楼梯，注意在楼梯行走时要与他人保持一定的距离。

2）不美的走姿

只要我们注意观察就会发现人群中有许多不美的走姿，如摇头晃肩、左右摆动等，这种走姿给人的印象是轻浮、少教养；弯腰弓背，低头无神，两脚拖地，步履蹒跚，这类走姿给人以压抑、疲倦苍老的感觉；双手叉腰或反背于身后，这类走姿给人以傲慢、呆板的感觉；双手插入裤袋，这种走姿显得拘谨、小气或随便。不美的走姿会影响人际沟通的效果，所以我们要掌握规范优雅的走姿，还要注意在不同的场合使用不同的步态。

3）不同走姿的心境体现

一个自满甚至傲慢的人走路时，他的下巴通常会抬起，手臂夸张地摆动，腿是僵直的，步伐沉重而迟缓，似是故意引起别人的注意。

一个人在沮丧时，往往拖着步子将两手插入口袋中，很少抬头看前方。

一个大摇大摆走路的人，虽有自信的气势，但又充满自夸与自满。

一个偷偷摸摸走路的人，源于卑屈或心里充满恐惧，潜向一旁，其意在于不引起别人注意。

一个典型慢性子的人，走路总是很慢，无论你怎么催促，他还是照旧。

一个焦虑女性的走姿总是很急，神情慌张，且经常变换方向。如果一个男人的步态也是如此，那么这种人的性格一般比较柔，且喜欢吹毛求疵。

每个人都有独特的走路姿态，即步态不同，如果是熟人，哪怕相隔较远也能辨认出来。人的步伐、跨步的大小和姿势，与情绪密切相关。假如一个人很快乐，他会走得比较快，脚步也轻快；反之，他的双肩会下垂，脚像灌了铅似的很难迈动。一般来说，走路快且双臂自然摆动的人，往往有坚定的目标而准备积极地加以追求；习惯双手半插在口袋中，即使天气暖和时也不例外的人，喜欢挑战而具神秘感。

每一位乘务员，不仅自己要做到正确、规范的走姿，还要掌握不同走姿传递出的旅客心境。只有这样，才会更好地为旅客提供服务，避免不必要的矛盾发生。

五、人际距离

人际距离，即人际交往的空间因素，是人际沟通必不可少的一个重要组成部分，是副语言符号系统中一种特殊的无声语言。若想与他人交往顺利，懂得对方的空间语言是十分必要的。缺乏对他人空间语言的了解，势必会引起误会和争执。常见的人际距离按其远近分为以下四种类型。

1. 亲密距离

亲密距离是指处于亲密区的人相互之间的空间距离，具体为 0.5 米范围之内，表示人际关系亲密，大多为自己的亲人和密友。一般人不能闯入这个空间，否则会令人焦虑不安。

2．常规距离

常规距离是指处于个人日常交往区内的人相互之间的空间距离，具体为 0.5～1.2 米范围之间。这个距离是非正式个人交往时经常保持的距离，一般指与朋友、同事、要好的邻居等之间交往时的距离。常规距离是各种宴会或非正式场合站立交谈时的最佳距离。

3．社交距离

社交距离是指处于社交场合中的人相互之间的空间距离，具体为 1.2～3.5 米范围之间。因双方相互之间不是太熟悉，这个距离有利于体现双方的地位和尊严，而且能使人头脑清醒、理智，从而达到理想的沟通目的。

4．公众距离

公众距离是指处于公共区的人相互之间的空间距离，具体为 3.5～4.5 米范围之间。这个距离通常会借助话筒等设备，亦称为公开讲话距离，如讲座、演讲、领导的报告等。

空间距离的不同表达了不同的心理距离，随意改变容易造成误会。如果你将"常规距离"缩短为"亲密距离"，对方可能会不自在，拒绝与你交谈，就会影响工作；如果你将"亲密距离"拉大到"常规距离"，对方会立刻感到你在疏远他、拒绝他。

与人际距离相似的另一现象是个人空间。个人为了保持其心理上的安全感受，会不自觉地与别人保持相当距离，甚至企图在其周围划出一片属于自己的空间，不希望别人侵入。在图书馆或公共场所内，经常看到很多人自己坐一个位子之外，企图再用其携带的物品占据左右两边的空座位。此时所表达的是一种防卫，防卫外人侵入其个人空间时带来不安的情绪。我们可注意观察这些人的情绪变化，如有陌生人要求坐在他的旁边，他就会感到不安，甚至起身离去；如遇到他熟悉的人，他会招呼对方，主动让出左右的位子给对方，而且他会感到非常高兴。

练　习

1．在客舱中，与旅客当面沟通时，应如何正确运用身势动作？

2．当旅客与你交谈时，以爱答不理的态度懒洋洋地坐在座位上，你会如何面对？

3．人际交往的空间距离有几种？为什么不能随意改变空间距离？客舱中的交流沟通又应该怎样注意？

4．技能训练。

（1）与你周围的人一起练习手势交流，并体会不同的握手方式给你的感觉有何不同。

（2）按照"正确的站姿""正确的走姿"要求，练习站姿、走姿，并与同学形成小组，相互点评。

案例分析

周恩来总理非常善于使用交际手势。基辛格博士在回忆周总理的外交艺术时曾说："他经常靠在椅背上用富有表现力的手势来增强谈话效果。当要扩大说话范围或是从中得出一般性结论时，他经常用手在面前一挥。在搁浅的争论有了结论时，他又会把两手放在一起，十指相对。"

分析：周总理恰到好处的手势运用，在谈判过程中发挥了"导势"作用，也给基辛格博士留下了深刻印象。

小　结

本节通过对副语言的讲解，让学生熟知在沟通过程中语言与副语言的相互配合作用，以便在日后的实际沟通中做到有效交流。

思 考 题

1．副语言对于有效沟通的作用有哪些？
2．副语言包括哪些部分？每部分应该注意哪些细节？

第五章 空乘服务沟通内在素质的训练

"合抱之木，生于毫末；九层之台，起于累土"，乘务员的机上服务沟通能力源于多年的日积月累。机上服务沟通能力看似简单，但优雅的举止、敏锐的反应能力、高超的服务技巧无不考验着乘务员平日的勤学苦练。

知识目标

- 了解沟通的基本原则。
- 掌握客舱安全知识和机上急救常识。

能力目标

- 掌握涉外沟通中的应变能力。
- 掌握特殊旅客和特殊、紧急情况下的沟通技巧。
- 提高处理旅客投诉的沟通技巧。

第一节 空乘服务专项沟通训练

一、客舱安全知识

1. 加入机组

1）人员组成

加入机组的人员包括：①民用航空局航务管理人员；②空中交通管制员；③飞行签派员；④航行情报员；⑤气象预报员；⑥持有民用航空局特别工作证的人员；⑦公安人员；⑧航空安全机构人员；⑨民用航空局或航空公司航空安全监察员；⑩民用航空局或航空公司服务质量检查员；⑪空勤人员；⑫航空医生；⑬航空公司派往外站排故的机务人员；⑭与航行有关的其他人员；⑮航空公司特邀的其他航空公司的有关人员；⑯飞机制造商派驻的人员。

2) 加入机组的要求

(1) 计划起飞前 40 分钟内登机。

(2) 需要时，允许安排加入机组的人员坐在应急出口旁。

(3) 加入机组的人员登机后，乘务长应对其进行客舱管理和安全规定熟悉程度的口头评估。

(4) 登机后不可造成人员无座位或缺乏相应的安全保障设备的现象。

2．旅客登机

1) 许可登机的旅客

凡乘坐本公司航班的旅客须持有效客票和印有安全检查许可章的登机牌。

2) 可不接受的旅客

(1) 是或怀疑是中毒者。

(2) 是或怀疑是吸毒者。

(3) 要求静脉注射者。

(4) 已知是传染性疾病或该人无法提供有效证明证实其无传染危险者。

(5) 干扰公共秩序者。

(6) 拒绝提供有效证明者。

(7) 精神不健全，有可能影响机上人员或自残者。

3) 责令下机的旅客

(1) 责令下机的旅客的范围：①无票登机；②无登机牌；③是或表现为醉酒的旅客。

(2) 如采取责令下机的方式无效，机长或地面工作人员可要求当地执法人员采取措施强制该旅客下机。如该旅客仍拒绝下机，他（她）将被指控为非法侵入，并可能会受到法律制裁。

(3) 如由于上述原因之一，而使任何旅客被责令下机，航班结束后，乘务长应以书面形式报告乘务队。

(4) 醉酒旅客的处置程序。

① 在登机时发现其行为表现为已喝醉的旅客，乘务员应立即报告机长，责令其下飞机并联系地面有关部门处理。

② 在飞行中发现醉酒旅客时，应停止为其提供酒类服务，并在可能的情况下调整其座位。

③ 当醉酒旅客影响飞行安全和客舱秩序时，应立即报告机长，视情况可采取限制其人身自由的强制措施。

3．对劫机的处置

1) 劫机的预防

(1) 坚持以确保旅客、机组和飞机安全为首要原则，采取必要的空中安全防范措施以防止不法分子劫持飞机，是保证飞行安全的重要方面，也是全体乘务员的职责。

（2）制定反劫机预案须周密、细致、可靠且可行。

（3）乘务长在预先准备阶段要组织乘务组复习反劫机预案。

（4）飞机起飞后短时间内，是劫机易发阶段，要注意观察。

（5）男性旅客手持提包进洗手间，可主动提出代为保管，以判明包内的物品。

（6）对执意企图进入驾驶舱的旅客，必须予以制止；对旅客要求将小包裹、书信等转交给机组，则告知民航有关规定，婉言谢绝或代为保管。

（7）如有羁押旅客，需了解其为何种类型，并在旅途中对其举止加以关注。

（8）最先获知发生劫机的乘务员，可用电话或事先约定的暗号通知机组。

2）发生劫机的处置

（1）立即报告机长。

（2）设法了解劫机者的目的、有无同伙、武器（刀具）、爆炸物、危险品等，并设法判明其携带凶器的真伪。

（3）面对劫机者要保持情绪自然，避免不必要的突然举动和过激语言，尽可能稳定劫机者情绪。

（4）制止其他旅客的一切帮助行为，同时要求旅客就座，并系好安全带。

（5）灵活运用各种方法（提高客舱温度、与其交谈、持续提供饮料等）控制劫机者，尽量拖延时间，并设法将其引至离驾驶舱较远的区域，如客舱后部。

（6）给提供劫机者餐饮时应收藏起可用于攻击的物品，如酒瓶等。

（7）加强客舱巡视，稳定旅客情绪，注意其他不正常现象。

（8）在确认劫机者有武器、爆炸物且已控制驾驶舱，并足以危及旅客、机组和飞机安全时，从保证人机安全的角度考虑，可满足歹徒的要求。

3）被劫机后的处置

（1）乘务组须服从机长的决定，在飞机被劫持期间，安排好旅客，做好服务工作。

（2）飞机被劫持至境外后，积极协助当地安全机构对劫持者及其物品的处置。

（3）严守国家秘密，不做有损国家利益的事情。

（4）乘务员不得单独与新闻媒体接触，除非有我驻外官方人员在场。

4．对爆炸物品的处置

1）地面爆炸物品的处置

（1）在机上发现爆炸物品后，将爆炸物品所在位置、状况等情况立即报告机长。

（2）根据指令，和有关部门共同将旅客及随身携带物品疏散至安全地带。

（3）如飞机在滑行中，待机长将飞机滑至指定地点后，根据指令，会同有关部门迅速疏散旅客和机组，疏散距离至少远离飞机100米以上。

2）空中爆炸物品的处置

（1）飞机在空中发现可疑爆炸物时，将该物所处位置、状况等情况立即报告机长，通常情况下，按机长指令进行处置。

（2）通知旅客系好安全带，收起座椅靠背、小桌板和脚蹬。

（3）询问飞机上是否有具备处理爆炸物品专业知识的旅客，在验明其身份后，可寻求帮助。

（4）处置爆炸物品前，尽快调整旅客座位，使其远离该爆炸物。

（5）对于可移动的爆炸物，按其原有形态和状态，移至对飞机、旅客危害最小的部位，尽可能切断该区域的电源，以防爆炸后的起火。

（6）用浸泡过水或阻燃液体的毛毯、枕头、衣物和坐垫等覆盖可疑爆炸物（厚度达25厘米），并在其周围用类似可吸收爆炸能量的材料堆积防护。

（7）准备好机上灭火装置。

5. 遣返（送）旅客

（1）乘务员对被遣返旅客的证件应妥善保管，并在到达目的地后将证件和遣返旅客交给边防官员，不得擅自将证件交还给被遣返旅客。

（2）对被遣返旅客除细心观察，不得歧视外，服务标准应等同其他旅客。

（3）对被遣返旅客要密切注意，避免将其安排在靠近窗口和机门处，不得提供含酒精的饮料。被遣返旅客在机上走动时应有遣送人员陪同，遣送人员离开时，乘务员可临时代为看管。

（4）机组换班时，乘务长必须在与接班机组或公司有关人员办理遣返（送）旅客和证件的交接手续后，方可离去。

6. 清舱

（1）正常清舱，由飞行机组分工负责。在旅客登机前和下机后必须清舱。

（2）特殊情况清舱，由机场公安当局联合安检、机组、机务等单位负责实施，如：

① 旅客登机后，客舱内有人声称劫机或者有爆炸物。

② 起飞前匿名电话声称存在劫机或爆炸物威胁。

③ 旅客登机后发现管制刀具、武器、易燃易爆物。

④ 旅客行李交运后未登机。

⑤ 联程旅客中途终止旅行或者旅客登机后因故终止旅行。

⑥ 旅客登机后，公安安检怀疑存在漏检或者机组对安检质量产生怀疑。

⑦ 未经安检的人员或者货物进入航空器。

⑧ 其他。

（3）为防止外来物遗留在飞机上，乘务员对发现可疑物品及人员要加以控制，并及时向机长报告；清舱情况记录在乘务日志上。

（4）乘务员应对餐食和供应品进行监督、检查和清点，以防外来物或人为投毒。

（5）乘务员携带的物品必须通过安检方可上机。

（6）严禁捎、买、带。

7．对邪教练习者的处置

（1）加强向机长汇报制度。

（2）航班准备时，带班乘务长应强调空防安全，加强对可疑人员及物品的观察、跟踪及反馈，如发现邪教练习者或邪教宣传物品，应及时向机长和地面总调汇报。

（3）空中若发现邪教练习者演讲应加以制止，并警告对方可能会构成危害民用航空安全的非法行为，若对方仍坚持，立即将情况汇报机长，由机长通知有关公安部门处置。

（4）空中若发现邪教练习者情绪低落有自焚倾向，及时将情况汇报机长，由机长通知地面有关部门处置。此时区域乘务员除正常服务外，应格外注意其动态，不提供刀叉类餐具，杜绝可导致自杀的隐患。

（5）严格禁止捎、买、带邪教宣传物品现象，以杜绝邪教宣传物品的传播。

8．旅客乘机安全保障（客舱内）

1）起飞前、下降时的安全检查

客舱乘务员应做好起飞前、下降时的安全检查，其内容包括：

（1）关闭电子设备。

（2）系好安全带。

（3）行李摆放在规定位置，行李架锁扣好。

（4）座椅靠背收直。

（5）小桌板固定。

（6）脚蹬收起。

（7）遮阳板打开，门帘固定在位。

（8）洗手间门上锁。

（9）扣好靠过道空座位上的安全带。

（10）禁止滑行、起飞、降落前烧烤、加温任何食品；起飞、降落前，务必关闭所有服务舱电源，包括冰箱、冷藏箱的电源开关，并且固定、锁扣好所有的门、车、箱、柜。

（11）对各出口（含应急出口）处旅客的符合性和过道的通畅性进行确认。

（12）起飞前演示机上应急设备的使用方法，确保所有旅客（尤其是特殊旅客）了解有关安全信息。

（13）安全检查要事先进行广播，并且落实到每一位旅客，同时请旅客协助做好安全检查。

2）飞机出现颠簸时的状态

飞机出现颠簸时，不同状态下的客舱沟通处理措施如表 5.1 所示。

表 5.1　飞机出现颠簸时，不同状态下的客舱沟通处理措施

项目	状态		
	轻度	中度	严重
客舱内部反应	饮料晃动，旅客感到安全带微紧	饮料会从杯中晃出，旅客感到安全带拉紧，行走困难；没有支撑物较难站起；餐车难以拉动	机上用品掉落；旅客有被安全带猛烈拉紧的感觉，不可能在客舱中服务、行走
服务要求	继续客舱服务。送热饮时格外小心	暂停服务。餐车拉回厨房，锁扣好餐车	立即停止服务。在原地踩下刹车，浮动物品放入餐车内
旅客安全要求	认真检查旅客安全带是否系好	认真检查旅客安全带是否系好，回乘务员座位坐好	停止客舱内的一切活动，就近坐好或就地坐下，抓住固定物。对旅客的呼唤可稍后处理
广播系统	客舱广播	机组广播（如有可能）。视情况增加广播内容和次数	机组广播（如有可能）。视情况增加广播内容和次数

3）提供服务过程中的注意事项

（1）为避免烫伤旅客，提供热饮和自助热食时，乘务员须按规定操作。

（2）机载烧水壶在使用完以后，必须放回原位，并锁扣好。

（3）避免旅客接近服务舱，包括旅客上洗手间时，要提醒他们远离服务舱（如有个别旅客需要冲洗奶瓶、冲调奶粉，由乘务员帮助完成）。

（4）特别禁止旅客进入服务舱。

（5）无论是在客舱还是在服务舱为旅客提供饮料，都必须由乘务员以安全的方式交给旅客。

（6）乘务员在客舱为旅客服务的同时，必须将服务舱两边的门帘拉好，避免旅客进入服务舱。

（7）热饮温度应控制在 80℃ 以内，容量约七成即可。

（8）送热饮时应垫上防滑纸或小毛巾，务必待旅客拿稳后放手，以防热饮、热食滑落。并提示旅客"请用××，小心有点烫"（12 岁以下儿童根据陪同者意见提供饮料，通常只供应冷饮料）。自助热食须由乘务员放在旅客的小桌板上，不得由旅客接转。

（9）避免碰撞旅客，机上行李安置应遵守《乘务员手册》中的有关规定。

（10）加强对行李架、洗手间等隐蔽部位的检查和监控。加强对旅客手提行李夹带易燃、易爆物品的监控，发现异常情况迅速报告机长。

（11）进行客舱安全检查时，确认每一行李架处于关闭状态。

（12）在起飞、下降、颠簸、滑行时，提醒旅客不要打开行李架。

（13）提醒并劝阻老年及儿童旅客在过道、洗手间等处注意安全。

（14）乘务员加强对洗手间的安全监控工作，禁止旅客在洗手间吸烟，要保证废物箱的盖板必须复位，预防旅客违反规定在洗手间内吸烟，并将烟头扔入废物箱内造成火灾。

（15）及时处理已发生的旅客伤害事件，并做好现场记录。

（16）夜间飞行，在旅客休息期间，客舱灯光必须调节在 10% 或夜间灯光，禁止出现全程关灯现象。

（17）机组应始终看管好个人的行李，不使用时应将箱包锁扣好。

4）旅客上、下飞机时的注意事项

（1）确认登机口及客梯车／桥停靠在安全的位置，并在得到地面有关工作人员同意后，方可让旅客下机。

（2）机门处迎送旅客时，提醒其注意头顶和脚下，特别是雨、雪天气使用客梯车时。

（3）协助老，弱，病，残，孕，儿童上、下飞机。

二、急救知识

1．急救原则

采取及时有效的急救措施和技术，最大限度地减少伤病的疾苦，降低致残率，减少死亡率，为医院抢救打好基础。遇到紧急情况后，客舱乘务员的任务是提供必要的，但又是基本的紧急救治，直到专业医务人员赶到，而不是诊断某人病情或进行预先治疗。采用急救常识是提供急救工作中的重要部分。必须遵守以下六条原则。

（1）先复后固。遇有心跳呼吸骤停又有骨折者，应先用口对口人工呼吸和胸外按压等技术使心肺脑复苏，直至心跳呼吸恢复后，再进行固定。

（2）先止后包。遇有大出血又有创口时，首先立即用指压、止血带等方法止血，再消毒伤口并进行包扎。

（3）先重后轻。遇有垂危和较轻的伤病员时，应优先抢救危重者，后救较轻的伤病员。

（4）先救后运。在到医院以前，不要停止抢救措施，注意观察病情，少颠簸，注意保暖，直至目的地。

（5）急救与呼救并重。最快地争取到急救外援，要紧张镇定地分工合作。

（6）搬运与救护一致。搬运和救护不能分家，合二为一。

2．生命体征

生命体征包括体温、脉搏、呼吸、血压。在正常情况下，四大生命体征互相协调、互相配合，维持生命。在异常情况下互相影响、互相株连，危及生命。

（1）体温。成人：32～35.3℃（口测法）、36～37℃（腋测法）。

（2）脉搏。成人：60～100次／分、婴幼儿：130～150次／分、儿童：110～120次／分、老年人：55～75次／分。

（3）呼吸。成人：16～20次／分、儿童：30～40次／分。

（4）血压：推动血液在血管壁的压力称血压，心脏收缩时，动脉内最高的压力为收缩压；心脏舒张时，动脉内最低的压力为舒张压。成人正常血压：收缩压90～140mmHg／舒张压60～90mmHg。

3．基本急救措施

识别威胁生命的及不会危及生命的紧急情况并提供急救帮助。作为集体的一员每一位客舱乘务员都应履行职责以确保迅速而有效地处理情况。

（1）评估伤势时让旅客保持舒适安静，不要让其他旅客围观。

（2）千万别忽视旅客对有关疾病或伤痛的抱怨。

（3）除非绝对必要，否则不要移动旅客；保持最适合他／她病情或受伤的位置。

（4）提供急救时，应考虑机舱内特定形势下有限而特定的空间。

（5）不得进行皮下注射。只有在告诉旅客并得到示意或默认后，才能给其服用口服药。

（6）提供急救时，应及时观察旅客的生命体征。

（7）不要当着旅客的面讨论其病情，通常有些看上去失去意识的人是能够听得见的。此外，也不要在不必了解情况的人能听到的情况下讨论旅客的病情，如其他旅客或新闻媒介的代表。

（8）如果旅客自称医生，应要求看一下其证件并确认他／她是哪科的医生。

（9）直到医生或合格的护理人员来到后，才可离开病人。不得让旅客单独与护理人员或其他医务人员在一起。

（10）通知并让机长了解情况。

4．健康注意事项

（1）提供急救时注意保护自己和旅客，以减少被感染的危险。

① 避免皮肤或嘴巴直接接触血液和伤口等。

② 采用某种保护措施以防止皮肤直接接触任何体液。建议用手套、塑料袋、清洁纱布或餐巾等。

③ 急救时采用急救药箱，用来清洁被体液污染的物品。

④ 提供急救时应戴上口罩，急救后尽快洗手。

（2）体液接触：如果在提供急救时接触了任何体液，被接触的机组人员应报告实情。

5．严重事故或疾病的处理

（1）立即通知机长并给出旅客的姓名、地址、性别和年龄等信息；旅客的目的地；着陆后需要的医务帮助种类、症状，包括有无知觉；如有医生协助，医生的名字和证件。

（2）记录。经机长同意，了解事故或病人附近的两三位旅客的姓名和家庭地址，采用记录和旅客签名的方法。

6．轻微事故或疾病的处理

（1）将事件报告乘务长、机长。

（2）必要时，在飞机抵达前通知目的地机场。

（3）了解接近事故或病人两三位旅客的姓名和家庭地址，并做好记录。

（4）乘务长应将所采取的急救措施及急救过程记录在《乘务日志》上。

7．飞行中死亡的处理

1）提交航空公司机上事件报告单

客舱乘务员没有资格正式宣布旅客的健康状况。处理这种情况时，应像旅客处于严重情况下一样，要求救护车。注意客舱控制，以免惊吓到其他旅客。乘务长必须在航班结束后向客舱服务部、安全运行监察部提交航空公司机上事件报告单，并由安全运行监察部及时上报局方。该报告至少应包括以下信息：①机组人员姓名；②航班号和机号；③旅客的姓名、地址、性别和大致年龄；④明显死亡的大致时间；⑤抢救记录；⑥至少三位目击者的姓名、地址、电话和陈述；⑦旅客座位号；⑧处治医生的姓名和地址。

注：航空公司机上事件报告单上涉及的签名都必须由本人签署。

2）尸体处理

（1）如可以，将尸体放于座位上，并疏散周围旅客。

（2）建议将尸体束缚在座位上或其他某个地方，应考虑将其遮盖以免引起其他旅客的恐惧和伤害。

（3）飞机降落后，客舱乘务员应做出报告并由机长将异常情况报告调度中心及机场人员；客舱乘务员还应提交有关的书面报告。

（4）抵达后，在得到当地有关部门的许可前，不要搬动尸体。

8．急救程序

1）伤势评估

（1）告知自己的身份：告知生病或受伤的旅客，你是机组客舱乘务员，愿意提供帮助或协助。

（2）取得同意后提供帮助：如果旅客尚有意识，询问他是否需要帮助。如果旅客只是轻微的精神或感情受到干扰，应努力取得家人或监护人的同意后提供帮助。如果旅客已失去知觉，即暗示已经同意客舱乘务员提供帮助。

（3）询问发生了什么事，寻求医务信息：很快询问旅客或周围的旅客一些具体问题，以确定发生了什么，以及他／她的病情和伤情。询问旅客是否有预备的药物及原先的医疗情况。如果旅客已失去知觉，检查其个人财物中有无药品和个人诊断。

（4）检查医疗警戒标志。快速检查旅客脖子或手腕上的医疗警戒标志，该标志将提供有关此人的已知医疗问题。

2）与机组人员沟通和协调

（1）寻求帮助：通知其他客舱乘务员，以寻求帮助。

（2）通知机长：如果出现威胁生命的紧急情况，机长可能会要求备降，以使旅客尽快得到医疗救治。

（3）如有需要，广播寻求医疗协助。

（4）如果找不到专业的医务人员或无法立即着陆，机长可与飞行控制台联系，该台可24 小时与国际空港急救组织（AAI）联系。

（5）如有需要，准备好急救设备。

3）初步检查

检查气道是否畅通、是否还有呼吸、心脏是否还在跳动、是否有严重出血。

9．心肺复苏

对于在短时间内出现的呼吸和心跳停止的病人，如果能立即进行人工呼吸和心脏按压将会为进一步的救治争取宝贵的时间，有的甚至可以直接救活病人。

1）判断意识

呼叫（要表达出你的关切）、叩拍或摇晃病人的肩部，如果没有反应则应立即开通气道。

2）开通气道

方法是使病人仰卧于硬板或地面上，头后仰、下颌抬起，使下颌角和耳垂连线与地面连线垂直。开通气道后要立即检查有无呼吸。

开通气道的三种方法：①拉颌法；②仰头拉颈法；③仰头举颏法。如果以上三种方法均无效，则应立即实施人工呼吸。

3）人工呼吸

方法是采用简单有效的口对口吹气方法：在保持呼吸道通畅的基础上以一手捏紧病人的鼻孔，吸气后张口包牢病人的口部向内吹气（有效的吹气应使病人胸腹部鼓起）。以每分钟 12～16 次的速度连续吹两次，如果气吹不进应再次确认气道是否开通，或口鼻咽腔内有无异物。如发现有异物应清理干净后再行吹气。

（1）气道阻塞的两种情况：①舌根阻塞；②异物阻塞。

（2）口对口吹气：吹气两次后应立即检查颈动脉有无搏动。如颈动脉没有搏动应立即进行脉搏检查。

（3）脉搏检查法：成人，喉正中旁两指下压；婴儿，上臂内侧中部下压。

4）胸外心脏按压

（1）定位的方法：胸骨前正中线与两乳头连线支点。

（2）按压的中心部位成年人是胸骨中下 1/3 交界部。

（3）对成年人采用双手掌根重叠法，伸直肘关节利用上身重量和肩臂力量使手臂与地面垂直下压。

（4）按压的方法：成人，双手掌根重叠；儿童，单手掌根按压；婴儿，中指及无名指尖按压。

（5）下压的速度：成人，80～100 次 / 分；婴儿，100～120 次 / 分。

（6）下压力量：成年人应使胸骨下陷 4～5 厘米。

（7）心肺复苏的吹气与心脏按压应交替进行：一人操作，吹气 2 次，按压 15 次；二人操作，一人吹气1次，另一人按压心脏5次。直到病人恢复自主呼吸和循环，或医生诊断病人死亡则停止操作。

10. **外伤急救**

1) 出血与止血

(1) 如是轻度出血可用消毒无菌敷料敷于伤处并用三角巾或绷带包扎。

(2) 出血严重时，应立即采用下述方法止血。

① 压迫止血（只能短时间内使用，一般短于15分钟）。

直接压迫：用干净敷料盖在伤口上按压或紧急时直接用手按压。

间接压迫：用手指压迫供应出血区域的动脉使其出血减缓。

压迫止血：直接压迫流血的伤口；压迫损伤部的供血动脉。

② 止血带止血：发生于四肢的严重出血用其他方法止血效果不好时，可用止血带止血。

(3) 因为是完全阻断整个肢体供血，应特别注意以下几点。

① 止血带不能扎在皮肤上，应该先用布料包垫一圈再扎止血带。

② 止血带应扎得松紧适当，过松会使出血加重，过紧则容易致组织坏死，因此要以刚好止住血的松紧度为宜。

③ 要定时放松止血带以使远端肢体得到保证不会缺血坏死。一般应每半小时放松2～3分钟。

④ 应在扎带时立即记录准确的扎带时间并标放在明显的部位，这样才能保证准时放松。

⑤ 还应注意，即使定时放松，总的扎带时间也不能过长，否则肢体也不免坏死，因此在航线超过5～6个小时的时候，应设法做放松处理。

2) 损伤伤口的包扎

有损伤伤口时，必须及时加以处理，以尽量防止感染和严重出血发生，进行下述包扎即可达此目的。根据所用材料而不同，如绷带包扎法和三角巾包扎法。

(1) 绷带包扎法。①绷带包扎的起始法；②环形包扎法，在起始法的基础上每圈都压在前一圈上直到包严；③螺旋包扎法，在起始法的基础上每圈压住前一圈的1/2～2/3直到包严。

(2) 三角巾包扎法。三角巾可用于身体各部位损伤伤口的包扎，如头部、肩部、胸背部、腹部和四肢等都可用三角巾包扎。

① 头部风帽式包扎：用于脑后部及侧面部的损伤。

② 头顶部伤口的三角巾包扎法。

③ 胸背部包扎法：分三种方式用三角巾包扎胸背部的伤口，分别是蝴蝶式包扎法、燕尾式包扎法、侧胸包扎法。

④ 其他部位的三角巾包扎法，分别是肩部包扎法、腹部包扎法、手足包扎法。

3) 骨关节损伤与固定

(1) 骨折的类型。①单纯性骨折；②开放性骨折；③伴有并发症的骨折。

（2）骨折的表现及处理。

① 单纯性骨折。

表现：骨完整性受到破坏，骨发生畸变反常活动甚至有摩擦音出现。

处理方法：尽量用夹板把包括骨折部位上下方关节在内的骨折部位固定好；尽量使伤者舒适；不要试图去对接骨折；上肢骨折要曲肘悬吊；密切观察，注意保暖和防休克。

肢体骨折固定：前臂骨折夹板固定法；上臂骨折夹板固定法；大腿骨折夹板固定法；小腿骨折固定法；前臂骨折衣襟固定法；上臂骨折三角巾固定法；大腿骨折健肢固定法；用三角巾做上肢悬吊。

② 开放性骨折。

表现：除了有单纯骨折的症状外，还有皮肤伤口或骨折断端可能刺到皮肤外面。

处理方法：止血，除非骨折断端刺到皮肤外面，都要用直接压迫止血，用消毒敷布盖伤口；固定骨折，按单纯性骨折固定方法固定；密切观察，注意保暖和防休克。

③ 伴有并发症的骨折。指单纯骨折或开放性骨折伴有其他损伤的情况。

表现：除骨折症状外，还伴有其他损伤的症状。

处理方法：按开放性骨折处理。

4）关节扭伤的表现及处理

（1）表现：①关节周围韧带撕拉或过伸；②关节肿胀；③关节活动时疼痛。

（2）处理方法：①制动，受伤关节尽量减少活动；②抬高受伤关节并做冷敷；③用棉纱裹上后以弹性绷带包牢固定受伤关节。

5）脱位的表现及处理

（1）表现：①骨头离开关节位置；②关节变形；③不能活动。

（2）处理方法：①按单纯性骨折加以固定；②不要试图复位关节；③尽量减轻与脱位关节相连的肢位重量。

6）内脏损伤

内脏损伤往往是因打击冲击腹部或腹部外伤引起的，损伤的性质和程度很难一时弄清楚。

处理方法：①让患者处于卧位，下肢可稍抬高；②有内出血可能时要禁食禁水；③防休克和保暖；④需要搬运时也应保持卧位。

11．常见病症

1）休克

在受外伤后，往往会因为失血过多或创伤的影响出现休克。

（1）症状（伤后旅客可出现下列状况）。①面部表情淡漠，眼睛无神，瞳孔放大；②皮肤苍白湿冷；③呼吸浅而不规则，脉搏很弱或摸不着；④出血过多者伴口渴和烦躁不安。

（2）急救。①有出血者首先应止血；②没有胃肠出血者可适量喝水；③要注意保暖、防止体温散失、避开风道，用毯子盖好；④平卧体位并使下肢稍抬高（脑外伤时除外）；⑤如无脑外伤可给吸入氨，喝热茶或热咖啡。

2）腹部疼痛（急性腹膜炎）

（1）症状。①腹痛、腹部压痛、腹肌紧张和反跳通；②恶心；③呕吐；④腹泻或便秘；⑤腹部肿胀。

（2）急救。①让病人处于尽可能地处于舒适坐位，如半卧位；②保持呼吸道畅通，处理好呕吐物；③如果呼吸浅或者有呼吸困难者，则给予吸氧；④禁食；⑤为休克病人提供急救。

3）惊厥／抽搐

（1）症状。①突然意识模糊或丧失意识，两眼上翻斜视，双手握拳，全身僵直；②肌肉变僵硬，通常持续几秒到半分钟，随后是阵发性抽搐动作；③在僵硬期间，病人可能会停止呼吸，呼吸不规则或暂停，咬自己的舌头和／或大小便失禁；④皮肤先苍白后发绀；⑤嘴吐泡沫或淌口水，发作时瞳孔散大。

（2）急救。①让病人保持静止不动，或者试图在抽搐期间搬动他／她，或试图把任何东西放入病人的嘴巴；②保护好病人使其不要受伤，清除身上锐利的物体，在周围垫上毛毯／枕头；③如果病人呕吐，则应给予方便呕吐的姿势让其呕吐；④在抽搐结束之后，检查有效体征；⑤让病人保持休息，如需要，则给予吸氧；⑥提供安静环境以保护病人不受困扰。

注意：①症状往往是随着时间的推移而逐渐减弱的；②如果发作时间超过 10 分钟或者反复发作，则要尽快获得医疗帮助。

4）耳压疼

（1）症状。①突发的耳闷、耳聋、耳痛；②耳鸣；③头晕。

（2）急救。①鼓励病人忍受，打哈欠，嚼口香糖，增加吞咽动作，捏鼻闭口吞咽、捏鼻吹张等咽鼓管吹张法；②指导病人学会瓦耳萨耳瓦氏动作（将口鼻闭住，做深呼气，以行咽鼓管充气检查）。

5）晕厥

（1）症状。

① 发作前症状。视力模糊；耳鸣；神志恍惚；口腔内充满唾液；脸色苍白；眩晕；虚弱、全身乏力；冷而黏湿的皮肤，全身出汗。

② 发作时症状可分三个阶段。意识模糊伴呕吐，面色蜡样苍白，肢体无力，摇晃欲倒，头低垂胸前；继上述症状 10 秒后，意识完全丧失，全身肌张力消失，病人跌倒，背部伸直，眼睛向上转；垂病，出现强直性痉挛，双拳紧握 1～2 秒。

（2）急救。

① 发作前。仰卧、头低脚高位让病人的头部低于心脏的情况下坐下或者在把病人的脚垫高的情况下让其躺下；松开紧身衣物、颈管纽扣；对额头进行冷敷。

② 发作时。在让病人头低于心脏的情况下坐下，或者把病人的脚垫高情况下让其躺下；氧气吸入；如果有呼吸和脉搏，在病人的鼻子底下挥动氨气吸入剂；松开紧身衣及颈管纽扣保持呼吸道畅通；在额头上进行冷敷；当恢复知觉时，消除病人的疑虑并提供热饮料；观察重要生命体征。

注意：如失去知觉时间过长，立即通知机长，并考虑其他严重情况。

6）心脏病

主要指由于心肌缺血缺氧引起的冠心病。

（1）症状。①心前区疼痛：短时间内出现的胸骨后压榨感或窒息感，有时有濒死感，疼痛可放射到左肩左臂；②脉搏常加快变弱，也可有心律不齐；③伴有出汗、心慌、气短、面色苍白，有时会昏迷。

（2）急救。①立即让病人安静卧位休息，并尽快给吸氧；②松开其紧身衣物；③帮助患者服下自备的药，硝酸甘油片要含在舌下；④如出现心跳呼吸停止，应进行心肺复苏；⑤密切观察、关心和安慰病人；⑥及时寻求医务人员帮助。

7）气道异物阻塞

患者如有进食时或刚进食后出现清醒状态下的呼吸困难或不能呼吸，或是说不出话来，应该怀疑是气道异物阻塞。

（1）症状。①皮肤苍白，然后发紫甚至变黑；②显得极度紧张，说不出话来；③患者用手抓自己喉部；④人工呼吸时，口对口吹气，吹不进患者肺内。

（2）急救。①立即试用手指取出异物，速度最要紧；②鼓励患者用力咳嗽；③用力以手掌叩拍患者背部双肩胛之间；④采用腹部推挤法从后方以双手抱患者，一手握拳放在上腹部横膈下方，另一手抓住此拳然后向内上用力猛撞数次，待患者皮肤颜色好转后以手指探查口腔取出异物；⑤对倒地的患者可以骑跨在大腿上进行腹部推挤；⑥在异物没有排出之前应避免口对口吹气，否则异物可能进入更深，使阻塞更难解除；⑦儿童气道阻塞时也可用腹部推挤法（站立位腹部推挤法；坐位腹部推挤法；仰卧位腹部推挤法；儿童单手腹部推挤法），力量应小些；⑧婴儿气道阻塞时采用拍背推胸法，轻拍婴儿背部4次，按压胸部4次，操作时保持头部位置较低。

8）窒息

窒息是一种可致命的情况，发生窒息时身体组织得不到足够的供氧，从而出现缺氧坏死，大脑细胞在完全缺氧5～6分钟即会出现坏死。导致窒息的原因有吸入氧气含量不足、吸入有毒气体以及呼吸系统的疾病或损伤等。

（1）症状。①呼吸困难、呼吸加深加快；②出现口唇青紫（紫绀），可能会口吐白沫；③出现精神错乱，意识丧失，最后呼吸停止。

（2）急救。①立即解除窒息原因或使患者脱离窒息场所；②保持呼吸道通畅和吸入足够空气或纯氧；③如呼吸停止应立即做人工呼吸；④呼吸和脉搏恢复后应保持恢复体位密切观察；⑤尽快寻求医务人员的帮助。

9）过度通气

紧张、焦虑或晕机常会使人不自主地加深加快呼吸。深和快的呼吸使体内呼出过多的二氧化碳，可引起呼吸性碱中毒。

（1）症状。①明显的呼吸频率过快和深度过深；②头昏、视力模糊，手、脚和嘴唇麻木和刺痛感；③肌肉僵硬痉挛、不能保持平衡甚至昏迷。

（2）急救。①向患者指出并解释症状和呼吸过深过快的结果，安慰患者并告诉其控制呼吸（减慢并不时屏气）；②或让患者对着一个大袋子缓慢呼吸或用一个未接通氧气瓶的面罩呼吸。

10）哮喘

哮喘病人呼吸费力，难以得到足够的供氧。

（1）症状。①患者呼吸困难，尤其是呼出气费劲；②患者常常坐直并使身体前靠以帮助呼吸；③患者常很焦急，甚至说话困难；④可以听到明显的哮鸣音；⑤往往会咳出黏稠的痰。

（2）急救。①安慰患者使其保持镇静；②告诉患者坐直并使身体前靠以帮助呼吸；③如果病人带有药物应该让其服下以助缓解；④可以给病人吸氧。

11）癫痫

（1）症状。癫痫发作时全身发紧、抽搐、昏迷倒地、牙关紧咬、口吐白沫，有过发作经验的病人在倒地前往往有预感而可能避免受伤。

（2）急救。①不要强行开通气道及撬开其口，以免被病人咬伤或伤害病人，不要限制其痉挛，但应保护病人，以免被周围物品伤害，并帮助去除身上可能会伤害到患者的物品，如眼镜及其他硬物等；②检查病人身上有无疾病标识牌，如有应按照处理，也可以询问其伴同人员有关情况；③待病人清醒后询问情况，如病人带有药物应帮助其服药；④必要时寻求医务人员帮助并报告机长通知地面。

12．机上分娩

飞机上如果有孕妇出现频繁而有规律的腹痛，出血或破水，则可能很快就会分娩。

1）正常过程

孕妇出现有规律的子宫收缩（表现为腹痛）即送入临产，也就是开始了产程，正常产程分为以下几个阶段。

（1）宫颈扩张期。子宫颈口要经过相当一段时间的准备才能扩张到可以让胎儿通过并娩出，初产妇此过程约11～12小时，经产妇快的只需1～2小时。

（2）胎儿娩出期。子宫颈口完全开大后胎儿才通过骨盆阴道下降并娩出。正常分娩一般是头先娩出。

（3）胎盘娩出期。胎儿娩出之后，胎盘及与其联系在一起的脐带也应很快（30分钟内）从产道娩出。

2）接产准备

遇有孕妇送入临产后，即应做好接产的准备工作。同时尽可能寻求医务人员帮助。

（1）临产的症状。

①出现有规律的腰部和腹部阵痛（伴有子宫收缩）。阵痛频率渐快强度渐增。

②破水即阴道有水流出。

（2）物品准备。

①几壶烧开过的热水，两三个干净的盆。

② 消过毒的布巾四五块，消毒敷布数块。

③ 消过毒的剪刀，脐带线（3 根），干净的塑料布垫一块。

④ 可能是消毒手套（1～2 副），装胎盘的容器（1 个），装用过的物品及污物的塑料桶或袋（两三个）。

（3）产妇准备。

① 在飞机上隔出一块地方，先铺上一块干净塑料布，衬上毛巾或毯子，让孕妇躺下并在臀部垫一枕头，还要注意用毯子保暖，用干净吸水的纸巾垫在产妇臀部周围。

② 保持安静并安慰产妇。

3）接产

进入第二阶段（胎儿娩出期）胎儿将很快娩出（初产妇不超过两小时，经产妇更快）。

（1）产妇表现。

① 腹痛和子宫收缩的频率加快（约隔两分钟一次）和产妇不能控制地向下用力。

② 随着每次收缩可以看见胎儿的胎先露部分下降。

（2）处理方法。

① 安慰产妇，告诉在两次腹痛中间要放松，禁食。

② 用温水清洗产妇会阴部。接产者将手、臂、指甲清洗干净。

③ 在产道上、下方及两侧腿部各铺一块消毒布巾。

④ 接产者（应无感冒或其他感染迹象）戴好消毒手套，在子宫收缩时鼓励产妇用力，并用手轻轻托住胎儿的先露部分，以免过急产出撕伤产道。

⑤ 如有脐带绕颈应予松解先露部分，如不是胎头应及时报告机长与有关部门联系。

⑥ 接产的原则是帮助胎儿自然娩出，胎儿娩出时要特别小心处理以免滑落。

⑦ 在婴儿娩出，尚未出声（开始呼吸）前将其口鼻内的黏液清理干净。

⑧ 如果仍无呼吸应将其头冲下轻拍其足底或擦其背部。如不能很快呼吸应做人工呼吸。注意给婴儿保暖。

⑨ 在脐带搏动消失（娩出后数分钟）后将脐带用两根脐带线分别在距脐部约 10 厘米和 5 厘米处扎紧并在两结扎点中央将脐带剪断，然后再在距脐部 3～4 厘米处用第三根脐带线扎紧，并在距此结扎线 4～5 厘米处剪断脐带，用消过毒的敷布裹好脐带断端并包在婴儿腹部。

⑩ 检查胎儿有无异常并让母亲看看，然后仔细包好，放在母亲能够触及的一侧用枕头围成并垫好的小床内，盖好保暖。

4）胎盘娩出前的处理

在胎儿娩出后的半小时内胎盘应会自然娩出（即第三产程）。

（1）表现。

① 产妇有轻微的腹痛（子宫收缩）。

② 脐带随着子宫收缩下降，紧接着胎盘从产道排出。

（2）处理方法。

① 胎儿娩出后要密切观察产妇表情，脉搏和阴道出血情况及脐带下降情况。可鼓励产

妇自己轻揉下腹部或帮助轻揉腹部以助子宫收缩，同时注意产妇保暖。

②　不可强力拉拽脐带使其下降，以免胎盘全部或部分残留在子宫内导致产后大出血。

③　胎盘娩出后要清洗产妇会阴部并使其舒适地躺好，注意观察出血情况，出现休克要抬高其双腿并注意保暖。

5）到站后

记录各种情况及时报告机长，通知地面需要救护车、妇产科医生到站接机。到站后，将母子及胎盘和一份情况记录单交医务人员送往有妇产科的医院。

13. 传染病

1）表现

当没有正式医生在场时，飞机上如果有人出现：①持续发热并伴有衰竭；②出现急性皮疹或发痒，伴有或不伴有发热；③严重腹泻伴有其他症状或虚脱；④伴有高热的黄疸。以上症状应怀疑是传染性疾病。

2）处理方法

（1）应适当地隔离。

（2）单独收集该病人接触过的物品并交地面卫生防疫部门处理。

（3）及时报告机长并通知到达站有关部门。

（4）避免在机上造成恐慌和不安。

三、涉外沟通中的应变能力

1. 沟通要注意文化差异

王德春的《学"东西"》记载了教外国人学汉语的一个话题的谈论过程，其中有这样几段：可是外国人初学汉语，弄不清"东西"的指代范围和语用状况，更不知修辞和感情色彩。老师问学生："什么是东西？"学生回答："桌子是东西，椅子是东西，我是东西，你是东西。"老师提醒："不对，不对。""啊，对不起，你不是东西。"老师又好气又好笑，再次提醒："更不对了，不能说你不是东西，这是骂人的话。"这时学生愕然，问道："那么你到底是不是东西？如果是东西的话，你是个什么东西？"老师连忙说："不行，不行。你是个什么东西？也是骂人的话。"学生听了更是茫然不解。

老师耐心地向学生解释：东西这个词一般指非人的事物。指人时有严格的语用和修辞限制。一般不说肯定句"张三是东西。"；否定句和疑问句则带有鞭笞、责骂的意味，如"张三不是个东西"，"李四是个什么东西？！"。如果再加感情修饰词语，则修辞色彩更加丰富。有时加强贬斥意味，如"你这个狗东西！"。有时表示厌恶色彩，如"这老东西活得不耐烦了！"。有时表示诙谐和笑谑意味，如"你这个鬼东西尽跟我捣蛋。""你真是个笨东西，我讲三句话，你有两句听不懂。"有时表示喜爱色彩，如"这小东西真讨人喜爱"。曹禺剧本《日出》中有一个女孩叫"小东西"，陈白露称呼她时带有怜悯、爱惜、同情和喜爱的感情。学生惊叹道："呀，那么复杂！"老师语重心长地说："所以语言这东西不是随便可以学好的，非下苦功不可。""语言也是东西？"老师回答："语言也可称为东西，前面加个这，表示强调。"学生若有所悟，感叹道："'东西'这东西真是个怪东西！"

学生错用"东西"以及感觉"东西"是个"怪东西"，究其原因主要在于语言背后的文化。语言本身负载着文化，而语言的运用又要受到文化的制约，因此正是文化的差异造成了外国学生在语言运用中产生了偏误和困惑。

沟通本身就是一种文化现象。沟通的社会性决定了沟通中具有一定的文化背景。沟通总要在一定的交际场合中进行，时间、空间、人物是沟通的基本要素。由于任何交际都蒙上了浓厚的文化色彩，所以，在一定时间空间里与人的沟通，实际上就是一种文化的交际。

人们之间的交往和沟通，是一种以文化为背景，又以文化为纽带的交际和交往。因此在沟通中，我们不能不对交际对象的文化背景、交际双方的文化差异给予足够的重视。文化差异包括不同民族之间的文化差异和不同地域之间的文化差异。

不同民族之间的沟通要考虑民族文化的特点。黄晓天曾经撰文《迷信漫谈》就举出了很多这样的事例。其中说到数字的迷信，文章说：数字的迷信，普天下都有。西方最富有迷信色彩的数字是十三。现在很多旅馆和办公大厦没有第十三层楼；有些航空公司没有第十三号班机，甚至没有第十三排座位。十二号之后，是十二号半，下面就是十四号。还说，十三日又碰巧是星期五，就更加不祥了。星期五是凶日，跟基督教的圣经记载有关。有些古手抄本上说夏娃偷吃禁果适逢星期五，她和亚当被上帝逐出伊甸园正是在那一天。该隐杀害亲弟弟亚伯是在星期五。耶稣被钉在十字架上也是星期五。传说英国海军部有一次想破除星期五不祥的迷信，故意把一艘新舰命名为星期五，在星期五安放龙骨，星期五起航，找了一个姓星期五的人当舰长。结果这艘舰出海之后，杳如黄鹤，一去不返。不过，自1937年以来，90次主要空难之中只有14次发生在星期五，而没有一次是在十三日。

美国的保罗·霍夫曼有一篇文章叫《十三和星期五》，其中就谈到罗斯夫认为十三是个倒运的数字。无论吃饭的座位还是乘火车，他都极力避开十三。十三碰上星期五，更被认为是一个可怕的日子。数字的迷信不仅西方有，东方也有。东方人认为6、8、9都是很吉祥的数字。当然虽然都是东方国家，文化背景也不尽相同。

日本人认为4是个不吉利的数字，所以跟日本人交往，就要避开这个数字。日本人喜欢龟，如果送给日本朋友一方龟砚，对方会非常高兴，因为龟不仅吉祥而且含有长寿的意思。

总之，不同民族、不同国家都有自己独特的文化背景，在沟通中应该注意尊重对方的习俗、信仰，以及因为文化造成的心理和思维习惯等差异。

由于地域不同而造成的文化差异也是十分明显的。从全球来看，有欧美基督教文化圈、阿拉伯伊斯兰教文化圈、印度佛教文化圈和东亚儒学文化圈等。这些文化圈无不和地域宗教传统等相联系。当然上述划分是非常粗略的，再具体些，即使在同一文化圈内仍然存在一些文化群体和个体。每一个地域或者再小一些的地区中，都有一些共同的语言、文化背景以及交往模式。与不同地域的人交往，要以了解该地域的文化背景为前提。如果不了解交际对象的地域文化背景、交际双方的文化差异，就不能使沟通顺利有效的进行。

不同地域、不同文化背景的人，有着不同的心理和思维方式，在具体交际中，文化的作用常常是非常重要的。如果不适应，不能采取有效的交际方法，是不利于沟通和交往的。

文化差异中对情感、情面的不同态度和不同理解表现得也非常明显。

对待"情面"的态度，不同地区、不同民族有不同看法。例如在我国，人们十分重视感情，非常注重人情和面子。一般都按情面准则来办事，就像我们在前几章中曾经提到的，在我国的交际文化中首先讲的是"情"，次之是"理"，再次之才是"法"。"做人情、送人情""不看僧面看佛面""人情留一线，日后好相见"，生活在我国的人们一般很难冲开"情面"之网。如果不讲情面，难免成为众人避之唯恐不及的孤家寡人，甚至会被人责骂为无情无义之徒。

家里来了客人，主人会把最好的房间让给他/她住，把平时不舍得吃的好东西拿出来给客人吃。尽管家里又拥挤又忙碌，主人照样好酒好菜地热情招待，唯恐自己照顾不周到，怠慢了客人，即使客人执意要走，主人还是要再三热情地挽留。但是到了国外，就未必能得到同样的待遇。一位中国人到美国朋友家做客时逗留了几天，没想到美国朋友却要他付伙食费、住宿费。这位中国人恼羞成怒之下与其断交，而那位美国朋友却为此感到莫名其妙，因为他们对待"情面"与我们中国截然不同。在人际交往中，他们一般不怎么顾及中国人讲的人情、面子，哪怕是亲朋好友一起吃饭一般也要 AA 制，甚至是父子关系有时也是如此。不同文化环境中的人对"情面"的不同态度和理解要求我们在对待"情面"的态度上也要注意"问禁"和"随俗"。

2. 文化背景与语言禁忌

俗话说："到什么山上唱什么歌。"这是遵循沟通中的合作原则的表现，也提醒人们入乡要随俗，入境要问禁。在沟通中要特别注意文化的差异。随俗可以融洽彼此间的感情，问禁可以避免交际中的误解，随俗和问禁都是不同文化背景下的沟通应该十分注意的问题。

不同文化孕育了不同的文化心理，文化心理是一个民族或地区长期以来形成的一种具有区别性特征的心理定式。具有不同文化背景的民族或地区有不同的文化心理，这种文化心理必然在一定程度上制约着人们的沟通行为和效果。不同民族、不同地域文化心理在语言上的一种表现是语言禁忌。入境问禁、入乡随俗因此成了一条沟通的规律，不同的语言禁忌是不同的民族地域文化心理的表征。禁忌包括的范围很广，如婚恋禁忌、日常生活的禁忌、宗教的禁忌、社会的禁忌、饮食的禁忌、生育的禁忌、语言的禁忌等，各种禁忌都与语言表达以及沟通有关。

1) 数字的禁忌

前文说到从"一"到"十"的数字中，中国人最喜欢六和八，其次是九，最不喜欢的是四。我国许多民族生下小孩后，都会受到乡邻、亲戚、朋友等的祝贺，其中有些贺礼含有吉祥之意，如白族得到"报喜"后，娘家要送红白鸡蛋，或六十或一百六十或二百六十，凭各家贫富不同而定，这"六"字不能少。其他的东西也要送"六"，否则就会被认为不吉利。小帽子、小衣裳、小裤子、小袜子、小披篷、小裹被六种，其中衣、裤常用品各以六计，送六样；糯米粮食等也以六计，或六斤或十六斤。为什么送"六"？据说白族是六诏的后裔，祖先六诏年年要给大唐帝王送礼，每诏一份，共是六份，大唐回赠也是六份，各诏得一份，所以得来的礼品必须能以六计，这是祖宗的遗俗。另外，"六"是取汉字"禄"，"禄"与"六"同音，六（禄）是小孩长大有钱财、有福气的吉祥表示，总之，礼物不在多，主要是给主人家带去吉祥的兆头，所以必须带"六"。此外，中国人做什么都讲究顺畅，常常把"六六大顺"挂在嘴边，因此"六"很受青睐。

"八"也是广受喜欢的一个数字，它与汉语中的"发"谐音，因此电话号码、汽车牌照等如果"八"的数字多，便成了人们的抢手货，因此带"八"的手机号码、汽车牌照都要贵一些。

"九"与"久"音同，也是受人喜欢的一个数字，而且，"九"通常被我们称为"天数"。常有"九霄云外""九州方圆""九泉之下""九五之尊"的说法。帝王之家的门的大钉也是横九颗、竖九颗，故宫三大殿高度也是九丈九。皇帝穿的龙袍要绣九条龙。《易经》："九五飞龙在天，利见大人。"但是日本人不喜欢"九"字，日语"九"与"苦"发音相同，对同一个"九"字的不同态度正是不同民族地域不同文化、不同文化心理的反映。"四"不仅中国人不喜欢，在汉字文化圈的其他一些国家里，它也是个受冷落的数字。由于"四"与汉语的"死"谐音，因此人们都躲着它。

2）语言的禁忌

语言禁忌常常渗透在各个行业和社会的各个领域。旧时行船就必须遵守民间的禁忌。从造船开始，造船的木料就不能用桑木和槐木，渔民讲究"头不顶桑，脚不踩槐"，因为"桑"与"丧"谐音，槐木为福气的象征，不能用在船头上。在船上，最忌讳的是"翻、住、离、散、倒、火"等字。为忌"翻"讳，船上称"帆布"为"挂布"。凡与"翻"字有牵连的都要注意，盛饭的盆不许口朝下放，船上的人不能翻卷裤腿，煎鱼时忌翻面，吃鱼时忌翻个。这种文化影响波及很广，以至于我们平常在饭馆里吃鱼都说把鱼"划过来"，不说"翻过来"。

文化常常会渗透进一个民族的词语中，因此，词语的社会文化意义对不同民族之间的沟通就具有一定的影响。从等值的观点看，不同民族的语言在具体的词语上是没有绝对等值的，成功的沟通者，也只能去寻找具有相对等值的词语来进行交际。英语当中的"dog"一词的文化意义以及由此相对等值的词语，诸如"You are a lucky dog！"等，都不能按汉语中的"狗"去理解。而在汉语中"狗"以及由"狗"构成的成语大多是贬义的，诸如狼心狗肺、鸡鸣狗盗、狐群狗党、蝇营狗苟、走狗等，同样也不能单纯从英语的"dog"去理解。"狗"的不同取喻是一种民族文化心理的表现，作为沟通者必须懂得这一点。

中国人对一些长寿的动物和植物都十分喜欢，常常用它们来寄托自己的主观感情和希望，因而这些动物和植物便被寄寓了具有浓郁民族色彩的文化意义。如"龟"，"龟"是长寿的象征，人名中取"龟年"以寄托长寿希望的很多，如李龟年、陆龟年、蔡龟年等。"鹤"同"龟"一样，在我国也被看作长寿的动物，而"松"在我国被看作长寿的植物，人名中取"鹤年""鹤寿""松年""松寿""松龄"的人也不少。然而，"龟"在我国汉民族文化中还有一种负面的文化意义，汉族人在骂人时常常说"乌龟王八蛋"，这对于沟通者在交际当中是应该注意的。传说在一次中日外交会谈中，日本代表说了句"我这是小虾引出乌龟"。我国翻译照直翻译了过来，这样翻译不但不符合原有意义，又触犯了中国人民族文化心理中"龟"的负面意义。其实这句话恰当的翻译应该是"我这是抛砖引玉"。

不同民族语言中色彩词也常常被赋予不同的文化意义，有着深刻的语义内容。例如，汉语中"黄色"在古代是高贵、吉祥的标志，"黄袍加身"意味着登基称帝。到了现代，"黄色"则意味着不健康的东西，如"黄色读物""黄色影片"等。俄国人则认为黄色是对爱情的背叛；西方人一般认为白色是纯洁的象征，黑色是肃穆的象征，黄色是和谐的象征，蓝色是吉祥如意的象征；英国人把绿色当成幸福的象征；法国人则喜欢蓝色，法国国旗上有 1/3 是蓝色；而中国人一般比较喜欢红色，红色是幸福喜庆的象征。富贵人家厅堂上的摆设要突出红色，春节家家要贴红色对联，挂红灯笼。因此在与不同民族或地区的人进行沟通时还要注意这些风俗文化，以便适当选用语言。

不同民族地域文化差异还表现在不同的风俗习惯上，俗话说，"十里不同风，百里不同俗。"风俗习惯有时候对人们的语言使用有很大制约，甚至形成一些特殊的语言表达方式。在我国婚礼上有打"同心结"的习俗，由于它的形状是两股彩绳相交盘绕"结"的中心，故名"同心结"，以此谐音，象征男女永结同心，百年好合。汉民族的婚俗中，还有给新婚夫妇赠送红枣、花生、桂圆、莲子等物的习俗，由这四样东西，谐音出"早生贵子"，表达了人们希望儿孙满堂、多子多孙的愿望。有的地方还有赠送"石榴"的习俗，以"石榴房中多子"象征"子孙众多"，也表现了人们的一种期望。

以上不管是语言趋向还是语言禁忌，实际上表现出的很多都是语言的灵物崇拜。语言灵物崇拜是从人类对自然现象和自然力本质还不理解的时候开始的。在阶级社会里，在文字（书面语）刚刚出现的时候，掌握它的少数人利用语言文字的社会性赋予语言文字一种超人的性质，作为愚弄民众、保护自身利益、巩固自己统治秩序的一种武器，这就是语言灵物崇拜。人们创造了语言，语言反过来又成了人们崇拜的偶像，在一定程度上又成了一种主宰人们命运的神秘力量。语言禁忌在人们的生活中和文学作品中随处都可以看到，像对"十三"的避讳、对"四"的忌讳等都是这种表现。

3）谐音的禁忌

语言禁忌中，很多词语还与语言的音、义有关系。语言不同，语音语义有别，就会导致同样一个词语在甲语言中是禁忌，而在乙语言里就不是禁忌。这除了语音不同的原因以外，还与各地语言禁忌的方式不同有关。

很多语言禁忌是语音的谐音导致的。在某种方言中，人们忌讳某种事物或现象，常常会因为禁忌心理的影响，而把与这个对象或事物名称读音相同或相近的语词株连在一起。例如"丝瓜"的"丝"字，在广东的读音与"输"相似，所以广东人禁忌说成"丝瓜"，而把"丝瓜"说成"胜瓜"。"散"有"解散、散伙"之类的意义，所以与"散"音相同或相近的字，一般都要改读。例如，"雨伞"常常改读为"雨盖、雨挡、雨拦、雨遮"。在粤方言里，现在仍然有人把"雨伞"叫作"雨遮"。在徐州方言中，"熊"姓的读音与一个骂人的字眼读音相同，不少的人就把"熊"改读为"邢"，而在其他方言中就没有这种禁忌。

4）日常生活的禁忌

（1）在不同国家、不同民族，礼貌也有禁忌。

我们知道，在语言交往中人人都要尽量讲礼貌，这也是沟通中的一条重要原则。但各个地区、各个民族都有自己表示礼貌的独特的表达方式，稍不注意就可能失礼，甚至冒犯对方，给沟通造成不良的影响。

我国素有"礼仪之邦"的美称，十分重视礼貌。例如，见面要互相寒暄，以前要经常礼貌地问："吃了吗？"一位来我国不久的留学生听到这样的话，就曾经因为误解而埋怨说："你们为什么老问我吃了没有？我有钱。"他以为人们是怕他钱不够花才这样问的，而不知道这是我们的一种礼貌问候语。在我国，以前人们接受宴请，往往不是爽快地答应，而是说一些"别客气""免了罢"之类的话（现在有了些改变），这也是我们的礼貌习惯。所以，一位在美国访问的学者在接到导师的家宴邀请时，电话里不停地说："Thanks！I will try！"导师很着急，干脆问他："Yes or no？"因为导师很为难，不知该不该算他一份。在美国，接受宴请与否要直截了当，并且要说明能否按时赴会，而不是不置可否地客气。可见文化不同，讲礼貌的方式也常常大不相同。这就要求我们在讲礼貌的时候考虑到环境因素，要符合对方的习惯，既要随俗又要问禁。

（2）国家不同、民族不同，谦虚的方式也常有不同。

人们在沟通中不仅要彬彬有礼，还要尽量为人谦虚，但是各个民族的谦逊语也往往有很大差异。我国人通常遵循的是贬己尊人的谦虚准则，在日常生活中总是说自己不才、无能、惭愧，而经常称赞对方高明、能干等。西方人一般则遵循尽量缩小对自己的表扬范围，他们通常既不贬低自己，也不恭维别人，比较实事求是。因此在跨文化的沟通中，如果不注意这一点可能就会出现尴尬的局面。曾经有一个赴美访问的女学者听到别人称赞自己的衣服时，连忙说："不，不，这是一件很普通的衣服。"哪知对方很不高兴，原来，在美国这暗示着此人缺乏审美观和鉴赏力。

（3）文化背景不同，关怀语也往往存在差异。

在沟通中免不了要表示一下对对方的关心，但不同地区、不同民族的关怀语也有区别。我国人互相谈论收入、年龄、健康、婚姻状况等，这通常表示关心，让对方感到亲切温暖、人情味很浓厚。但是类似的话题在西方却有探听或干涉他人隐私的嫌疑，是很忌讳的。一位到我国的留学生曾提到别人问他"结婚了没有？""家里有哪些人？"，他非常恼怒地说："你们为什么对我的事这么好奇！"却根本没有体会到这是一种关怀的方式。再如，我们对长途跋涉归来的人，习惯地关心道："你一定很累了吧？"尽管我们中国人完全是出于关心，但对西方人如此说，则会冒犯对方，因为他觉得这代表我们对他的体质有所怀疑。在这种场合，西方人更希望人们关心他的旅途是否愉快。可见，对来自不同文化的人即使表示真诚的关怀，也要问禁，否则也会适得其反。

（4）体态是沟通中的重要组成部分，然而不同文化背景下，相同的体态也往往代表不同的意义，包含不同的情感。

吐唾沫是人体本能的一种反应，在不同地区、不同民族却代表着不同的意义。在非洲查加兰人那里，吐唾沫是紧要关头的一种祝福，而在亚洲一些国家却赋予了鄙视或厌恶的感情，而且一般是比较粗俗、没修养或没教养的人才做这样的动作。坐立的姿势在不同文化中也表达不同的含义。在开罗曾经发生过这样一件事情：一位英国教授在讲课时将身体往椅子背上一靠，双脚翘起，朝向学生。这种行为激怒了埃及的学生，他们示威游行，强烈要求开除这位英国教授，因为这种行为是对伊斯兰教传统的侮辱。

在跨文化沟通中，一举一动、一言一行都有俗和禁的问题。如果不注意，轻则伤害感情，重则被认为是侮辱人格，甚至影响国家与国家之间的关系。苏联领导人赫鲁晓夫访问美国，当他走下飞机时，曾经用"双手举过头顶并紧握在一起"的动作，向到机场欢迎的群众表示致意。然而这竟激怒了美国人，因为这一行为在美国文化中象征着被击败。因此，在不同文化背景下的沟通中一定要注意入境问禁、入乡随俗，只有这样，言谈举止才能恰当、得体，才能获得良好的交际效果。

练　习

1．当飞机遇到轻度颠簸时乘务员应该如何处置？
2．轻微事故或疾病该如何处理？
3．晕厥有哪些症状？乘务员应该如何处置？
4．举例说出你说知道的一些国外民俗禁忌。
5．谈谈你对涉外沟通的文化差异的看法。

案例分析

国内的一家外贸公司职员一行 5 人来到印度洽谈一笔业务。印度方的经理夫人在家里盛情款待他们。当夫人端出鲜榨的果汁递给其中的一位女士时，她伸出左手来接饮料，夫人非常生气地将饮料放在茶几上转身回到厨房，女士不知怎么回事非常尴尬。这时同事提醒她说："按照印度的风俗左手是污秽的，不可以用它来接递食物，这是对他们的大不敬。"女士马上到厨房跟夫人道歉并说明自己是左撇子，希望得到她的谅解。夫人了解情况后笑着重新端给女士饮料，女士用右手接过了饮料，主客之间恢复了融洽的氛围。

分析：在人际交往中要入乡随俗，了解和懂得涉外礼仪将会对我们的生活和工作有非常大的帮助。

小　结

本节概述了空乘特殊服务，介绍了特殊旅客和特殊、紧急情况下的沟通技巧和处理旅客投诉的沟通技巧。通过本章的学习，学生应明确了解乘务员特殊情况服务和掌握中国民航机上特殊服务沟通的总体要求。

思考题

1. 在航班中乘务员如果遇到醉酒旅客应该怎么处置?
2. 在模拟舱进行清舱演练。

第二节　空乘服务特殊沟通技巧训练

一、特殊旅客的沟通技巧训练

1. 特殊旅客

(1) 年老体弱者 (65 周岁以上，不能自理)。

(2) 无成人陪伴儿童 (5~12 周岁)。

(3) 有成人陪伴儿童 (2~12 周岁)。

(4) 婴儿 (出生后 14 天~2 周岁)。

(5) 孕妇。

(6) 残疾旅客。

(7) 盲人。

(8) 听障旅客。

(9) 晕机及呕吐的旅客。

(10) 精神迟滞或情绪不稳定的旅客。

(11) 超胖旅客 (体重 150 千克以上)。

(12) 担架旅客 (需拆机上座位，固定位置)。

(13) 轮椅旅客。

(14) 被押送的犯罪嫌疑人。

(15) 要求更换座位的旅客。

(16) 需要医疗证明的旅客。

(17) 携带武器的旅客。

(18) 要求占用两个座位的旅客。

(19) 睡觉旅客。

(20) 重要旅客。

(21) 机要交通人员。

(22) 宗教人士。

2. 特殊旅客的接受和处理

(1) 通常乘务员不直接参与接受和处理诸如婴儿和老年人、残疾人、担架病人这类特殊旅客。

（2）特殊旅客应在购票时向公司提出要求。

（3）特殊旅客禁止坐在应急出口座位，同一排座位不得安排两名特殊旅客。

（4）飞行中，特殊旅客出现任何危险症状或病情加剧时，乘务员应及时报告机长。

3．特殊旅客交接

（1）凡提供帮助之前，应先询问旅客是否需要特殊帮助。

（2）地面服务人员应提供需要特殊照料旅客的通知单，并将其送交乘务长，在该旅客的登机通知单上应有提供特殊服务的标志。

（3）旅客登机时，乘务长记录特殊旅客的座位号。根据需要了解特殊旅客的各类状况（如身体状况、有无自理能力或是否有人陪伴等）。

（4）在目的地机场或过境航站，乘务长应将需要特殊服务旅客的有关情况通知地面工作人员。

（5）将通知单到达联交地面人员签字，乘务联交客舱部。

4．特殊旅客的服务规范

1）年老体弱者

（1）搀扶老年旅客上、下飞机（但在搀扶之前须征得旅客的同意）。

（2）主动帮助提拿、安放行李，安排座位，帮助系上安全带，告知安全带的使用方法。

（3）向老年旅客介绍阅读灯、呼唤铃等服务设施的使用方法以及临近洗手间的位置；主动搀扶行动不便的老人上洗手间。

（4）根据老年旅客的要求或身体状况调节通风器。

（5）旅途中经常了解老年旅客状况并询问有何需求。

（6）在必要情况下可和老年旅客做适当沟通。

（7）轮流值班时，值班乘务员要照顾好老年旅客，并在值班表上做好记录（飞行时间3小时以上，或夜间飞行适用）。

2）无成人陪伴儿童（5～12周岁）

（1）事先了解小旅客到达站，接送人姓名、地址、电话，家长的特殊要求及有无随身携带行李，并帮助保管好物品、证件。

（2）飞行中指定区域乘务员负责照顾，向小旅客介绍周围的服务设施：安全带、呼唤铃、阅读灯、临近的洗手间及使用方法。不能将小旅客安排在应急出口的座位上。

（3）夜间飞行轮流值班时，值班乘务员要照顾好无成人陪伴儿童，并在值班表上做记录。

（4）及时了解儿童冷暖，为其增减衣服，饮食上尽量照顾儿童的生活习惯；对自理能力较差的儿童要带领他／她去洗手间，并给予必要的帮助。

（5）飞机下降时如小旅客处于睡眠状态，应将其唤醒，以防舱内压力变化压迫耳膜。

（6）随时掌握小旅客的空中生活情况。

3）有成人陪伴儿童（2～12周岁）

（1）不要将儿童及其陪伴人安排在应急出口的位置。

（2）提醒陪伴人在飞机起飞、下降和"系好安全带"灯亮时帮助儿童系好安全带，在颠簸的情况下不要让小旅客在客舱中随意走动，注意其在客舱中的安全。

（3）送饮料时要征得陪伴人的同意。

4）婴儿（出生后14天～2周岁）

（1）区域负责乘务员协助抱婴儿的旅客提拿、摆放随身行李，将婴儿旅途中需要的物品（如奶瓶、尿片等）放在便于取拿的地方，通常情况下不要替旅客抱婴儿。

（2）根据婴儿摇篮的载重限制为旅客提供婴儿摇篮。

（3）尽可能将怀抱婴儿的旅客安排在可挂婴儿摇篮或前排的座位，不要将其安排在应急出口的位子。

（4）帮助怀抱婴儿的旅客系好安全带，并告知旅客不要将婴儿系在安全带内，用小枕头垫在婴儿的头部，在飞机起飞、下降和颠簸时抱好婴儿。向该旅客介绍机上服务设备，特别是呼唤铃、通风器、有婴儿护理板的洗手间的位置和使用方法。

（5）调整好通风器，避免通风器直接对准婴儿。

（6）飞机平飞以后，如使用摇篮，必须检查安全销是否到位，并确认摇篮安装牢固，让婴儿平躺在摇篮里，并拉上拉链，在飞机下降以前收回所有用品。

（7）主动询问旅客是否需要帮助其冲洗奶瓶，根据旅客要求冲调奶粉，如机上配备婴儿食品应在起飞以后主动向旅客介绍并提供。

（8）如旅客不愿意使用洗手间内的婴儿护理板，可将空座位提供给旅客使用，在座位上铺上毛毯、垫上毛巾，准备好清洁袋，指导旅客把换下的尿片放入清洁袋，扔到洗手间垃圾箱内。

（9）飞机下降时如婴儿还在睡眠状态，提醒旅客将婴儿唤醒，以防舱内压力变化压迫耳膜，必要时可给婴儿喂奶。

（10）下机前帮助旅客整理好随身携带的物品，并协助其提拿行李。

5）孕妇

（1）登机前了解孕妇的妊娠期是否符合乘机规定；超过32周的孕妇乘机必须出具医院的可乘机证明。

（2）主动协助孕妇提拿、安放随身携带的行李物品，孕妇不能坐在靠近出口和通道的位子上。

（3）区域乘务员负责照顾孕妇，提醒她在"系好安全带"灯亮时不要离开座位，并介绍安全带、呼唤铃和通风器的使用方法及应急出口的位置，必要时给予帮助。

（4）如果机上有毛毯、枕头，可以为其提供，让孕妇在系安全带的时候将毛毯、枕头垫在腹部，以起到缓冲的作用；如没有配备则要提醒孕妇将安全带系在大腿根部，而不能直接系在腹部。

（5）在紧急情况下，如条件许可，要找两名志愿者帮助孕妇逃生。

（6）如孕妇即将分娩，乘务长应立即对乘务组进行分工，乘务员根据分工，尽快将孕妇安排在客舱相对隔离的地方；广播寻求机上医护人员或有经验的女士的帮助；报告机长通知地面，采取相应措施。

（7）关闭孕妇周围通风器，注意消毒和保暖，分娩处理参照《乘务员手册》第五章"机上分娩"。

6）残疾旅客

（1）定义。残疾旅客指精神或肢体不健全需要他人协助才能完成紧急撤离飞机者。

（2）类别。

① 可行走者：上下飞机时不需要或仅需要很少辅助。

② 不可行走者：需要依靠辅助才能上下飞机（如麻痹症、瘫痪、重病患者等）。按CAAC（中国民用航空局）规定，不可行走者不能坐在靠出口的位置，建议安排在靠走道座位上，并且不直接与另外一位类似的旅客同排。

③ 精神不健全者：不能理解或接受安全指导，需他人（如乘务员）协助。不能坐在出口座位处。

④ 身体不健全者：不能在紧急情况下自行撤离飞机，需他人（如乘务员）协助。不能坐在出口座位处，建议安排在靠近地板高度出口附近的座位。

⑤ 听力不健全者：听力障碍，需他人（如乘务员）协助。不能坐在出口座位处。

⑥ 视力不健全者：视力障碍，需他人（如乘务员）协助。不能坐在出口座位处。

（3）残疾旅客的护理。残疾旅客的空中旅行需要乘务员特殊照顾，但如出现下列情况之一者，公司有权决定是否需要乘务员给予安全上的协助。

① 由于精神不健全而不能理解或遵循安全指导。

② 由于重病或残疾而自身不能进行紧急脱离。

③ 由于听力或视力不健全而不能接受必要的指导。

④ 需要他人协助处理医疗事务，包括注射。

7）盲人

（1）主动向盲人旅客做自我介绍，帮助提拿、安放行李，并引导入座，不要将其安排在靠近应急出口的位子。

（2）就座后，帮助其触摸安全带、呼唤铃、通风器的位置同时告知使用方法，并介绍应急设备（救生衣、氧气面罩等）的位置和使用方法及应急出口的方向。

（3）如盲人旅客随身携带导盲犬，可将其安排在该旅客前方地板上，将导盲犬的头朝向过道，必要时向周围旅客加以解释。

（4）供应饮料时要将饮料的摆放位置告诉旅客，亦可引导其自己触摸。

（5）引导盲人旅客进、出洗手间，并让其触摸洗手间内的设备并向其介绍使用方法。

（6）下客时，引导其下飞机，并帮助其提拿行李，与地面人员办好交接手续。

8）听障旅客

乘务员可以书面形式与听障旅客进行沟通，向其介绍应急设备、服务设施的使用方法，供应的餐饮及航线情况。每次广播以后向其介绍广播的内容。

9）晕机及呕吐的旅客

（1）指导或帮助晕机旅客解开领带（扣）、腰带和安全带，让其保持安静。

（2）帮助其调节通风器和座椅靠背，打开清洁袋并及时更换。

（3）提供温开水和小毛巾，必要时可提供晕机药品。

（4）及时帮助其擦干净弄脏的衣服、行李、地毯或座椅套，设法铺上隔离物品，或为其调换座位。对无法清洁的地毯和座椅要在飞机落地后通知地面有关部门处理。

10）精神迟滞或情绪不稳定的旅客

（1）无人陪伴的精神迟滞者不能单独乘坐飞机，要劝其下机。

（2）在起飞前，发现精神迟滞的旅客，要立即报告乘务长和机长，并与地面有关部门联系。

（3）在空中发现精神迟滞旅客，要将其座位调到离开出口、窗口的位置；指派专人看护，并报告乘务长和机长，做好防范措施。

（4）在起飞前发现情绪不稳定旅客，要了解其是否单独旅行，是否有乘机经验，并报告乘务长，视情况决定是否需要报告机长。

（5）在空中发现情绪不稳定旅客，要立即报告乘务长和机长，指定专人看护，与其聊天谈话，稳定其情绪，将其调整到离开门口、窗口的座位。

11）超胖旅客

尽量提供比较宽敞的座位，提供加长安全带，介绍其使用机上较大的洗手间。

12）担架旅客

（1）将旅客安排在已拆去座椅的区域，不应堵塞通道。飞机下降时用毛毯垫高头部，并提醒陪同人员在起飞、下降和颠簸时注意安全。

（2）如担架不随机，可在同排座椅上铺垫毛毯和枕头，根据情况让旅客躺卧，并帮助其系好安全带。

（3）飞行中指定专人负责经常观察、询问旅客情况，并根据其需求尽可能提供帮助。

（4）根据旅客的实际情况以及陪同人员的建议为旅客提供饮料、食品。

（5）了解该旅客到达目的地的接站情况，必要时通过机组与地面联系安排有关事宜。下客时，安排担架旅客最后下机，并帮助其整理、提拿行李。

13）轮椅旅客

（1）主动搀扶可以行走的旅客上、下飞机，帮助提拿、安放行李；对完全丧失行走能力且无人陪伴的旅客，则协助地面人员用专用轮椅接上飞机，并将其安置在指定的座位。

（2）不应将轮椅旅客安排在靠近应急出口的位子。

（3）帮助旅客安放好随身携带的拐杖，并及时提供其使用。

（4）引导并搀扶轮椅旅客进、出洗手间，并向其介绍洗手间内的设备及使用方法。

（5）飞机下降前通知机组与地面人员联系，准备轮椅。根据情况，决定是否需要升降车。

14）被押送的犯罪嫌疑人

（1）地面有关人员至少应于飞机起飞前 30 分钟，将情况通告机长。

（2）乘务员接到运送犯罪嫌疑人通知单后，应确认犯罪嫌疑人人数、陪同人数和座位安排情况等，并将此情况详细通告机长。

（3）运送犯罪嫌疑人时，应遵循以下原则：

① 一个犯罪嫌疑人至少需要 2 名陪同人员看管。

② 通常同一航班上最多允许承运 3 名犯罪嫌疑人，但特殊情况允许例外。

③ 陪同人员必须持有有效的身份证明。

④ 对于犯罪嫌疑人应使用手铐或其他刑具，除非特殊原因。

⑤ 犯罪嫌疑人应安排在规定的座位。

（4）飞行中，乘务员不得为犯罪嫌疑人提供刀、叉等用具；同时尽量减少饮料供应，禁止提供含酒精的饮料。如需用餐饮则须事先征求其陪同人员的意见。

15）要求更换座位的旅客

（1）经乘务员允许，旅客在空中可以更换座位。

（2）限制性旅客要求更换其座位应在始发站直接向地面工作人员提出并获得正式的座位更换许可。

（3）乘务员在允许旅客更换其座位时，应考虑到大量旅客的纵向移动可能会对飞行安全带来的不良影响。

16）需要医疗证明的旅客

（1）如旅客属下列之一者，公司应要求其出示有效的医疗证明。

① 需用早产婴儿保育箱者。

② 要求在空中额外吸氧者。

③ 空中可能有生命危险或要求医疗性护理者。

④ 已知有传染性疾病但已采取必要的措施可以预防者。

（2）上述医疗证明必须说明一切应遵守的措施，并在乘机之日前 10 日内签署。在旅客登机前，地面工作人员应将该医疗证明的其中一份交给乘务长。

（3）运送病人旅客的飞机和用具消毒的规定。根据国际航空运输协会（IATA）的规定，当为病人购票时，病人及经治医生应填写一份标准的 IATA 表格通知航空公司，由该公司的医疗机构负责飞机的消毒工作。

（4）在运行中凡发现有传染性病人旅客时，机组应按以下程序的规定处理：

① 向机长报告病人情况、目的地等，由机长通知前方到达站准备消毒事宜。

② 将传染病旅客使用过的东西放入塑料袋中，等下机后交卫生防疫部门处理。

③ 及时准确地向卫生防疫部门提供传染病旅客的座位号、周围环境及其使用过的担架、氧气瓶，由医务人员进行消毒。

17）携带武器的旅客

（1）中国政府规定禁止旅客携带武器乘坐飞机。

（2）起飞前发现旅客携带武器登机的处置。

① 机舱门关闭前，如发现旅客携带武器，应迅速报告乘务长和机长。在相关的机场公安部门到达之前，应将旅客携带的武器临时交由机上安全员保管。

② 机长通知有关部门报告机场公安部门前往机上处理。

（3）飞行期间发现旅客携带武器的处置。

① 飞行中发现旅客携带武器，应迅速报告乘务长和机长。

② 航空安全员和乘务员应做好突发事件处置和反劫机的准备。

（4）对于合法持"持枪证"携带武器的旅客。

① 机组应先得到上级部门的通知。

② 航空安全员负责武器的交接，并由机长处置。

③ 子弹、枪支应分开保管（枪支由飞行机组保管）。

④ 飞机着陆后并在该旅客下机时，由航空安全员交还持枪者，并收回交运单。

18）要求占用两个座位的旅客

（1）坐于靠近地板高度出口的座位，但不得坐于应急出口或靠通道座位。

（2）每段航班都具有两张机票和登机牌。

（3）该旅客应以两人次计算。

19）睡觉旅客

（1）当遇到夜间飞行机上多数旅客就寝时，要把灯光调暗，将客舱温度调至22～25℃，乘务员的工作应尽可能不影响旅客休息。

（2）提醒睡觉的旅客系好安全带。

（3）及时收走旅客小桌板上的饮料杯。

（4）为睡觉的旅客关闭阅读灯、通风器，白天则要将旅客身边的舷窗遮阳板拉好。

（5）在飞机起飞、下降的安全检查中，要唤醒睡觉的旅客并落实各项安全检查项目。

20）重要旅客

（1）接待重要旅客时，称呼其姓氏和职务。由区域负责乘务员引导其入座，帮助其提拿、安放行李。

（2）指定乘务员专门为重要旅客提供服务，在现有的条件下优先满足重要旅客的要求。

（3）飞行中指定专人供应饮料、食品，服务之前必须征求重要旅客的意见，当旅客提出特殊要求时，乘务员应尽量给予满足。

（4）优先通知重要旅客目的地的时间和天气情况。

（5）航班不正常时，应优先通知重要旅客航班信息，并尽力满足其需求。

（6）乘务长在航班任务行将结束时，应向重要旅客征询其对服务工作的意见，感谢重要旅客乘坐飞机，并欢迎其再次乘坐。下机时要优先将重要旅客送到机门口，并帮助其提拿行李。

（7）不得将重要旅客的情况泄露给其他旅客。

21）机要交通人员

（1）要将其座位安排在第一排。

（2）机要交通人员携带的机要文件及物品应当自行照管，乘务员空中不应向其提供含酒精的饮料，不应将机要交通人员的身份泄露给其他旅客。

（3）遇有突发事件或特殊情况时，乘务员应协助机要交通人员保证机要文件的安全。

22）宗教人士

（1）尊重旅客的宗教信仰，不随意评论，不触及其宗教禁忌。

（2）了解并尊重其特殊的饮食习惯。

（3）尽可能满足其特殊要求。

5．不正常航班服务

（1）超过起飞时间 10 分钟之后向旅客广播延误原因、预计等待时间，并向旅客表示歉意。

（2）外场乘务员及时向旅客发放报纸。

（3）延误后每 20 分钟广播一次最新航班动态，并及时、耐心回答旅客的问询，必要时做适当的解释。

（4）航班延误 20 分钟以上，应为旅客提供相应服务；乘务员应坚守岗位，确保舱门处始终有人监护，为旅客提供衔接航班的时间，并协助联系转机等事宜。

（5）机上如有重要旅客，应及时、详细地将航班延误情况及最新动态向其报告，并尽可能地满足旅客的要求。

（6）如旅客下机去候机室休息等候，要求旅客携带全部手提行李，重新登机时必须清点人数。

（7）飞机在外站备降时必须服从机长统一指挥。

二、特殊情况下的沟通技巧训练

1．延误或等待

（1）在计划时间内机舱门不能按时关闭，乘务长如未得到飞行机组通知延误或等待的原因或信息时，应及时向飞行机组了解，并将了解到的信息通过客舱广播告知旅客。

（2）延误或等待时，乘务长应适时与机长联系，以便向旅客及时传达有关的信息；乘务组应根据等待时间，提供必要的客舱服务。

（3）如旅客登机后需重新下机等待，对于旅客提出的特殊需要，乘务长应依据情况与地面工作人员协商解决。

（4）积极与地面工作人员协作，力求减少不必要的延误或等待时间。

2．抱怨旅客

（1）听取抱怨，并尽可能改变当时状况。

（2）向他（她）道歉，并向旅客保证将其意见转达至适当的人员和部门。

（3）将情况在客舱乘务员之间相互通告，及时向乘务长报告，必要时将情况告知机长。

（4）乘务长应将旅客抱怨的情况记录在乘务日志中。

（5）如旅客对客舱乘务员的处理仍表示不满，乘务长应在航班结束后将具体情况如实上报客舱服务部。

3．旅客冲突

1）旅客冲突

（1）旅客与旅客之间的冲突。

（2）旅客与客舱乘务员之间的冲突。

2）解决措施

（1）确定引起冲突的原因，并提出解决问题的方法。

（2）避免采取和使用可能激怒旅客并使情况进一步恶化的行为及语言。

（3）站在公正的立场上保持冷静的态度，倾听双方的意见。不应打断旅客的不满抱怨。

（4）将情况在客舱乘务员之间相互通知，及时向乘务长报告，必要时将情况告知机长。

（5）乘务长应将冲突的有关情况记录在乘务日志中。

（6）如旅客对客舱乘务员的处理仍表示不满，乘务长应在航班结束后将具体情况如实上报客舱服务部。

4．旅客物品遗失

（1）旅客登机前或旅客离机后，客舱乘务员在巡视客舱中发现任何有价值的物品，应尽快报告乘务长，并与地面联系，设法将物品尽快归还失主。

（2）乘务长应将发现的遗失物品及与地面的交接情况填写在乘务日志中，对于无人认领的物品客舱乘务员应上交客舱服务部。

（3）乘务员在归还遗失物品前，应确认失主的身份。

（4）旅客登机后，如旅客提出遗失贵重物品，乘务员应详细了解遗失物品的情况，并尽力协助寻找。必要时，可通知机长请求地面工作人员协助处理。

5．旅客衣物的污损

（1）由于乘务员的责任造成旅客衣物污损，应由该乘务员负责清洗或赔偿，或经双方协商采取其他适当的处理方式。

（2）由于机上设备、天气（颠簸）等原因造成旅客衣物污损，乘务员应及时采取适当的方式进行处理，同时乘务长应以书面形式报告客舱服务部。

6．旅客物品保管

1）可接受的物品

（1）可接受的物品包括旅客衣物、婴儿伞柄式小推车、冷藏食品（密封包装）、折叠式轮椅（每架飞机客舱内只限存放 1 个，且应存放在封闭式的储藏间内）。

（2）接受旅客物品时，应提醒其不要将贵重物品放置其中，并在保管物品上贴上标签，写明座位号。

（3）归还旅客物品时，应提醒其加以确认。

2）不可接受的物品

（1）不可接受的物品主要是易碎物品、药品等。

（2）当旅客对此类物品提出让乘务员代为保管的要求时，应向其陈述原因，并婉言相拒。

7．旅客物品管理

（1）乘务员对旅客要求托管的物品应妥善存放。

（2）乘务员应协助旅客将物品放入行李架、座位下及其他允许的存放区域。

（3）原则上不应为旅客保管物品。如不能推辞应向旅客说明；如有损坏乘务员不负责任，在旅客同意后方可接受。

（4）为旅客保管的冷冻食品，应了解冷冻的程度，如无法满足旅客要求应向旅客讲明。

（5）如旅客在航班中需要冷藏药品，乘务员在接收药品前应确认药品的种类、用途，凡带有传染性、病菌的实验用药，生物制剂，一律不得接收、保管。

（6）答应代为保管的冷藏药品应将其存放于盛有冰块的清洁袋或塑料袋内，不得将其直接放置于冷藏柜中或餐车中。

（7）对托管的旅客物品责任乘务员应全程负责，并遵循谁接收谁保管谁归还的原则。

三、紧急情况下的沟通与播音训练

1．陆地迫降应急撤离提示卡

1）紧急撤离

飞机遇险，机组按照相应预案和应急操作程序，听从机长和乘务长的指挥，快速应对，密切配合，维持客舱秩序，迅速指挥旅客撤离。

2）通信与协调

（1）机长与乘务长协调。乘务长必须带好纸、笔、手表进入驾驶舱。双方协调内容：①准备时间的长短；②防冲击命令由谁、以何种方式发出；③撤离命令由谁、以何种方式发出；④特殊指示（如飞机的状态或天气情况）；⑤重复以上信息。

（2）乘务长与乘务员协调。乘务长必须立即广播通知全体乘务员集中，或以内话方式呼叫全体乘务员。双方必须协调以下内容：①传递来自机长的信息；②确定客舱准备（包括服务舱和旅客）的计划；③指示乘务员参阅客舱准备检查单；④指示乘务员使用应急程序提示卡；⑤明确个人职责，安排准备工作。

3）固定客舱／服务舱松散物品

（1）检查／固定客舱松散物品。检查行李是否存放适当；检查座椅安全带是否在身体低位系紧；检查座椅靠背是否调直；检查小桌板、座位上的放像设备与脚踏板是否收起。

（2）固定好服务舱松散物品。固定餐车、用具箱、烤箱、烤格、烧水壶等服务用具，扣好锁扣；将散放在服务舱内的餐盒、饮料等收藏在可封闭的储藏空间内。

4）机长和乘务长迫降广播

机长对旅客进行迫降广播时，要开灯，接通所有客舱照明。

（1）机长对旅客中文广播词。

女士们、先生们：

我是本次航班的机长，现在本架飞机发生故障，操作困难，决定采取紧急陆地迫降。作为机长，对紧急着陆，我是有信心的，请大家放心，现已经与有关方面联系好，救援人员在等我们。本架飞机全体客舱乘务员经过严格训练，请您听从乘务员的指挥。在着陆时飞机有一次或两次的冲击。在飞机没有完全停稳前，上体保持用力状态。谢谢。

（2）机长对旅客英文广播词。

机长和乘务长迫降广播

Ladies and gentlemen：

May I have your attention, please? This is your captain speaking. Our aircraft has encountered mechanical problems and cannot proceed any further, and I decide to make an emergency landing. As an experienced Captain, I'm fully confident to land the aircraft safely. All of your crew members are well trained for this kind of situation, so please follow instructions from our crew calmly. As there may be a few impacts on touchdown, all passengers should hold upper bodies until the airplane comes to a full stop. Thank you.

5）对旅客简介

（1）乘务长对旅客中文广播词。

女士们、先生们：

我是本次航班乘务长，正如机长所述，由于飞机出现不正常情况，为了您的安全，我们要进行水上迫降，迫降后我们将进行应急撤离。现在，我们将进行客舱准备，请听从乘务员的指挥。请大家收起小桌板，调直椅背，打开遮阳板。

对旅客简介

（2）乘务长对旅客英文广播词。

Ladies and Gentlemen：

This is your chief purser speaking. In preparation for emergency landing, please follow our instructions. Return seat back and tray tables to their full upright position and open the window shades. Thank you.

客舱乘务员同时做以下工作：①座椅靠背调直；②小桌板收起扣好；③遮阳板打开；④脚垫（如有）收起；⑤行李架锁定；⑥固定所有松散物品。

6）收取尖锐物品

（1）中文广播词。

为了您疏散时的安全，请松开领口，解下领带、围巾，取下随身携带的尖锐物品，将

项链、胸针、钢笔、手镯等放入行李袋内。脱下高跟鞋交给乘务员保管。穿上外套。

（2）英文广播词。

For your safety, please remove all sharp objects, such as necklaces, brooches, pens and bracelets and put them in your baggage. Remove your necktie and scarf. Loose your collar. Remove high-heeled shoes and hand them to your flight attendants. Now, put your coats on.

客舱乘务员同时做以下工作：①提醒旅客取下首饰 / 胸针 / 钢笔等尖锐物品放入行李 / 行李架内；②松开领口；③取下领带 / 围巾；④穿上外套；⑤统一收取高跟鞋，放入行李架内或厕所内。

收取尖锐物品

7）介绍防冲撞姿势 / 安全须知卡

（1）中文广播词。

下面介绍两种防冲撞姿势。第一种，两腿分开，弯下腰，双手用力抓住两脚踝。如果够不到脚踝，改环抱双膝。第二种，两腿分开，两臂交叉，身体前倾，双手抓住前面的座椅靠背，额头靠在手臂上。当您听到"低下头，紧迫用力"的口令时采取这种防冲击姿势中的一种，直到您听到机长的命令或听到"解开安全带"口令为止。如果您还有疑问，请向邻座的旅客询问或阅读安全须知。

介绍防冲撞姿势 / 安全须知卡

（2）英文广播词。

We will now explain two kinds of bracing positions for impact. For the first method, put your legs apart, bend over and grab your ankles. If you cannot grab your ankles, wrap around your knees. For the second method, put your legs apart and cross your arms. Hold the seatback in front of you and put your forehead on your arms. Take one of the bracing positions for emergency impact when the captain orders or when hear "Bend down, brace " and remain in this position until you hear "Open your seat belt". If you do not understand well, ask your neighbors or read the safety instructions.

客舱乘务员同时做以下工作：①各舱的第一排和各负责区域的前排应有一名乘务员演示；②演示乘务员坐在椅背上，"之"字形排列；③个别乘务员简介特殊旅客和前排旅客的防冲撞姿势。

选择援助者、调整旅客座位

8）选择援助者、调整旅客座位

（1）中文广播词。

如果您是民航职员、军人、警察或消防人员，请与我们联系，我们需要您的帮助。同时，我们将调整部分座位，以便帮助需要协助的旅客撤离。

（2）英文广播词。

We need helpers, please contact us if you are a civil aviation officer, military, police or firefighter. We will move some passengers to another section who might need help.

客舱乘务员同时做以下工作：

① 选择援助者并调整座位。

② 确认援助者已明确其任务：了解舱门操作及滑梯充气方法；坐在原位直至飞机完全停稳；旅客撤离前应形成人墙，面向客舱挡住旅客；乘务员不能开门时，帮助打开出口；开舱门前应观察机舱内外情况；撤离后，协助指挥旅客远离飞机；带受伤乘务员撤离（应掌握乘务员安全带／肩带解开方法）。

应急出口
说明

9）应急出口说明

（1）中文广播词。

本架飞机共有八个应急出口，在客舱的前部有两个、中部有四个和后部有两个，并标有紧急出口的明显标志，安装在地板上的紧急灯光将引导您到出口处，白色为撤离路径灯，红色为出口指示灯，撤离时，不准携带任何物品，现在乘务员将告诉您最近的出口位置，请确认至少两个以上的出口。

（2）英文广播词。

Attention please! There are eight emergency exits in the cabin, two in the front, two in the rear, four in the middle, and all exits are clearly marked, the track light on the floor will lead you to those exits, Evacuation path lights are white and red lights indicate the exits. Leave everything while evacuating, now we will show you the location of your nearest exits. Please locate at least two exits.

客舱乘务员同时做以下工作：

① 乘务员站在"出口灯"下指示出口。

② 从可用出口至区域分界线，进行区域划分指示。

③ 确认每位旅客至少知道最近的两个出口位置。

④ 指导旅客当一个出口不能使用时，应快速移动到其他出口。

做最后准备

10）做最后准备

（1）中文广播词。

现在，请您取下眼镜、假牙、助听器等放在外衣口袋里，将安全带系得低而紧，做好防冲撞姿势准备，当听到口令"弯腰不动"或"准备冲撞"时，请全身紧迫用力，直到听到"解开安全带"口令为止。注意！撤离必须听从机组成员指挥！

（2）英文广播词。

Please put glasses, dentures and deaf-aid in your jacket pocket and fasten your seat belt tight and low. You can take one of the bracing positions for emergency impact when the captain orders or when hear "Bend down" and remain in this position until you hear "Open your seat belt". Please do follow our instructions when evacuation!

乘务员同时做以下工作：

① 重新检查客舱／服务舱。

② 调暗客舱灯光；同时乘务长应打开应急灯开关，确保飞机正常供电断开后，应急灯光系统能正常工作。

③ 报告机长、乘务员应在完成迫降前对旅客的各项简介，以及客舱和厨房检查后，通知乘务长。乘务长应向驾驶舱报告（可直接进驾驶舱）"客舱准备完毕"。

11）客舱乘务员个人准备

（1）取下身上的各类尖锐物品，以及领带与丝巾（松开衣领）。

（2）脱下高跟鞋和尼龙丝袜。

（3）弄湿头发，以防被火引燃。

（4）确认手电筒及应急撤离时应携带的物品的位置（但不要把它们从支架上取下）。

（5）在客舱乘务员折叠座椅上坐好，系紧腰部和肩部安全带。

（6）做防冲击的准备动作（在接到指令时立即做出防冲击姿势）。

（7）回顾撤离分工并做静默 30 秒复查。

12）接通应急灯光 / 防冲撞准备

机长口令"防冲撞准备"。

13）机长口令"防冲撞开始"

（1）不断重复口令。"低下头、紧迫用力""Heads down, brace"。

（2）保持防冲撞姿势，全身紧迫用力，直至飞机完全停稳，听到"撤离！撤离！撤离！/Evacuate! Evacuate! Evacuate!"或看到应急灯闪烁。

机长口令
"防冲撞开始"

14）发出撤离指令

（1）飞机完全停稳口令。"镇静，没关系！/Keep clam, that's all right!"。

（2）观察外部环境，确定可用出口。

（3）确认滑梯预位装置预位（动作）。

（4）开舱门，同时拉动人工充气手柄。

（5）滑梯救生筏充气状况。

（6）撤离开始。

（7）可用出口口令和不可用出口口令。

发出撤离
指令

① 可用出口口令："解开安全带！不要带行李！脱下高跟鞋！/ Open your seat belt, no baggage, no high-heeled shoes!"；"到这边来，跳，滑 /Come this way, jump, slide"。

② 不可用出口口令："出口不通，到对面（前面、对面）/No Exit! Go that side (forward/backward)！"

从舱门打开到全部旅客、机组人员脱离飞机时间为 90 秒。

2．水上迫降应急撤离提示卡

水上迫降应急撤离准备及脱离程序与陆地迫降应急撤离相同，不同之处在于救生衣演示方面。

1）救生衣演示广播词

（1）中文广播词。

救生衣演示
广播词

现在乘务员将向您演示救生衣的使用方法，请从座位下取出救生衣，随同

乘务员的演示穿上救生衣。撕开包装，将救生衣经头部穿好，将带子在腰部扣好，系紧。当您离开飞机时，拉下救生衣两侧的红色充气把手，但在客舱内不要充气。充气不足时，可将救生衣上部的人工充气管拉出，用嘴向里充气。乘务员协助任何需要帮助的旅客穿上救生衣，清理客舱内救生衣包装袋。

（2）英文广播词。

Now we will explain the use of life vest. Please take out your life vest under your seat and follow the demonstration of your flight attendants to put it on. To put the vest on, remove the plastic cover. Slip it over your head, then fasten the buckles and pull the straps tight around your waist. Just before leaving the aircraft pull the red tabs on both sides of it to inflate your vest, but do not inflate it while you are in the cabin. If your vest is not inflated enough, you can also inflate it by blowing into the tubes. Flight attendants will help any passenger who needs assistance, and clear up the cabin.

2）撤离开始口令

（1）可用出口口令。"解开安全带！不要带行李！脱下鞋子！/Open your seat belt, no baggage, no shoes!"；"上筏，救生衣充气 /On board, inflate you life vest"。

（2）不可用出口口令。"出口不通，到对面（前面、对面)/No Exit! Go that side（forward/backward）!"

从舱门打开到全部旅客、机组人员脱离飞机时间为 120 秒。

四、处理旅客投诉的沟通技巧

1. 旅客投诉的原因和类型

旅客投诉，是指旅客将他主观上认为由于民航服务工作的差错而给他带来的麻烦和烦恼或损害到他的利益等情况向民航服务人员提出或向民航有关部门反映。

旅客投诉的原因有主观和客观两种。主观原因多为旅客认为航空服务人员服务态度不热情、语言不专业、服务不周到、清洁卫生不好、不为旅客着想等。客观原因多为因航班或座位有限而使旅客买不到机票，由于天气、机械故障等原因导致航班延误或取消，引起旅客不满，等等。

旅客投诉的类型主要有对航班不正常服务的投诉、行李延误及丢失的投诉、购票出现差错及销售信息告知不充分的投诉、空中服务的投诉、办理乘机手续时的投诉等。不正常航班服务已成为旅客投诉的重要原因，此外，地面及空中服务造成的旅客投诉，在全部投诉中也占较大比例。

2. 旅客投诉的原因和类型

旅客在民航服务各阶段中的心理需求是不一样的，了解他们的心理需求并采取相应的应对措施，是缓和与旅客矛盾、避免旅客投诉的重要方法。

1）购票阶段

旅客在购票阶段最关心有没有到达目的地的机票，最关心是否有自己在航班时间选择、机票价格选择、机型选择、承运人选择等方面令自己满意的机票，最关心民航地勤的服务态度、服务语言、服务技能等。因此，民航系统的售票处，需要配备完善的硬件设施，严格按照出票程序和规定进行操作，态度要好，业务要精，多为旅客着想，真正为旅客解决问题。

2）值机阶段

这一阶段，旅客未办理值机手续之前总是希望其他旅客能快速办理、希望办理过程顺利、希望得到值机人员的尊重。等到他们自己办理值机手续时，则出现想问的问题多、要求多、需要提供的方便多等情况。因此，民航值机工作人员要有高度的服务意识和责任心，要有足够的耐心和较强的情绪控制能力，要足够仔细地觉察旅客需求的变化。

3）航班取消或延误阶段

当得知航班取消或延误时，旅客的情绪一般波动很大，会觉得时间过得特别慢，并会产生一些新的需要。这个过程中旅客里会出现领导者，他们鼓动其他旅客，有较大影响力。航空服务人员要理解旅客因需求未得到满足而引起的情绪波动，想办法以优质高效的服务弥补航班的延误或取消，正确处理好旅客的过激言行，特别要处理好旅客里个别的所谓挑头人的问题。

4）飞行阶段

空中飞行阶段，旅客有安全、舒适、受尊重、优质服务的高期待需要。乘务员要树立强烈的责任感，不仅要关注旅客的安全需要，更要满足旅客物质和精神舒适的合理需要，丰富和完善客舱服务技能，全力避免旅客的空中投诉。

旅客对民航服务进行投诉，往往出于以下几种心理：

（1）求尊重的心理。旅客采取投诉行动总希望别人认为他的投诉是对的和有道理的，渴望得到同情和尊重，向他表示道歉并立即采取相应行动等。

（2）求发泄的心理。旅客利用投诉的机会把自己的烦恼、怒气、怒火发泄出来，以维持心理上的平衡。

（3）求补偿的心理。旅客希望民航部门能在第一时间补偿他们的物质或精神损失。

3．旅客投诉的对策

乘务员要根据旅客投诉的不同方式，如书信投诉、当面对话、法律控诉、网络公开批评等，采取不同的应对措施，但其原则是共通的。

（1）耐心倾听，弄清真相。旅客投诉因为心中有愤怒，不通过投诉发泄他们心中就不舒服。作为航空服务人员，为了弄清投诉的真相，一定要耐心倾听，听就可能赢了一个同盟者。倾听时一般要做到少讲多听，多保持沉默，不要打断对方的讲话，设法使交流轻松，使投诉人感到舒适，清除不安情绪。要善于倾听，表示出有倾听的兴趣，不要表示出冷淡与不耐烦；要站在投诉者的立场考虑问题，表示对投诉者同情；保持冷静，不要与投诉者争论；可以提出问题，表示自己在充分倾听和认真了解；不要计较投诉者的口气轻重和意见是否合理。

（2）以诚恳的态度向旅客道歉。对旅客提出的投诉，切忌置之不理或与之争吵，无论旅客的投诉动机如何，客观上有利于民航去做好工作，航空服务人员应当以热情诚恳的态度，以自己是民航的代表去对待投诉，向他们表示歉意，使旅客觉得航空公司重视旅客的投诉，满足了旅客的自尊心，有利于为圆满处理旅客的投诉铺平道路。

（3）区别不同情况做出恰当的投诉处理。对一些看来明显是民航服务工作的过错，应当马上道歉，在征得旅客同意后做出补偿性的处理；对于一些较复杂的问题在弄清真相之前，不应急于表达处理意见，应当有礼、有理，在旅客同意的基础上做出处理；对待一时不能处理的投诉事件，要让旅客知道事情的进展情况以示对其投诉的重视，避免旅客误会，以为他们的投诉被搁置一边而导致事态扩大。

作为乘务员，解决旅客投诉时，要树立正确的观念。来投诉的旅客比不来投诉的旅客要好；投诉的旅客是相信民航能处理好这些事情的；相信民航会改变不足，能够把坏事变成好事。

另外，乘务员也不要谈投诉色变，而是要努力提高自己的工作能力、工作素养、处事技巧、服务水平；民航相关单位领导也不要一味地完全否定被投诉员工，而是要做出实事求是的判断与评定，相信员工、保护员工、支持员工。旅客是上帝，但更是旅客，上帝也难免会犯错误，旅客更不可能永远是对的。

练　习

1．当有位盲人旅客按呼唤铃示意要上洗手间时，乘务员应该怎么做？
2．如何引导老年旅客入座，为其摆放行李并介绍周围设备？
3．处理投诉的基本步骤和方法有哪些？
4．当客舱发生失压时，前期有哪些警告信号？

案例分析

某日，旅客登机后，乘务长走进客舱准备协助旅客就座，这时候一个声音突然在背后响起："乘务长，我是你们航空公司的金卡会员，今天飞机延误了两个多小时，耽误了我的时间，我很有意见，我要求你给我升舱！"

这是一件很棘手的事，一般情况下，普通舱旅客升至头等舱是需要办理相关手续的。旅客不停地抱怨，乘务长一直在旁边认真耐心地倾听，并不时点头认可他的遭遇，直到他讲完。

"先生，对不起，对于航班延误，我表示诚恳的歉意。现在，我还不能确定头等舱是否客满，您看这样好不好，我帮您把座位换到普通舱的第一排，那里会比较舒适，现在我就帮您拿行李，好吗？"乘务长回答。

旅客欣然答应，并且再也没有提出任何要求。乘务长帮他把行李放置好，然后再次向该旅客表达歉意。

之后有一天，在与民航有关的某个网站上，乘务长看到了这位旅客的感谢信，信里感谢乘务长对他抱怨、牢骚和强硬态度的容忍，并且表示非常尊重他以及帮他调换了座位。

分析： 大部分时候，旅客把飞机延误所带来的怨气转移到乘务员身上，只是一种情绪的宣泄，乘务员只需要耐心微笑地倾听并给予一定的补偿安慰。

小　结

本节概述了空乘服务沟通内在素质，介绍了涉外沟通的应变方式，客舱安全知识和机上急救常识，特殊旅客和特殊、紧急情况下的沟通技巧及处理旅客投诉的沟通技巧。通过本节的学习，学生应明确了解空乘服务沟通内在素质和掌握中国民航机上服务沟通的总体要求。

思 考 题

1. 在空乘实际工作中乘务员如何做到用心沟通？
2. 在模拟舱进行有准备的水上撤离演练。
3. 在航班中乘务员如果遇到飞机延误应该怎么处置？

参 考 文 献

付程，2002．实用播音教程：语言表达（第 2 册）[M]．北京：北京广播学院出版社．

国家语言文字工作委员会普通话培训测试中心，2004．普通话水平测试实施纲要 [M]．北京：商务印书馆．

惠亚爱，2009．沟通技巧 [M]．北京：人民邮电出版社．

李永，2011．民航乘务员基础教程 [M]．北京：中国民航出版社．

刘晖，梁悦秋，2013．空乘服务沟通与播音技巧 [M]．3 版．北京：旅游教育出版社．

刘艳春，2007．语言交际概论 [M]．北京：北京大学出版社．

宋文静，宫新军，2017．民航服务与人际沟通 [M]．2 版．北京：科学出版社．

王建华，徐飚、陆小琼，2017．沟通技巧 [M]．2 版．北京：电子工业出版社．

吴弘毅，2002．实用播音教程：普通话语音和播音发声（第 1 册）[M]．北京：北京广播学院出版社．

徐恒，2012．播音发声学 [M]．北京：中国传媒大学出版社．

中国社会科学院语言研究所词典编辑室，2016．现代汉语词典 [M]．7 版．北京：商务印书馆．

周殿福，1980．艺术语言发声基础 [M]．北京：中国社会科学出版社．

周思敏，2009．你的礼仪价值百万 [M]．北京：中国纺织出版社．

附　录

附录一　普通话水平测试等级标准（试行）

（国家语言文字工作委员会 1999 年 5 月 12 日颁布，国语【1999】46 号）

一　级

甲等　朗读和自由交谈时，语音标准，词语、语法正确无误，语调自然，表达流畅。测试总失分率在 3% 以内。

乙等　朗读和自由交谈时，语音标准，词语、语法正确无误，语调自然，表达流畅。偶然有字音、字调失误。测试总失分率在 8% 以内。

二　级

甲等　朗读和自由交谈时，声韵调发音基本标准，语调自然，表达流畅。少数难点音（平翘舌音、前后鼻尾音、边鼻音等）有时出现失误。词语、语法极少有误。测试总失分率在 13% 以内。

乙等　朗读和自由交谈时，个别调值不准，声韵母发音有不到位现象。难点音较多（平翘舌音、前后鼻尾音、边鼻音、fu-hu、z-zh-j、送气不送气、i-ü 不分、保留浊塞音和浊塞擦音、丢介音、复韵母单音化等），失误较多。方言语调不明显。有使用方言词、方言语法的情况。测试总失分率在 20% 以内。

三　级

甲等　朗读和自由交谈时，声韵调发音失误较多，难点音超出常见范围，声调调值多不准。方言语调明显。词语、语法有失误。测试总失分率在 30% 以内。

乙等　朗读和自由交谈时，声韵调发音失误多，方音特征突出。方言语调明显。词语、语法失误较多。外地人听其谈话有听不懂的情况。测试总失分率在 40% 以内。

普通话水平等级一级甲等为最高，三级乙等为最低。

应试人的普通话等级，是由测试中所获得的分值确定。

附录二　普通话水平测试用必读轻声词表

A 1

爱人　案子

B 3

巴掌　爸爸　白净　班子　板子　帮手　梆子　膀子
棒槌　棒子　包袱　包涵　包子　豹子　杯子　被子
本事　本子　鼻子　比方　鞭子　扁担　辫子　别扭
饼子　拨弄　脖子　簸箕　补丁　步子　部分
把子 (bǎzi)　把子 (bàzi)　不由得　不在乎

C 38

财主　裁缝　苍蝇　差事　柴火　肠子　厂子　场子
车子　称呼　池子　尺子　虫子　绸子　除了　锄头
畜生　窗户　窗子　锤子　刺猬　凑合　村子

D 61

奔拉　答应　打扮　打点　打发　打量　打算　打听
大方　大爷　大夫　带子　袋子　单子　耽搁　耽误
胆子　担子　刀子　道士　稻子　灯笼　凳子　提防
笛子　底子　地道　地方　弟弟　弟兄　点心　调子
钉子　东家　东西　动静　动弹　豆腐　豆子　嘟囔
缎子　队伍　对付　对头　多么　肚子 (dǔzi)　肚子 (dùzi)

E 108

蛾子　儿子　耳朵

F 111

贩子　房子　废物　份子　风筝　疯子　福气　斧子

G 119

盖子　甘蔗　干事　杠子　高粱　膏药　稿子　告诉
疙瘩　哥哥　胳膊　鸽子　格子　个子　根子　跟头
工夫　弓子　公公　功夫　钩子　姑姑　姑娘　谷子

故事　寡妇　褂子　怪物　关系　官司　罐头　罐子

规矩　闺女　鬼子　柜子　棍子　锅子　果子

骨头（上＋轻声）杆子（gānzi）杆子（gǎnzi）

H 161

蛤蟆　孩子　含糊　汉子　行当　合同　和尚　核桃

盒子　红火　猴子　后头　厚道　狐狸　胡琴　糊涂

护士　皇上　幌子　活泼　火候　伙计　胡萝卜

J 184

机灵　记号　记性　夹子　家伙　架势　架子　嫁妆

尖子　茧子　剪子　见识　毽子　将就　交情　饺子

叫唤　轿子　结实　街坊　姐夫　姐姐　戒指　金子

精神　镜子　舅舅　橘子　句子　卷子　脊梁（上＋轻声）

K 215

咳嗽　客气　空子　口袋　口子　扣子　窟窿　裤子

快活　筷子　框子　困难　阔气

L 228

喇叭　喇嘛　篮子　懒得　浪头　老婆　老实　老爷

老子　姥姥　累赘　篱笆　里头　力气　厉害　利落

利索　例子　栗子　痢疾　连累　帘子　凉快　粮食

料子　林子　翎子　领子　溜达　聋子　笼子　炉子

路子　轮子　萝卜　骡子　骆驼

老太太　老头子　两口子

M 268

妈妈　麻烦　麻利　麻子　马虎　码头　买卖　麦子

馒头　忙活　冒失　帽子　眉毛　媒人　妹妹　门道

眯缝　迷糊　面子　苗条　苗头　名堂　名字　明白

蘑菇　模糊　木匠　木头

N 296

那么　奶奶　难为　脑袋　脑子　能耐　你们　念叨

念头　娘家　镊子　奴才　女婿　暖和　疟疾

P 311

拍子 牌楼 牌子 盘算 盘子 胖子 狍子 盆子
朋友 棚子 脾气 皮子 痦子 屁股 片子 便宜
骗子 票子 漂亮 瓶子 婆家 婆婆 铺盖

Q 334

欺负 旗子 前头 钳子 茄子 亲戚 勤快 清楚
亲家 曲子 圈子 拳头 裙子

R 347

热闹 人家 人们 认识 日子 褥子

S 353

塞子 嗓子 嫂子 扫帚 沙子 傻子 扇子 商量
晌午 上司 上头 烧饼 勺子 少爷 哨子 舌头
身子 什么 婶子 生意 牲口 绳子 师父 师傅
虱子 狮子 石匠 石榴 石头 时候 实在 拾掇
使唤 世故 似的 事情 柿子 收成 收拾 首饰
叔叔 梳子 舒服 舒坦 疏忽 爽快 思量 算计
岁数 孙子

T 403

他们 它们 她们 台子 太太 摊子 坛子 毯子
桃子 特务 梯子 蹄子 挑剔 挑子 条子 跳蚤
铁匠 亭子 头发 头子 兔子 妥当 唾沫

W 426

挖苦 娃娃 袜子 晚上 尾巴 委屈 为了 位置
位子 蚊子 稳当 我们 屋子

X 439

稀罕 席子 媳妇 喜欢 瞎子 匣子 下巴 吓唬
先生 乡下 箱子 相声 消息 小气 小子 笑话
谢谢 心思 星星 猩猩 行李 性子 兄弟 休息
秀才 秀气 袖子 靴子 学生 学问 小伙子

Y 470

丫头　鸭子　衙门　哑巴　胭脂　烟筒　眼睛　燕子

秧歌　养活　样子　吆喝　妖精　钥匙　椰子　爷爷

叶子　衣服　衣裳　椅子　意思　银子　影子　应酬

柚子　冤枉　院子　月饼　月亮　云彩　运气

一辈子

Z 502～548

在乎　咱们　早上　怎么　扎实　眨巴　栅栏　宅子

寨子　张罗　丈夫　帐篷　丈人　帐子　招呼　招牌

折腾　这个　这么　枕头　镇子　芝麻　知识　侄子

种子　珠子　竹子　主子　柱子　爪子　转悠　庄稼

庄子　壮实　状元　锥子　桌子　字号　自在　粽子

祖宗　嘴巴　作坊　琢磨　指甲 (zhǐjia 或 zhījia)

指头 (zhǐtou 或 zhítou) 主意 (zhǔyi 或 zhúyi)

(资料来源：国家语言文字工作委员会普通话培训测试中心，2020.

普通话测试实施纲要 [M]．北京：商务印书馆，有删减)

附录三　普通话水平测试用儿化词语表

普通话水平
测试用儿化
词语表

一

a＞ar　　　　刀把儿　号码儿　戏法儿　在哪儿

　　　　　　找茬儿　打杂儿　板擦儿

ai＞ar　　　　名牌儿　鞋带儿　壶盖儿　小孩儿

　　　　　　加塞儿

an＞ar　　　　快板儿　老伴儿　蒜瓣儿　脸盘儿

　　　　　　脸蛋儿　收摊儿　栅栏儿　包干儿

　　　　　　笔杆儿　门槛儿

二

ang＞ar（鼻化）　药方儿　赶趟儿　香肠儿　瓜瓢儿

三

ia＞iar　　　　掉价儿　一下儿　豆芽儿

ian＞iar　　　　小辫儿　照片儿　扇面儿　差点儿

　　　　　　一点儿　雨点儿　聊天儿　拉链儿

冒尖儿 坎肩儿 牙签儿 露馅儿
心眼儿

四

iang＞iar（鼻化） 鼻梁儿 透亮儿 花样儿

五

ua＞uar 脑瓜儿 大褂儿 麻花儿 笑话儿
牙刷儿
uai＞uar 一块儿
uan＞uar 茶馆儿 饭馆儿 火罐儿 落款儿
打弯儿 拐弯儿 好玩儿 大腕儿

六

uang＞uar（鼻化） 蛋黄儿 打晃儿 天窗儿

七

üan＞üar 烟卷儿 手绢儿 出圈儿 包圆儿
人缘儿 绕远儿 杂院儿

八

ei＞er 刀背儿 摸黑儿
en＞er 老本儿 花盆儿 嗓门儿 把门儿
哥们儿 纳闷儿 后跟儿 高跟儿鞋
别针儿 一阵儿 走神儿 大婶儿
小人儿书 杏仁儿 刀刃儿

九

eng＞er（鼻化） 钢镚儿 夹缝儿 脖颈儿 提成儿

十

ie＞ier 半截儿 小鞋儿
üe＞üer 旦角儿 主角儿

十一

uei＞uer 跑腿儿 一会儿 耳垂儿 墨水儿

	围嘴儿　走味儿
uen＞uer	打盹儿　胖墩儿　砂轮儿　冰棍儿
	没准儿　开春儿
ueng＞uer（鼻化）	小瓮儿

十二
| -i（前）＞er | 瓜子儿　石子儿　没词儿　挑刺儿 |
| -i（后）＞er | 墨汁儿　锯齿儿　记事儿 |

十三
| i＞i:er | 针鼻儿　垫底儿　肚脐儿　玩意儿 |
| in＞i:er | 有劲儿　送信儿　脚印儿 |

十四
| ing＞i:er（鼻化） | 花瓶儿　打鸣儿　图钉儿　门铃儿 |
| | 眼镜儿　蛋清儿　火星儿　人影儿 |

十五
| ü＞ü:er | 毛驴儿　小曲儿　痰盂儿 |
| ün＞ü:er | 合群儿 |

十六
| e＞er | 模特儿　逗乐儿　唱歌儿　挨个儿 |
| | 打嗝儿　饭盒儿　在这儿 |

十七
| u＞ur | 碎步儿　没谱儿　梨核儿　儿媳妇儿 |
| | 泪珠儿　有数儿 |

十八
ong＞or（鼻化）	果冻儿　门洞儿　胡同儿　抽空儿
	酒盅儿　小葱儿
iong＞ior（鼻化）	小熊儿

十九
| ao＞aor | 红包儿　灯泡儿　半道儿　手套儿 |

跳高儿 叫好儿 口罩儿 绝着儿

口哨儿 蜜枣儿

二十

iao＞iaor

鱼漂儿 火苗儿 跑调儿 面条儿

豆角儿 开窍儿

二十一

ou＞our

衣兜儿 老头儿 年头儿 小偷儿

门口儿 纽扣儿 线轴儿 小丑儿

二十二

iou＞iour

顶牛儿 抓阄儿 棉球儿 加油儿

二十三

uo＞uor

火锅儿 做活儿 大伙儿 邮戳儿

小说儿 被窝儿

(o)＞or

耳膜儿 粉末儿

（资料来源：国家语言文字工作委员会培训测试中心，2020.

普通话水平测试实施纲要［M］. 北京：商务印书馆，精简整理）

附录四　约定俗成轻声词读表

玻璃	已经	时候	聪明	窗户	妥当	喜欢	小心
心思	行李	学问	马虎	风筝	秘书	书记	庄稼
耳朵	眼睛	犹豫	太阳	大夫	体面	差事	热闹
和尚	文凭	云彩	清楚	打听	巴掌	老婆	萝卜
闺女	告诉	明白	性子	芍药	年成	状元	铺盖
欺负	爽快	思量	胭脂	养活	早上	字号	祖宗
白净	本事	扁担	拨弄	打量	打算	福气	甘蔗
高粱	寡妇	行当	胡琴	活泼	火候	伙计	脊梁
困难	阔气	累赘	连累	凉快	麻利	码头	门道
名字	脑袋	能耐	女婿	牌楼	盘算	便宜	防备

约定俗成轻
声词读表

对比辨读、连读、混读

男蓝　内累　挪罗　那辣　闹涝　农龙　泥梨　您林　宁灵　鸟了　念恋
娘凉　虐略
怒路　女捋　囊狼　宁灵　腻利　耐赖　能棱　聂列　牛刘　暖卵　诺落

力量　老刘　流量　拉练　理论　流浪　萝莉　浏览　联络　姥姥　凌乱　留恋
冷落　劳累　利率　绿萝　磊落　来临　落泪　罗兰　来历　罗列　露脸　琉璃
裸露　流露　流利　历练　来料　两辆　领略　苒临　临澧　利落　邻里　笼络
伶俐　淋漓　履历　临了　褴褛　嘹亮　绿林　轮流　另类　蓝领　冷冽　流泪
露露　立论

奶奶　男女　南宁　哪能　那年　能耐　年内　牛腩　难耐　女奴　恼怒　扭捏
囡囡　农奴　暖男　袅娜　拿捏　那能　呢喃　念你　奶牛　泥泞　牛奶　女奴
奶娘　您呢　倪娜　难念　哪年　挠挠　男女

能力　哪里　拿来　你俩　努力　年龄　能量　奴隶　能力　奶酪　耐力　您老
耐劳　男篮　女郎　闹铃　娘俩　内敛　内路　牛郎　南楼　浓烈　年轮　鸟类
奈良　鸟笼　牛柳　南陵　暖流　南岭　脑力　脑瘤　内乱　尿路　女篮　奶类
嫩绿　内涝　暖炉　内陆　女流　尼龙　鸟林　纳凉　年历　逆流　凝练　哪里
牛栏　农林

辽宁　烈女　理念　靓女　流年　龙女　历年　连驾　岭南　冷暖　留念　龙女
蓝鸟　陇南　雷鸟　楼内　冷凝　两难　洛宁　辣女　落难　烈女　鲁南　老农
鲁楠　遛鸟　老奴　颅脑　列侬　辽南　粮农　老衲　来年　龙年　列宁　颅内
利尿　雁难　烂泥　南宁　理念　留念

泥巴　篱笆　拦路　南路　牛年　流年　留念　留恋　女客　旅客　难住　拦住
黏液　连夜　大娘　大梁　男子　篮子　一年　一连　内线　泪腺　格兰　河南
临近　宁静　允诺　陨落　无赖　无奈　湖蓝　湖南　楠木　栏目　老路　恼怒
蓝天　南天　浓重　隆重　脑瘤　老刘　化脓　画龙　黄泥　黄鹂　鸟雀　了却
门内　门类　水牛　水流　无奈　无赖　恼怒　老鹿　恼人　老人　男子　篮子
渭南　蔚蓝　南部　蓝布　眼内　眼泪　大怒　大陆　分蘖　分裂　连长　年长
老娘　姥娘　老梁　干娘　干粮　你想　理想　老刘　老牛　凝香　老牛　邻乡